René Laurentin
Ljudevit Rupčić

Das Geschehen von Medjugorje

René Laurentin
Ljudevit Rupčić

Das Geschehen von Medjugorje

Eine Untersuchung

Verlag Styria Graz Wien Köln

Ins Deutsche übertragen von Dr. Ilse Meister
Der Titel der französischen Originalausgabe lautet
La Vierge apparaît-Elle à Medjugorje?
Un message urgent donné au Monde dans un pays marxiste
und erschien © 1984 im Verlag O.E.I.L. Paris

CIP-Kurztitelaufnahme der Deutschen Bibliothek

Laurentin, René:
Das Geschehen von Medjugorje : e. Unter. /
René Laurentin u. Ljudevit Rupčić. –
[Ins Dt. übertr. von Ilse Meister]. –
Graz; Wien; Köln : Verlag Styria, 1985.
Einheitssacht.: La vierge apparaît-elle
à Medjugorje? <dt.>
ISBN 3-222-11610-5

NE: Rupčić, Ljudevit:

1985 Verlag Styria Graz Wien Köln

Printed in Austria
Umschlaggestaltung: Christoph Albrecht
Gesamtherstellung: Druck- und Verlagshaus Styria, Graz
ISBN 3-222-11610-5

Der heiligen Bernadette von Lourdes
sei dieses Buch gewidmet.
Sie möge ihren kroatischen Schwestern und Brüdern von Medjugorje
in der Gemeinschaft der Heiligen
in schwesterlicher Liebe zu Hilfe kommen.
Wie Bernadette haben sie keine andere Absicht,
als sich voll und ganz der Liebe zu stellen.
Trotz der Unterschiede in Zeit, Ort und Volkszugehörigkeit,
in Sprache, Bildung und gesundheitlicher Verfassung
erinnern sie an Bernadette,
über die Pater Cros im Jahre 1865 einmal gesagt hat:
„Ich wollte, ihr könntet diese Einfachheit sehen,
dieses ganz Schlichte,
so ohne alle Umschweife und doch voll Würde,
wie es die Natur nicht nachzuahmen vermöchte."
Wie Bernadette haben sie
die Erscheinung am zweiten Tag mit Weihwasser besprengt.
Wie Bernadette empfangen sie
eine Botschaft des Gebets und der Bekehrung,
bestimmt für eine sündige Welt,
die taub geworden ist für die Botschaft des Evangeliums.

Inhalt

Neueste Entwicklungen

Verbot von Wallfahrten

Nein, Rom hat weder gegen Medjugorje Position bezogen noch die Wallfahrten untersagt.

Medjugorje ist seit dem 12. November 1984 Gegenstand kontroversieller und falscher Informationen. Die Presse mehrerer Länder hat die folgenden unrichtigen Nachrichten verbreitet:

1. Zum erstenmal hat Rom gegen diese Erscheinungen Stellung bezogen.

2. Der Heilige Stuhl verbietet, dorthin zu gehen.

Diese falschen Nachrichten wurden auch nicht widerrufen, oder es geschah dies von der einen oder anderen Zeitung nur in sehr abgeschwächter Form, während gleichzeitig von anderen Dingen gesprochen wurde. Das erlaubte den Zeitungen, ihren überraschten und empörten Lesern zu antworten, die sich über den anmaßenden Fehler ihrer gewohnten Zeitung überrascht zeigten.

Wie ist diese unrichtige Nachricht, die über mehrere Agenturen bis zu internationalen Zeitungen breite Verbreitung gefunden hat, zu erklären? Es gibt ja keine unrichtige Meldung ohne Grund.

In folgendem sei kurz der zeitliche Ablauf der Fakten festgehalten:

1. Am 25. März 1984 ersuchte der Bischof, der eben eine Kommission von 14 Mitgliedern gebildet hatte, von denen zehn deklarierte Gegner der Ereignisse waren, die genannte Kommission, ein Verbot der Wallfahrten zu erarbeiten. Dies war nach kanonischem Recht schwierig, denn jeder Katholik hat das Recht, in eine katholische Pfarre zu gehen und dort zu

beten, außer es werden dort Irrtümer verbreitet oder andere Abweichungen festgestellt. Für Medjugorje hat nun der Präsident der *Theologischen Kommission* des jugoslawischen Episkopates, Msgr. Franić, die Örtlichkeiten inspiziert und ein günstiges Urteil sowohl für die beispielhaft gefeierte Liturgie und die Predigt als auch für die Erscheinungen selbst abgegeben, über die er am 14. November 1984 geschrieben hat: „Ich habe überhaupt keinen Zweifel mehr am übernatürlichen Charakter der religiösen Ereignisse von Medjugorje. Gott und sein Geist sind an diesem Ort gegenwärtig. Doch gilt es, Fanatismus und eine zu enge Auslegung der Botschaften und Ereignisse zu verhindern. Desgleichen gilt es aber auch, einen rationalistischen Standpunkt zu vermeiden, nach dem es in Medjugorje weder Botschaft noch übernatürliches Ereignis gibt und wo alles durch den Hochmut der Kinder und die Habgier der Franziskaner erklärt wird. Die Kommission hat sich folglich darauf beschränkt, festzustellen: Obgleich wir große religiöse Ereignisse lieben (der Bischof bezeugt die Gnadengaben und die geistlichen Früchte von Medjugorje), heißt die Kommission das Tun der Priester und Laien, die Wallfahrten nach Medjugorje organisieren, nicht gut."

2. Am 11. Oktober wurde die Kommission neuerlich eingeladen, die Aussage dieses ersten Kommuniqués zu verstärken. Inzwischen hat aber einer der zehn erklärten Gegner seine Meinung geändert (es handelt sich um Pater Brajčić, einen bekannten und geschätzten Theologen aus Zagreb); außerdem war es nach kanonischem Recht nicht möglich, weiterzugehen. Nach schwierigen Diskussionen hat die Kommission nur ihre Aussage vom 24. März wiederholt.

3. Der Bischof sandte dieses neue Kommuniqué wiederum der jugoslawischen Bischofskonferenz und bat sie, die Mißbilligung der organisierten Wallfahrten zu verbreiten. In der Bischofskonferenz herrschte aber dieselbe Vielfalt von Meinungen, wie in der Kommission. Sie versah den Text sogar mit einer sehr entscheidenden und notwendigen Einschränkung aus der Sicht des kanonischen Rechtes; es hieß jetzt: „Man darf keine *offiziellen* Wallfahrten nach Medjugorje veranstalten." Was aber ist eine offizielle Wallfahrt?

4. Die zwei Kommuniqués (das des Bischofs und seiner Kommission, deren Vorsitzender und Gründer er selbst ist, und das der jugoslawischen Bischofskonferenz) wurden vom Bischof an die römische Behörde weitergeleitet, die der Bischof im Oktober besucht hatte, um einen Plan der weiteren Vorgangsweise zu erarbeiten. So geschah es, daß beide Kommuniqués im Osservatore Romano publiziert wurden. Dies geschah auf den nicht-offiziellen Seiten und als einfacher Informationsbeitrag. Das Kommuniqué vom 11. Oktober wurde im Osservatore Romano vom 11. November veröffentlicht, genauso wie das Kommuniqué des 24. März im Osservatore Romano vom 12. Mai veröffentlicht worden war. Das zweite Kommuniqué sagte nicht mehr als das erste, sondern stellte vielmehr fest, daß offizielle Wallfahrten verboten wären. Private Wallfahrten der Verehrung fanden so ihre Bestätigung, die Zurückhaltung und erforderliche Klugheit bei Ereignissen dieser Art blieben damit gewahrt, wie dies bis zu diesem Datum bereits der Fall war.
Die Behandlung des Falles hätte offen und normal weitergeschehen können wie im Mai, als das erste Kommuniqué in der Weltpresse Verbreitung fand. Obwohl es einige tendenziöse Kommentare gab, blieb die Wahrheit im wesentlichen unangetastet.
5. Die Freunde des Bischofs machten nun ihren Einfluß im Pressebüro geltend und suggerierten dort, daß die Veröffentlichung im Osservatore Romano einer gewissen Stellungnahme des Heiligen Stuhles gegen die Erscheinungen und Wallfahrten gleichkommen sollte. Dies geschah sicherlich mit sehr viel Klugheit und Zurückhaltung, doch unter dem genannten Einfluß gab das Pressebüro dieselbe tendenziöse Interpretation den anderen Agenturen weiter, die sich nun zur klaren Aussage berechtigt glaubten: „Rom ist dagegen, Rom untersagt die Wallfahrten." Diese Nachricht wurde nun weitergegeben, oft mit der entsprechenden Schadenfreude, die grundsätzlich gegen Erscheinungen da ist. Rom war aber mit dieser falschen Nachricht nicht einverstanden. Trotz der Bemühungen der Freunde von Msgr. Žanić schockten diese Mitteilungen, denn es gehört zu den elementarsten Regeln in Rom, den Heiligen

Stuhl in Angelegenheiten nicht zu engagieren, in die er nicht engagiert sein will. Andererseits war es schwierig, ein Dementi zu verlautbaren, ohne große Verwirrung hervorzurufen.
Bemerkt wurde jedoch, daß der Direktor des Vatikanischen Pressebüros, der seit zehn Jahren im Amt war, unmittelbar nachher durch einen Laien aus dem Opus Dei ersetzt wurde, wie dies Msgr. Lévi als Direktor des Osservatore Romano nach seinem Artikel über Lech Walesa passiert war. Der Direktor des Pressebüros meinte im guten Glauben zu handeln, war aber durch eine höhere Intervention überrascht worden; daher erfolgte seine Abberufung auf eine höhere Position. Er wurde Nuntius und Erzbischof, wie es der Gepflogenheit entsprach. Rom hat immer eine besondere Kunst im Setzen solcher Maßnahmen bewiesen. Das ist die Autopsie der unrichtig verbreiteten Nachricht.
Sie wurde übrigens durch eine andere Aktion des Bischofs abgelöst. Obwohl er vom Papst zweimal und mehrere Male von der Kurie eingeladen worden war, nicht voreilig ein Urteil zu fällen und große Vorsicht walten zu lassen, hat der Bischof – er war ja daran gehindert, das negative Urteil durch die von ihm berufenen negativ eingestellten Kommissionsmitglieder veröffentlichen zu lassen – selbst die „Schlußfolgerungen seiner eigenen Untersuchung" veröffentlicht, wie die Zeitung „La Croix" treffend sagt. Diese Information in italienischer Sprache wurde durch die Weltpresse auf breitester Basis mit der Einladung weitergegeben, die 23 Seiten oder wenigstens das Wesentliche dieses „nicht-offiziellen" Rapportes zu zitieren, da dies die „Stellungnahme der bischöflichen Kurie von Mostar" darstelle, mit Unterschrift und Siegel des Bischofs vom 30. Oktober 1984 versehen. Das für die Presse bestimmte Schriftstück gehört seiner Gattung nach zur polemischen Literatur. Der Bischof hat von der sehr umfangreichen Dokumentation über Medjugorje nur die offensichtlich negativen Elemente herausgegriffen und sie von ihrem oft positiven Umfeld abgelöst. Die wichtigsten Anhänger der Erscheinungen werden darin verleumdet. So Tomislav Vlasić, den der große Theologe Urs von Balthasar für einen spirituellen Meister und für einen Heiligen hält. Er wird in diesem Text als

„Mystifikator und charismatischer Fantast, Lügner und Meineidiger" abqualifiziert, wie wiederum „La Croix" berichtet. Die Ehrfurcht vor dem Menschen und vor der Wahrheit wird durch diese Verleumdung aufs schwerste beleidigt.
Die Erscheinungen von Medjugorje haben großartige Bekehrungen in einer Pfarre und in einer Region bewirkt. Diese Bekehrungen erstrecken sich bereits über die ganze Welt. Hunderttausende von Menschen haben wieder zum täglichen Gebet gefunden. Sie fasten wöchentlich bei Brot und Wasser. Nicht nur Priester haben sich dazu entschlossen, sondern auch Laien aus allen Berufsgruppen und bis in die höchsten Etagen, genauso wie Familienmütter. Dieses Zeichen der Hoffnung vervielfacht die Bekehrungen. Das ist genau jenes Faktum, das mich bei der ungeheuren Korrespondenz erschüttert, die mich täglich aufgrund meines Buches erreicht, dem ich keine so große Bedeutung beigemessen habe.
Gegenüber einem Ereignis von dieser Tragweite ist nicht Polemik am Platz, sondern Unterscheidung der Geister. Der Machtmißbrauch und die Biegung der Wahrheit, die jüngst passiert sind, haben vielen die Augen geöffnet. Dies nicht nur in der Bischofskonferenz, die bis jetzt im kollegialen Geist den Bischof unterstützt hat, sondern auch in Rom, wo dieser nach dem Prinzip der Subsidiarität eine Stütze fand. Es ist an der Zeit, daß alle – die Bischöfe an vorderster Front – an ihre Aufgabe der Unterscheidung der Geister zurückfinden, nachdem sie zuvor gebetet und womöglich gefastet haben.
Außerdem müßten die medizinischen Instanzen der Bischofskonferenz endlich in Aktion treten und nicht nur Argumente gegen die Erscheinungen finden, sondern die Dossiers der Heilungen sammeln, die bereits existieren (das der Diana Basile allein besteht aus 120 von der Universität Mailand erstellten Dokumenten). Will man über die Polemik hinauskommen, bedeutet dies sicherlich eine Erweiterung dieser Kommission. Dabei dürfen die Zeugen der Ereignisse nicht ausgesperrt bleiben, wie dies bisher geschah, wenn sie nicht gar als Schuldige behandelt wurden.
Wenn das Licht Gottes auf diese Erde trifft, hat die Kirche keine nur negative Schiedsrichterfunktion. Sie hat sich vielmehr, wie

das Konzil in Erinnerung ruft, diesem Licht zu unterwerfen. Wir müssen beten, daß alle gültigen Gutachten zusammengefaßt werden – sie sind zahlreich, obwohl bisher von der Kommission abgelehnt –, um die volle Wahrheit zu erkennen.

Warum dieses Buch?

Diese neu durchgesehene und verbesserte Auflage meines Buches (65. Tausend) bedarf nach meinen neuerlichen Erkundungsreisen im März und Juni 1984 noch einiger Ergänzungen. Die erste dieser beiden Reisen erfolgte zu dem Zeitpunkt, als die von Bischof Msgr. P. Žanić eingesetzte Erweiterte Kommission ihre ersten Sitzungen (am 23. und 24. März) abhielt. Die Fachleute dieser Kommission waren unter den kritischsten Köpfen und zu einem großen Teil unter den Gegnern der Echtheit der Erscheinungen ausgewählt worden. In dem Schlußkommuniqué, das durch die Presse weite Verbreitung fand, wird zu kritischem Denken aufgefordert, den Sehern und Publizisten wird Stillschweigen empfohlen, bis das bischöfliche Urteil ergangen sei. Vom Heiligen Stuhl kam die Aufforderung, dieses Urteil nicht zu überstürzen. In dieser ersten Sitzungsperiode gehörte der Kommission kein Arzt an. Ein Priester, der Theologieprofessor Nikola Bulat aus Split, ergriff die Initiative und ließ die Sehenden während der Ekstase mit Nadeln stechen. Sie spürten die Stiche nicht. Man hofft, daß bald auch Ärzte ein Wort mitzureden haben werden; und man möchte wünschen, daß die Kommission die von den Ärzten Dr. Botta aus Mailand und Dr. Joyeux aus Montpellier unentgeltlich durchgeführten wissenschaftlichen Untersuchungen in Betracht zieht (Elektrokardiogramm vom 24. März 1984 resp. Elektroenzephalogramm vom 10. Juni 1984, aufgrund dessen festzustellen ist, daß sich die Sehenden nicht im Traum- oder einem epileptischen oder ähnlichen Zustand befinden). Ebenso möchte man wünschen, daß Personen, die ernsthafte Untersuchungen durchführen, nicht von vornherein aus der Kommission ausgeschlossen werden, nur weil sie den Erscheinungen positiv gegenüberstehen.
Die fortschreitende Enthüllung der *zehn Geheimnisse* und die Verkürzung der Dauer der Erscheinungen (ca. 20 Minuten im

Sommer 1983, 2 Minuten zu Weihnachten, dann seit Januar 1984 eine Minute) konnte die Vermutung nahelegen, daß sie sich dem Ende zuneigen. Aber bis Mitte Juni ist alles unverändert geblieben. Zu diesem Zeitpunkt hatten alle Sehenden bis auf Vicka neun Geheimnisse empfangen (Vicka acht).

„Du hast Verspätung", sagte ich zu ihr.

„Nein, die Jungfrau hat bei mir Verspätung", gab sie mir mit gewohntem Humor zur Antwort.

Das offensichtlich außergewöhnlich lange Andauern dieser Erscheinungen wird durch den Prozeß geistlicher Bildung gerechtfertigt, der bei den Sehenden und in der ganzen Bevölkerung immer mehr Platz greift. Eigentlich ist dies das bedeutendste Ereignis von Medjugorje.

Ende Mai hatten Jelena und Marijana (die ich am 10. Juni 1984 befragt habe) von der Jungfrau die Aufforderung erhalten, am 5. August durch zwei Fasttage und einen Feiertag die 2000. Wiederkehr ihrer Geburt zu begehen. Der Bischof ersuchte darum, daß in den Ansprachen weder vom Geburtstag noch vom Fest die Rede sein sollte, damit es nicht den Anschein hätte, als wollte man dem Fest Mariä Geburt am 8. September den Rang streitig machen. Die Anordnungen wurden gewissenhaft befolgt und der Tag intensiv und zugleich in aller Zurückhaltung begangen. Die drei Fasttage mündeten in einen Tag intensiven Gebets in der Kirche und auf dem Hügel. Bekehrungen und Beichten waren zahlreich.

„An diesen Tag werde ich mich länger erinnern als an die zwanzig vorhergehenden Jahre als Beichtvater", sagte einer der Priester. Den Sehenden zufolge hatte die Jungfrau gesagt: „Die Priester, die Beichte hören, werden an diesem Tag große Freude erleben."

Die Erscheinungen von Medjugorje, die am 24. Juni 1981 ihren Anfang nahmen, haben in Jugoslawien (Herzegowina) eine Wirkung gezeitigt, die der von Lourdes im Jahr 1858 in nichts nachzustehen scheint. Das Echo unter den Theologen war weltweit, Artikel und Veröffentlichungen werden immer zahlreicher.

Der zuständige Bischof, Msgr. Žanić, dem das Urteil in dieser

Sache obliegt, warnt in der gegenwärtigen Phase vor Überstürzung und jeglicher „unverantwortlichen Propaganda"; er ruft dazu auf, jeden Einwand und jede Schwierigkeit ernstlich zu erwägen. Das vorliegende Buch hat sich getreulich an diese Direktive, die der Wahrheitsfindung nur dienlich sein kann, gehalten.

Ein solches Buch ist folglich Forschungsarbeit. In Übereinstimmung mit den für religiöse Veröffentlichungen in Frankreich zuständigen Bischöfen wurde nicht um das Imprimatur eingegeben, hätte doch dies den Anschein erweckt, als würden die Erscheinungen anerkannt und so dem Urteil des verantwortlichen Bischofs ungebührlich vorgegriffen. Nach dem für Forschungen geltenden Statut erscheint dieses Buch daher unter freier Verantwortlichkeit des Verfassers.

Mittlerweile ist es Mitte Januar 1984, und die Erscheinungen in Medjugorje gehen weiter. Doch eine der Sehenden sieht nicht mehr: ein Anzeichen für das nahe Ende. Das Ende selbst wird den übermittelten Botschaften zufolge durch ein sichtbares und bleibendes Zeichen gekennzeichnet sein, das für die, die nicht glauben, auf dem Berg zurückbleiben wird. Die Botschaft von Medjugorje wurde als eine ernste Warnung des Himmels an unsere Welt empfangen, die im Begriff ist, sich selbst zu zerstören. Die Aufgeschlossenheit und der tiefe Ernst, mit dem sie von den Einheimischen und den zwei Millionen Pilgern aufgenommen wurde, sind aufwühlend. Die Botschaft ist ein Aufruf zum Gebet, zu Bekehrung und Fasten, um dieser Welt der Gewalt eine neue Richtung zu geben. Unter diesem Aspekt ist die Botschaft ein reines Echo des Evangeliums.

Der Herausgeber dieses Buches ist sich als Theologe des Paradoxes seiner Arbeit bewußt. Er muß zwei Ansprüchen gerecht werden:

– In Medjugorje fordert „die Jungfrau" dazu auf, unverzüglich zu glauben, weil es morgen schon zu spät sein wird;

– von der kirchlichen Obrigkeit kommt die Aufforderung, zuerst einmal genau zu prüfen, ob es wirklich Maria ist, die da spricht.

Diese Situation ist bei prophetischen Botschaften durchaus nicht ungewöhnlich. Man hat den Propheten häufiger nach ihrem Tod geglaubt als zu ihren Lebzeiten – und dann war es zu spät. Es war daher günstig, daß gleichzeitig zwei einander ergänzende Bücher über die Ereignisse erschienen. Das Buch von Philippe Madre steht ganz auf dem Boden des Glaubens und der Hoffnung, entsprechend dem Geist des Evangeliums: „Wer die Hand an den Pflug legt und zurückschaut, ist des Himmelreichs nicht wert." Die vorliegende Arbeit würdigt die positiven Aspekte des Ereignisses, berücksichtigt aber, um unvoreingenommen zu werten, auch die Einwände und Schwierigkeiten, wie es die in der Kirche seit alters her übliche Vorsicht gebietet. Als das erste Raumschiff zu seinem Jungfernflug abhob, durfte der Pilot nur an die von ihm erwartete Pionierleistung denken. Den Ingenieuren und Technikern des Bodenpersonals oblag es, Schwachstellen und Risiken des Unternehmens unerbittlich festzustellen und auszuschalten. Auch die Kirche lebt von einander ergänzenden Aufgaben und Charismen.

1.
Erscheinungen in Medjugorje?
Zeichen des Widerspruchs oder gute Nachricht?

Eine gute Nachricht?
Seit dem Sommer 1981 spricht man von Marienerscheinungen in Medjugorje. Medjugorje liegt in Jugoslawien, in der kroatischen – und katholischen – Region der Herzegowina. Diese Erscheinungen, die am 24. Juni 1981 begonnen haben, dauern an. Was soll das bedeuten, und warum darüber reden? Soll man darin eine „gute Nachricht", ein Zeichen der Zeit sehen? In den freien Ländern des europäischen Westens gibt es keine Erscheinungen mehr, zumindest werden die Erscheinungen dort nicht mehr anerkannt und akzeptiert. Die spektakuläre Serie von Marienerscheinungen in der Rue du Bac (1830), in La Salette (19. September 1846), Lourdes (1858), Pontmain (17. Januar 1871), um nur die anerkannten Erscheinungen zu nennen, und ihre Fortsetzung im 20. Jahrhundert in Fatima (1917), dann in Belgien (1933 in Beauraing und Banneux) scheint abgeschlossen. Nicht, weil diese letzten Erscheinungen abschließenden Charakter hätten, sondern weil seither keine weiteren Erscheinungen mehr anerkannt worden sind. Mehr als ein halbes Jahrhundert ist seitdem vergangen, und ihre Anerkennung war auf große Schwierigkeiten gestoßen. Der erste dafür zuständige Bischof von Beauraing, Heylen, war seiner Amtsgewalt und Pflicht, darüber zu befinden, enthoben worden.

Ende der Erscheinungen?
Sollte das etwa bedeuten, daß es im Leben der Kirche keine Erscheinungen mehr gibt? Das Phänomen als solches besteht weiter. Von B. Billet wurde eine Liste von mehr als 200

mutmaßlichen Erscheinungen, von denen seither gesprochen worden ist, aufgestellt, aber keine einzige dieser Erscheinungen ist von der Kirche anerkannt worden. Weil sie auf Täuschung beruhten? Oder eher deshalb, weil sie in einem kulturellen und kirchlichen Klima aufgetreten sind, in dem sie nicht angenommen werden *konnten*? Ob sie nun böse oder gut sein mögen, auf jeden Fall waren Zweifel und Ablehnung unweigerlich stärker, im besten wie im schlimmsten Fall. Eine echte Unterscheidung, wie sie noch der Bischof Laurence in für seine Zeit beispielhafter Weise in Lourdes getroffen hatte, schien nicht mehr möglich zu sein. Gewisse Kommissionen, in denen Leute saßen, die Verfechter radikaler Prinzipien der historisch-kritischen Methode oder der Psychoanalyse und Anhänger rationalistischer und idealistischer philosophischer Richtungen waren (von denen die katholische *Intelligenzija* stärker beherrscht wird, als es den Anschein haben mag), erlaubten keinen positiven Ausgang. Ich selbst habe im Verlauf dieser Jahre gelegentlich Anstoß erregt mit der Bemerkung: „Wenn Lourdes zu unserer Zeit stattfände, würden die Erscheinungen nicht anerkannt." In der verworrenen Situation, die nach den Erscheinungen herrschte, hätten die massiven Einwände überwogen. Als die Erscheinungen am 11. April 1858 aufhörten, brach über Lourdes eine Welle von mehr als 50 Sehern herein. Sie machte Eindruck auf den Pfarrer, der doch gegen Bernadette so streng gewesen war, und begeisterte sogar J.-B. Estrade, einen aufgeklärten Mann, der später die Geschichte von Lourdes schreiben sollte. Erleuchtete und zweifelhafte Individuen waren, angelockt durch den Nimbus der Erscheinungen, in der Grotte aufgetreten und schienen die Ablöse zu übernehmen. In unseren Tagen hätte man sicherlich ein paar griffige Formulierungen gefunden und so das beispielhafte Zeugnis der Bernadette auf einen Wildwuchs dieser Sorte reduziert: Eine Halbwüchsige, überdies mit verspätet eingetretener Pubertät, also eine Konstellation, wo in puncto Visionen alles möglich sei, etc. Man hätte einen vorgefertigten Raster aus der Psychoanalyse darübergelegt, so wie ich es erlebt habe, und so die Erscheinungen in oberflächlicher und selbstherrlicher Weise als ein rein natürliches psychologisches Phänomen erklärt, in dem Gott nichts zu suchen hat. Der herrschende Determinismus hätte es Gott sozusagen verboten, an diesem Ort ein Wunder zu wirken.

Diese Schwierigkeit wird durch die verfehlte Problemstellung verschärft, wie sie bei der Protokollierung von Wundern für gewöhnlich herrscht. Prinzipiell fordert man dafür Wunder, die für die Wissenschaft im strengen Sinn unerklärlich sind. Weder entspricht dies der Art und Weise Gottes noch der Tradition der Kirche auf diesem Gebiet. Nach der modernen Kriteriologie wäre das ideale Wunder – das Wunder also, das durch die aufgestellten Kriterien herausgefiltert werden soll – eher Magie zu nennen als ein Wunder: Es muß ein *physisches* Wunder sein, das außerhalb des Glaubens eingetreten ist, wobei psychische Heilungen, sofern sie nicht Resultat einer organischen Heilung sind, nicht protokolliert werden. Das typische Wunder ist jedoch ganz im Gegenteil eine göttliche Tat, die von innen nach außen geht, von der Heilung der Sünde zur psychischen und weiter zur physischen Heilung.

Es geht hier nicht darum, unserer hyperkritischen Epoche und ihren Illusionen, die vielleicht bald schon überwunden sind, den Prozeß zu machen, sondern es geht um die Feststellung, daß die an sich notwendige Unterscheidung der Geister eine Phase unhaltbarer Exzesse durchgemacht hat. Wir wollen hier nicht eine neue Kriteriologie vorschlagen, die der modernen Wissenschaft und Theologie angemessener ist. Das haben wir an anderer Stelle bereits getan. Es geht lediglich darum, zum Zweck der besseren Unterscheidung die Ursachen für dieses extreme Mißtrauen zu ermitteln. Man kann, grob gesprochen, drei Zeitabschnitte unterscheiden:

An seinem Beginn basiert das Christentum auf den Erscheinungen des auferstandenen Christus. Sie sind die Grundlage des Glaubens, auch wenn sie nicht den Charakter eines wissenschaftlichen Beweises haben und Christus sie seinen Gegnern nicht aufgenötigt hat. Eine Theologie, die die Bedeutung dieser Erscheinungen herunterspielen wollte, wäre auf dem falschen Weg.

Nachdem dieses Phänomen den Grund gelegt hatte, waren die in der *Apostelgeschichte* zwar relativ häufig berichteten Erschei-

nungen immer von sekundärem Rang, entsprechend der von Christus selbst aufgestellten Richtlinie:
„Selig sind, die nicht sehen und doch glauben!" (Joh 20,39)
Das ist der Glaube, der ohne die Evidenz auf dem Wort Gottes fußt, wie es der *Hebräerbrief* ausführt. Folglich spielen die Erscheinungen nur mehr eine sekundäre Rolle, sie sind die Ausnahme und relativ, als eine unverdiente und vorläufige Wegzehrung, die Gott auf der Straße des Menschen spendet. Aus diesem Grund befleißigt sich die kirchliche Obrigkeit in diesen Dingen der Nüchternheit und läßt Erscheinungen nicht gelten ohne eine strenge Prüfung.
Aus drei Gründen wurde diese Strenge im Lauf der Jahrhunderte noch verschärft:
1. Die charismatische Bewegung des Montanus, das neue Prophetentum, hatte vielversprechend begonnen, ging dann aber in Exzessen unter, die Spannungen und schließlich ein Schisma hervorbrachten. Die Kirche ist davon immer noch traumatisiert; nicht ohne Verlegenheit hat sie die bewundernswerte Lehre des Tertullian anerkannt und ihn in die Reihe der Kirchenväter aufgenommen, obwohl er Montanist und Schismatiker war. Aber das Trauma überwog.
Seither hat sich die kirchliche Gewalt in der Auseinandersetzung mit Visionen, Charismen und außergewöhnlichen Phänomenen oft verhärtet. Es ist immer ein Problem für die Hierarchie, wenn Charismatiker oder Seher auftreten, deren direkter Draht zu Gott eine Autorität gewinnt, die manchmal mehr Ansehen genießt als die ihre. Das Auftreten solcher paralleler Autoritäten wird ein Bischof umso mehr fürchten, als die Verbindung mit dem Himmel durch Höhen und Tiefen führt und von der Subjektivität des Sehenden geprägt sein kann. Die Obrigkeit verhärtet sich umso mehr, je mehr die Heiligkeit des Betreffenden zu wünschen übrig läßt. Das scheint bei zahlreichen charismatischen Gruppen des Mittelalters in den Fußstapfen der Franziskaner der Fall gewesen zu sein. Wenn Franz von Assisi dank seines beispielhaften Gehorsams und seiner Nächstenliebe allen Befürchtungen zum Trotz gut aufgenommen worden war, so wurden doch zahlreiche Bewegungen und Grüppchen, die in der Folge

aufblühten, so radikal unterdrückt, daß man sie für gewöhnlich nur mehr aus den Zerrbildern ihrer Gegner kennt. Auch wurde es eben deswegen oft schwierig, die Häretiker (Waldenser etc.) von eifrigen rechtgläubigen Gruppen, die aber störend waren und verleumdet wurden, zu unterscheiden. Zum Glück sind Papsttum, Kurie und Episkopat nicht mehr das, was sie einst waren, als die Unterdrückung so weit ging, daß ein Savonarola verbrannt wurde, weil er die Mißstände in der Kirche des 15. Jahrhunderts unbarmherzig angeprangert hatte.

2. Im Mittelalter bildet sich ein neuer, für die Erscheinungen ungünstiger Faktor heraus. Die Theologie, bis dahin eine Sache der Bischöfe (kraft ihres Amtes und ihrer Weihe) und der Mönche (kraft des Gebets und der geistlichen Erfahrung), hielt Einzug in die Universität. Sie konzentrierte ihre Bemühungen auf die Abstraktion, die *ratio*, die intellektuelle Leistung; der dritte Grad der *Abstraktion* war der Gipfel der Wissenschaft. In den Fußstapfen des griechischen Denkens hatte diese neue Stufe die Tendenz, Symbole und Zeichen zu Abfallprodukten der Phantasie zu degradieren. Diese Trennung zwischen einer manchmal blutleeren Theologie und den Zeichen, die nicht nur für die volkstümliche Religion, sondern für die biblische Offenbarung und die Religion überhaupt wesentlich sind, geschah nicht, ohne ein gewisses Ungleichgewicht und ein Übermaß an Mißtrauen gegenüber den Zeichen des Himmels hervorzurufen.

3. Eine dritte Welle von Geringschätzung und Reduktion brach im 19. Jahrhundert herein. Ihre Vorläufer hatte sie im 17. Jahrhundert, das den Glauben an die Wissenschaft und einen neuen Kult der Vernunft hervorgebracht hatte. Die Philosophen des 18. Jahrhunderts, des Jahrhunderts der Aufklärung, dehnten diese Strömung auf alle Gebiete aus. Dieser alle Symbole und das Übernatürliche reduzierende Rationalismus wurde im 19. Jahrhundert verschärft durch den Kantschen Kritizismus. Sein löbliches Bestreben nach Strenge geriet zur Skepsis und zur systematischen Reduktion, der methodische Zweifel wurde radikal. Zuerst verheerte die negative Kritik die reformierten Kirchen. Dann drang diese Welle des liberalen Protestantismus in den nachkonziliaren

Katholizismus der sechziger Jahre ein, zu einem Zeitpunkt, als die Protestanten sich bereits wieder davon abwandten.
Nach dem Selbstverständnis und den Voraussetzungen dieser *rationalistischen* Strömung, die durch den Kantschen und Hegelschen *Idealismus* verstärkt und vom Hegelianer und Exegeten D. F. Strauß formuliert wurde, konnte Gott nicht in die Ordnung dieser Welt eingreifen. Biblische oder andere Zeichen und Wunder waren folglich als subjektive Selbsttäuschung anzusehen. Die Psychoanalyse verhalf dieser Ideologie dann zu einer neuen wirksamen Waffe: Wenn man Marc Oraison, einem katholischen Priester, folgt, so ist jede Vision oder Erscheinung als „Halluzination" zu betrachten und durch die Impulse des sehenden Subjekts zu erklären. Überraschend an dieser Strömung ist, mit welcher Leichtigkeit, um nicht zu sagen: Leichtfertigkeit auf der Grundlage solcher *a priori-Reduktionen* jede Erscheinung und jedes Wunder systemimmanent erklärt wird, ohne daß die Fakten aufmerksam geprüft und die Hypothesen verifiziert werden. Es geht hier nicht darum, gegen diese artifizielle und häufig naive Kritik Sturm zu laufen. Noch weniger geht es darum, jegliche Kritik zu verwerfen, ist doch die Kritik ein gutes und notwendiges Unterfangen. Das Wort „Kritik" leitet sich von griechisch *krisis* = „Urteil" her und bedeutet die in allen Dingen unumgängliche Unterscheidung. Wenn hier die Kritik selbst einer Kritik unterzogen werden muß, nachdem sie *a priori* und systematisch das Übernatürliche sowie die Kommunikation mit Gott ausgeschlossen hat, so deshalb, weil eine solche Kritik jede Unterscheidung zugunsten eines ideologischen Systems unmöglich macht. Es kommt darauf an, die spirituellen Phänomene zu werten, folglich zu unterscheiden. Dies muß in umfassender Sachkenntnis geschehen, ohne daß die Komplexheit des Menschen und die Mehrdeutigkeit dieser außerordentlichen übernatürlichen Phänomene außer acht gelassen werden. Es gibt kein billiges Rezept, mit Hilfe dessen an dieser Grenzlinie der Anteil der psychischen Verfaßtheit und Subjektivität des Menschen, die bei diesen Phänomenen notwendig im Spiel sind, und der Anteil Gottes voneinander getrennt werden könnten.

Das Ende der Hyperkritik

Die Mißbräuche der neueren Kritik zu dramatisieren ist umso weniger am Platze, als diese rationalistischen Exzesse von den jüngsten Entwicklungen gerade in der Wissenschaft überholt werden. Denn die Wissenschaft nimmt Maß an der mysteriösen Komplexheit der Welt. Der Szientismus, in dem behauptet wurde: „Wunder sind unmöglich, es gibt keine Seele, ich habe sie nicht unter meinem Skalpell gefunden!", und ähnliche Naivitäten sind tot. Gerade die Redlichkeit im Experiment, die für die wissenschaftliche Methode wesentlich ist, hat aufgezeigt, daß es nicht so einfach ist, *a priori* festzulegen, was rational ist und was nicht. Die Wissenschaft des 20. Jahrhunderts ist eben dadurch vorangekommen, daß sie Daten übernahm, die ganz offensichtlich irrational sind: Relativität, die Unsicherheitsrelation von Eisenberg etc. In ihrer zunehmenden Offenheit für die Erfahrung, in dem wachsenden Bewußtsein ihrer Grenzen, in der Einsicht, daß es unmöglich ist, im Namen eines vereinfachenden Rationalismus der Wirklichkeit ein Gesetz aufzuzwingen, ist die Wissenschaft beispielgebend geworden durch ihre Demut angesichts der Wirklichkeit, gleich welcher Art. Dieser neue Öffnungsprozeß in der Wissenschaft hat in die sogenannte *kritische Theologie* noch nicht hinreichend Eingang gefunden, in der Kirche und in der allgemeinen Meinung aber doch soweit Platz gegriffen, daß günstigere Bedingungen für eine echte Unterscheidung der Gaben Gottes geschaffen wurden, mag man sie nun mit einem ambivalenten und relativen Begriff „übernatürlich" nennen oder nicht, oder lieber wie Bischof Laurence 1862 in Lourdes im Bildhaften bleiben und mit ihm sagen: „Das ist der Finger Gottes."

Johannes Paul II. (der zahlreiche Pilgerreisen zu Erscheinungsorten absolviert hat, von Guadalupe bis Lourdes und Fatima) hat in San Damiano an die Stelle systematischer Unterdrückung ganz behutsam die erleuchtete Lenkung gesetzt. Zweifellos hätte man ein großes christliches Kräftepotential nicht vergeudet, wenn sich die Seelsorge schon früher von diesem Prinzip hätte leiten lassen. Gerade diese Pilgerreise steht noch zu sehr unter dem Zeichen einer Konfliktsituation, und erst nach ein paar Jahren des Friedens wird man klar sehen können. Doch ist diese neue Situation verheißungsvoll, vorausgesetzt die Beteiligten wissen ihr in Mäßigung und Gehorsam gegenüber der Kirche zu begegnen.

Ein Zeichen der Zeit

Medjugorje zeigt sich unter ganz anderen, ganz neuen Bedingungen und in einem in vieler Hinsicht nachkonziliaren Stil. Die sechs Sehenden sind (mit einer Ausnahme) keine Kinder mehr und haben mit ihren 16 bis 18 Jahren die verworrene Phase der Pubertät hinter sich. Ihr Leben, aber auch das Leben der Pfarre, das Leben einer ganzen Region hat sich durch die Erscheinungen radikal verändert. Und das in einem Land, in dem das Leben der Nation vom marxistischen Atheismus bekanntlich mit eiserner Faust regiert wird.
Daß in dieser atheistischen, seit bald einem halben Jahrhundert so sehr kontrollierten Welt Zeichen vom Himmel erscheinen, ist ein Zeichen der Zeit. Mit dieser Aussage soll keineswegs das Urteil über die Echtheit der Erscheinungen, über die die Kirche sich noch nicht geäußert hat, vorweggenommen werden, sondern ich sage dies ausgehend von einer Zusammenschau: Diese Erscheinungen sind kein alleinstehendes Ereignis, sondern Teil eines spirituellen Geschehens, das gerade in jenen Ländern aufbricht, in denen der Glaube unterdrückt, abgewürgt, erstickt wird; zur Stunde, wo der Glaube in der westlichen Welt vielerorts einschläft, sich auflöst, zur Stunde, wo christliche Historiker den Heroismus der frühchristlichen Märtyrer bagatellisieren, sieht man hier einen neuen Heroismus aufbrechen angesichts einer zwar viel weniger blutigen, dafür aber viel umfassenderen, allgegenwärtigen Verfolgung, die so weit geht, daß man auch den seelischen Bereich durch die Einweisung in psychiatrische Kliniken zu zerstören sucht, entsprechend dem Prinzip, daß der Glaube eine psychische Krankheit sei. Die Gnadengaben, die diese Länder aufrechterhalten, haben eine Erneuerung des Glaubens hervorgebracht, die in Polen ununterdrückbar, anderswo zwar weniger bekannt, aber doch auch Tatsache ist. Durch dieses neue Phänomen hat sich der Schwerpunkt der

Kirche in jene tapferen und treuen Länder verlagert. Die Wahl eines polnischen Papstes ist nur ein Zeichen von vielen.
Diese übernatürlichen Phänomene der östlichen Welt sind für gewöhnlich nur durch vertrauliche Mitteilungen bekannt, und man kann sie auch nicht an die Öffentlichkeit bringen, ohne die Menschen, die die Gaben Gottes durch ihr Leben heldenhaft bezeugen, den schlimmsten Repressalien auszusetzen. Da ich um so viele Dinge weiß, die ungesagt bleiben müssen, habe ich die Geschehnisse von Medjugorje positiv aufgenommen: als eine potentielle gute Nachricht. Ihre Epiphanie war möglich über diesem Land, das die Grenze bildet zwischen Ost und West: Jugoslawien ist zwar ein kommunistischer Staat, aber doch weniger abhängig als die anderen. Es unterhält seit langem Beziehungen zum Westen und hat schon zu Lebzeiten Titos diplomatische Beziehungen zur Kirche aufgenommen und eine Nuntiatur errichtet. Die erbarmungslose Härte des Kommunismus wird in diesem Land gemildert durch die Existenz eines Volkes, das eifersüchtig über seine Unabhängigkeit wacht und im Westen wie im Osten durch den Mut, mit dem es eine gewisse Autonomie bewahrt hat und die Bündnispolitik nach eigenen Vorstellungen gestaltet, Achtung errungen hat. Die Auswanderung ist großzügiger geregelt als anderswo, und ausländische Besucher sind willkommen.
Jugoslawien ist nicht Albanien, und ein religiöses Phänomen kann sich dort besser manifestieren als in Staaten, in denen die Unmenschlichkeit die totale Unterdrückung möglich macht. Es ist nur gerecht, dieses positive und hoffnungsvolle Element hervorzuheben, das dem Christentum relativ große Bewegungsfreiheit läßt. Jugoslawien ist ein mediterranes und damit ein menschliches Land, und manches System wird dadurch gemäßigt.
Man sollte aber nicht so weit gehen zu glauben, die Lage der dortigen Christen wäre einfach oder gar glücklich zu nennen. Die Kirche, die in den vergangenen Jahrhunderten in Kroatien auch unter muselmanischer Herrschaft heldenhaft überlebt hat, steht heute unter einem harten Gesetz. Mehr als andere im jugoslawischen Bündnisstaat leidet dieses Volk unter dem atheistischen Regime.

In dieser Kirche, der man die Luft zum Atmen genommen hat, scheint das Zeichen des Himmels von der Vorsehung geschickt zu sein.

Was denkt die Kirche dazu?

Was aber meint die Kirche Jugoslawiens dazu, oder genauer gesagt der für diese Sache zuständige örtliche Bischof Pavao Žanić? Entsprechend der authentischen Tradition der Kirche in solchen Dingen läßt er sich von der Gabe der Unterscheidung und der Vorsicht leiten. Weder hat er die Erscheinungen als Kriegsmaschine gegen das Regime eingesetzt, noch hat er gegen die Menschen Stellung bezogen, die diese erstaunlichen Phänomene erleben. Er verhält sich abwartend – was sollte er auch anders tun, da die Erscheinungen ja weitergehen: eine unvollendete Symphonie, deren letzte Takte von höchster Bedeutung für die Unterscheidung und Beurteilung sein werden. Dazu kommt, daß etwas Übernatürliches, selbst wenn es authentisch ist, stets mit weniger authentischen Elementen und zweifelhaften Interferenzen verquickt sein kann. Auch Lourdes ist, wie wir gesehen haben, davon nicht verschont geblieben. Es kann eines Tages auch zu Verirrungen kommen, denn Schwachheit und Sünde sind nun einmal gegeben in den Niederungen dieser Welt. Die kirchliche Obrigkeit muß auf der Hut bleiben vor den Angriffen des Versuchers, die ganz gewiß nicht ausbleiben werden. Zurzeit geht die Sorge nicht so sehr um Anerkennung als vielmehr dahin, alle – auch negative – Hypothesen, die eine übergroße Hoffnung enttäuschen könnten, zu bedenken.

Klarheit tut not. Beim gegenwärtigen Stand der Ereignisse ist Triumphalismus fehl am Platz. Die kirchliche Obrigkeit hat noch nicht geurteilt. Sie verfolgt die Sache aufmerksam und hält die Betroffenen an zur Unterscheidung der Geister: Sehende, Geistliche, die betenden Gläubigen und alle, die sich angesprochen fühlen, Theologen eingeschlossen, zu denen auch ich mich zähle. Zusammen mit *Pater Rupčić* und in Fortführung seiner Arbeit möchte ich lediglich eine gewisse, in dreißigjähriger Arbeit erworbene, historische und theologische Sachkenntnis einbringen, die zur Erhellung dieser Phänomene beitragen könnte. Dies geschieht in allem Respekt einerseits gegenüber den Menschen, die dieses ungewöhnliche Abenteuer erleben, und andererseits gegenüber der bischöflichen Amtsgewalt, die die schwere Verantwortung dafür trägt.

Eine sehr schwere Verantwortung, denn Jugoslawien, ein offenes, modernes und dabei doch offiziell atheistisches Land, vertritt die Sache des Atheismus bewußt und von oben her mit der dialektischen Gewalt des Marxismus und der ganzen administrativen Macht eines modernen Staates, in dem Polizei und administratives Netz eine in den vorausgegangenen Jahrhunderten unbekannte Bedeutung gewonnen haben.

Hätte der Bischof von Mostar unvorsichtig, hastig und undifferenziert für die Erscheinungen von Medjugorje Partei ergriffen, so hätte er sofortige Repressalien heraufbeschworen. Zudem ist die ungewöhnlich lange Dauer der Erscheinungen eine Aufforderung, doppelte Vorsicht walten zu lassen.

Es ist dies keine tatenlose, passive Vorsicht. Als die Regierung versuchte, die Erscheinungen durch allerlei Karikaturen ins Lächerliche zu ziehen, um sie umso leichter unterdrücken zu können, griff der Bischof ein. Er veröffentlichte Mitte August 1981 in der Zeitschrift *Glas Koncila*[1] die folgende mutige Erklärung:

„1. Die Öffentlichkeit erwartet, daß wir uns zu den Geschehnissen von Medjugorje äußern, wo sechs Kinder behaupten, daß ihnen die heilige Jungfrau erschienen sei und weiter erscheine. Wenn darüber atheistische Journalisten berichten, die weder an Gott noch an die Jungfrau Maria glauben, so ist es klar, daß den Aussagen der Kinder jeglicher Wahrheitsgehalt abgesprochen wird. Diese Art, die Geschehnisse zu behandeln, ist für uns Gläubige beleidigend und unannehmbar. Es gibt keinen Beweis für die Anschuldigung, die Kinder würden manipuliert.

2. Die Berichte in der Presse stammen von Personen, die aus der Position des Stärkeren heraus Fragen des Glaubens und der Religion mit Ironie und Verachtung behandeln, und enthalten grundlose Anschuldigungen. Neben zahlreichen anderen Unterstellungen werden die Geistlichen beschul-

digt, minderjährige Kinder zusammenzusuchen und ihnen ohne Wissen ihrer Eltern einzubleuen, sie sollten behaupten, die Jungfrau sei ihnen in menschlicher Gestalt erschienen.
3. Ebenfalls unrichtig ist die Behauptung, die kirchlichen Behörden hätten gegen die Geschehnisse von Bijakovići Stellung bezogen und diese für Aberglauben erklärt. Wir bedauern auch, daß der Kirche der Herzegowina zu Unrecht vorgeworfen wird, sie würde sich in die Politik einmischen und die Öffentlichkeit bewußt täuschen.
4. Bezüglich Erscheinungen und Wundern im allgemeinen ist zu sagen, daß sie für uns Gläubige möglich sind, denn wir können weder Jesus Christus noch die Geschichte der Heiligen leugnen. Zum andern ist allenthalben bekannt, daß die Kirche immer größte Vorsicht hat walten lassen, bevor sie über die Erscheinungen und Wunder in Lourdes, Fatima und anderswo ein positives Urteil gefällt hat.
5. Richtig ist, daß es immer wieder vorgekommen ist, daß fromme Seelen behaupten, sie hätten Erscheinungen gehabt, und daß es sich dabei in Wirklichkeit nur um Halluzinationen, eine ganz persönliche psychische Erfahrung oder um reine Einbildung handelte.
6. Was können wir über die Geschehnisse von Bijakovići sagen? Tatsache ist, daß die Kinder von niemandem, am allerwenigsten von der Kirche zu lügnerischen Erklärungen veranlaßt werden. Zum gegenwärtigen Zeitpunkt weist alles darauf hin, daß die Kinder nicht lügen. Die schwierigste Frage allerdings bleibt offen: Handelt es sich um eine subjektive Wahrnehmung der Kinder oder um ein übernatürliches Ereignis?
7. In der Apostelgeschichte wird berichtet: Als die Juden versuchten, die Apostel zum Schweigen zu bringen, stand ein vom ganzen Volk hochgeachteter Gesetzeslehrer, Gamaliel, auf und erklärte vor der ganzen Versammlung: ‚Wenn dieses Vorhaben oder dieses Werk von Menschen stammt, wird es zerstört werden; stammt es aber von Gott, so könnt ihr es nicht vernichten.' (Apg 5,38–39) Dies ist unsere Position zum gegenwärtigen Zeitpunkt.

Pavao Žanić, Bischof von Mostar"

Da die Hetzkampagne der staatlichen Stellen erneut aufflammte, richtete der Bischof von Mostar am 1. September 1981 an den Staatspräsidenten Sergej Kraigher das folgende Protestschreiben:

„Sehr geehrter Herr Präsident!
Über Presse, Rundfunk und Fernsehen wurde die Nachricht verbreitet, daß am 17. August 1981 in Čitluk eine Versammlung der Kommunalkonferenz der Sozialistischen Union der werktätigen Bevölkerung von Čitluk stattgefunden habe. Auf dieser Versammlung seien die Ereignisse in der Pfarrei von Medjugorje diskutiert worden. Die Nachricht hatte folgenden Wortlaut:
‚Es wurde die Notwendigkeit erklärt, der Bevölkerung noch deutlicher zu machen, daß die Absichten und Wünsche der Priester von Medjugorje, Jozo Zovko und Ferdo Vlašić, des Bischofs von Mostar, Žanić, und anderer Extremisten identisch sind mit den Träumen und Bestrebungen der terroristischen Organisation Ustascha. Die kirchlichen Nationalisten haben sich erhoben gegen die Errungenschaften der Revolution, gegen das herrschende System, gegen die sozialistische Selbstbestimmung. All das ist schwerster Mißbrauch der religiösen Gefühle.' (Auszug aus den Rundfunk- und Fernsehnachrichten Sarajevo vom 17. August 1981 und aus der Zeitung *Večernij list* vom 18. August 1981).
Ich halte es für mein Recht und meine Pflicht, gegen solche Verleumdungen, die jeder Grundlage entbehren, mit allem Nachdruck zu protestieren. Als katholischer Bischof und verantwortlicher Ordinarius des Bistums Mostar gebe ich persönlich sowie im Namen meiner Priester, die in diese Sache hineingezogen wurden, meinem Bedauern über diese verantwortungslosen Verleumdungen und Angriffe Ausdruck, die in ihrer Geschmacklosigkeit nicht dazu beitragen können, die Geschehnisse in der Pfarre von Medjugorje ruhig zu betrachten.
Ein derartiges Vorgehen verletzt die grundlegenden Bürger- und Menschenrechte.

Ich bitte Sie als den Träger der obersten Verantwortung in Jugoslawien, meinen Protest entgegenzunehmen und auf solche Angriffe mit Festigkeit zu reagieren.
Mit vorzüglicher Hochachtung

Pavao Žanić, Bischof von Mostar."

Am 10. Januar 1982 wurde vom Bischof eine Kommission zur Untersuchung der Erscheinungen eingesetzt. Im weiteren Verlauf dieser Studie werden wir noch sehen, was den Bischof bewogen hat, diversen Einwänden gegen Medjugorje einen gewichtigen Platz einzuräumen und gegen die allzu strahlende Überzeugtheit anzugehen, die er für übertriebene, um nicht zu sagen verantwortungslose Propaganda hält. Er stellte sich die quälende Frage, wie man sich gegen die schwere und vielleicht alles zerstörende Enttäuschung wappnen sollte, die unausbleiblich sein wird, sollte sich dieses geistliche Phänomen eines Tages als trügerisch herausstellen. Diese Vorbehalte, die weiter unten im Kapitel *Auswertung* noch einzuordnen und zu analysieren sein werden, stellen keineswegs ein negatives Urteil des Bischofs dar. Nachdem er Medjugorje gegen Verleumdungen in Schutz genommen hat, macht er es sich zur Pflicht, dieses geistliche Phänomen auch vor den Gefahren einer übergroßen oder voreiligen Zuversicht zu bewahren. Aber er verhält sich bewußt abwartend, entsprechend dem Prinzip des Gamaliel, den er so passend zitiert hat: „Wenn das Vorhaben von Menschen stammt, wird es von selbst verschwinden. Wenn es von Gott ist, werdet ihr es nicht zum Verschwinden bringen können."

Was in diesem Buch zu finden ist

Pater Rupčić, dessen Buch „Die Erscheinungen unserer Lieben Frau zu Medjugorje",[2] die Grundlage der vorliegenden Arbeit bildet, ist Exeget und damit ein Mann, der gewohnt ist, kritisch zu denken. Er hat die Sehenden systematisch befragt und es gewagt, die erste Darstellung und Würdigung dieser Erscheinungen zu veröffentlichen. Es ist dies ein neuer, eigenständiger und seriöser Beitrag, und ich habe ihn aus diesem Grund ins Französische übersetzen lassen. Doch ist dieses Buch nur eine erste Annäherung und erhebt nicht den Anspruch, eine vollständige und bis ins Detail ausgearbeitete Geschichte dieser Erscheinungen zu sein.

– Die Darstellung ist nicht vollständig, weil das Buch Ende 1982 abgeschlossen worden ist. Der Autor hat sich auf die sieben ersten Erscheinungen beschränkt und gibt von den übrigen nur einen pauschalen und allgemeinen Überblick. Er erwähnt keine einzige spätere Erscheinung, deren Zahl heute nahe an tausend beträgt.

– Wollte man die Geschichte der Erscheinungen Tag für Tag aufzeichnen, so wäre dies eine Sisyphusarbeit. Eine solche Chronik wird vielleicht niemals möglich werden. Allzuviel hat sich gegen das Zustandekommen einer wünschenswerten Dokumentation verschworen. Gewiß, es wurden Foto-, Film- und Bandaufnahmen und jede Menge Notizen gemacht. Aber man muß annehmen, daß sie für zahlreiche Erscheinungen lückenhaft sind bzw. ganz fehlen. Die erste von der Pfarre geführte Chronik wurde von der Polizei beschlagnahmt, und die Angst vor dem, was eine feindliche Amtsgewalt mit einer solchen Dokumentation anfangen könnte, läßt es ratsam erscheinen, nichts aufzuzeichnen.

Die in atheistischen Ländern gebotene Vorsicht hat Pater Rupčić zu Diskretion und Abstraktion gezwungen. Sein Buch ist Information aus erster Hand, aber es erhebt keinen Anspruch auf Vollständigkeit, und der Autor wollte auch gar nicht alles, was er wußte, weitergeben. Er vermeidet es, die Namen der angeführten Zeugen zu nennen, und faßt die Botschaft von Medjugorje lediglich zusammen, ohne die Worte der Jungfrau wörtlich zu zitieren. All das machte für den Leser im Westen eine *Überarbeitung* und *Ergänzungen* notwendig. Bestimmte Details sind nämlich greifbar, und ich habe nicht gezögert, sie in der Folge, wo immer es möglich war, hinzuzufügen. Pater Rupčić selbst hat mich dazu aufgefordert, und ich konnte ihm vom 24. bis 26. Dezember eine *erste Bearbeitung* vorlegen, wobei ich von ihm und einigen anderen weitere wissenswerte Ergänzungen erhielt.

Ein im Osten geschriebenes Buch kann dem, was das Publikum im Westen erwartet, nicht gerecht werden. Fragestellungen und Orientierungspunkte sind nicht dieselben. Die Christen der Kirche des Schweigens schreiben andeutungsweise, zwischen den Zeilen, mit einer Abstraktion, die ihnen zur zweiten Natur geworden ist. In Jugoslawien wird die erstaunliche Leistung des Pater Rupčić bewundert. Seine Kunst zu sieben und anzudeuten hat die Veröffentlichung seines Buches im eigenen Land möglich gemacht. Die notwendige Bearbeitung für das westliche Ausland habe ich in alleiniger Verantwortung vorgenommen, und ich danke dem Autor und meinen Informanten (die auch ich nicht immer zitieren kann) für ihr Vertrauen und ihr Verständnis. Ich bin mir der Risiken, die ich eingehe, bewußt und tue es nicht ohne die Befürchtung, bestimmte Werte des Originaltextes zu opfern, auch wenn es zum Nutzen des Lesers im Westen geschieht, der ohne eine solche Bearbeitung nicht verstehen könnte und auch nicht aufnahmebereit wäre.

Auch die apologetische Seite des Buches bedurfte einer Überarbeitung für den Gebrauch der westlichen Länder. Unser kritischer (häufig auch schon überkritischer) Geist will konkretere Argumente, eine genauere Darstellung der Gegebenheiten, größere Zurückhaltung in den Schlußfolgerungen, weil diese sonst den Anschein erwecken, sie würden über die Prämissen hinausgehen. Ich habe daher versucht, die Argumentation besser zu untermauern und die Schlußfolgerungen maßvoller oder ausführlicher zu gestalten.

All das machte ein direktes Kennenlernen der Ereignisse notwendig. Schon bald schien es mir daher unabdingbar, mich an den Ort des Geschehens zu begeben. So bestieg ich am 23. Dezember 1983 das Flugzeug, um Weihnachten in Medjugorje zu verbringen und Kontakt mit der für das Urteil zuständigen Obrigkeit aufzunehmen.

Die Überraschungen von Medjugorje

Gleich bei meiner Ankunft in Jugoslawien wurde mir klar, welchen Schwierigkeiten man sich in diesem Land unweigerlich gegenübersieht. Meine Landung auf dem Flughafen um 21 Uhr (mit zweistündiger Verspätung) begann mit einem Verhör und mit der Durchsuchung meines Gepäcks, die zirka

zwei Stunden dauerte. Es wurde mir gestattet, den Leihwagen abzuholen – ein Zeichen des Entgegenkommens, denn am Schalter wartete man schon auf mich, weil man zumachen wollte. Das Verhör, bei dem ich nach Pater Rupčić an der Reihe war, fand auf der Polizeistation des Flughafens statt und wurde von einem intelligenten und höflichen Menschen geführt. Er schien die Befürchtung zu hegen, ich sei ein politischer Abgesandter jugoslawischer Emigranten. Mit gleicher Höflichkeit hielt ich ihm folgendes entgegen:
„Dieses Verhör ist völlig grundlos, und ich halte es für bedauerlich, daß ein Mann von Ihrem Format und Ihrer Stellung seine und meine Zeit damit vergeudet. Wenn Sie bezüglich meiner Person wirklich Zweifel hegen, durchsuchen Sie bitte meinen Koffer und meine anderen Gepäckstücke: Sie werden nichts Verdächtiges darin finden. Aber noch einmal, ich würde es bedauern, weil Sie sich hinterher dafür entschuldigen müßten."
„Wenn ich mich irren sollte, bitte ich schon jetzt um Entschuldigung", antwortete der Kommissar und machte sich an eine minutiöse Untersuchung. Er überprüfte Blatt für Blatt meine Akten, die ich vor der Abreise zum Glück gesichtet hatte, und ließ von seiner Schreibkraft alle Namen, vor allem die Namen der in Medjugorje geheilten Kranken (die durch das Buch von Pater Rupčić in Jugoslawien sowieso bekannt waren) notieren. Stück für Stück überprüfte er auch die Zeitungsausschnitte, die ich wie gewöhnlich mitgenommen hatte, wobei ich ihn darauf aufmerksam machte, daß ich zuvorkommenderweise einige kritische Artikel, wie sie in der Presse stets zu finden seien, eliminiert hätte, und daß er in meinem Ordner nur Zeitungen finden würde, die auch in Jugoslawien ohne weiteres erhältlich sind. Er sah den Akt von Anfang bis Ende durch, verzichtete jedoch darauf, mein umfangreiches Adressenverzeichnis zu überprüfen, in dem sich keine jugoslawischen Namen fanden. Die Untersuchung endete ergebnislos, und der Kommissar überschlug sich nun vor Höflichkeit. Er trug mir meinen schweren Koffer sicherlich 400 bis 500 Meter weit zum Auto. Ich hätte ihm seine Gefälligkeit gern durch den Hinweis leichter gemacht, daß dieser Koffer ausfahrbare Rollen

hatte, wodurch sich das Gewicht sehr verringern würde. Aber der Dolmetscher war nicht mehr da, und die Vorsicht meines Gefährten bewog uns, es lieber bei dieser ehrenvollen Lösung zu belassen und keine weiteren Worte zu riskieren.
Jugoslawien ist ein touristenfreundliches Land. Hatte man befürchtet, Medjugorje könnte ein Instrument der Propaganda werden? Möglich. Aber die Polizei war hin und her gerissen zwischen dieser vermeintlichen Gefahr und der Sorge, das Image eines gastlichen Landes zu trüben. Meine Einreisekontrolle war damit jedenfalls beendet, auch wenn ihr eine unauffälligere Überwachung folgen sollte.

Noch ein Buch über Medjugorje

Noch eine Überraschung: Gerade als ich daranging, die partielle französische Übersetzung des Buches von L. Rupčić durchzusehen, erhielt ich einen Anruf der Charismatischen Gemeinschaft des „Löwen von Juda":
„Es sieht aus, als wären Sie dabei, die Übersetzung eines Buches über die Erscheinungen von Medjugorje zu veröffentlichen. Dabei bringen wir diese Übersetzung gerade bei Fayard heraus."
Da ich mich für dieses juridische Problem nicht zuständig fühlte, schlug ich vor, die Verleger sollten doch die Sache anhand der abgeschlossenen Verträge überprüfen. Bei näherem Zusehen stellte sich heraus, daß es nicht dasselbe Buch war. Und es konnte nur von Vorteil sein, dem französischen Publikum zu einem so komplexen Thema zwei einander ergänzende Informationen zu bieten. Von da an war es nicht so sehr unsere Sorge, die beiden Bücher aufeinander abzustimmen, als vielmehr sie zu differenzieren, auch um den Preis, daß ich das eine oder andere Dokument opfern mußte, weil es im anderen Buch publiziert werden sollte.
Das von der Gemeinschaft des „Löwen von Juda" übersetzte Werk war das Buch des Franziskaners Svetozar Kraljević: „Das Dorf zur Stunde der Jungfrau."[3] Ich habe den Verfasser in Jugoslawien kennengelernt: Ein kultivierter, sensibler, charismatischer Mensch, für die *retractationes* aufgeschlossen wie der heilige Augustinus. Er hatte in den USA unterrichtet, doch war

ihm (wie übrigens auch Pater Rupčić) der Paß abgenommen worden; ihr Einsatz für Medjugorje verursacht augenscheinlich Probleme.
Dazu kommt der Bericht von Dr. Philippe Madre von derselben charismatischen Gemeinschaft. Um es kurz zu machen, von Dienstag abend, 23. August, bis Donnerstag, 25. August 1983, 13.30 Uhr, hatte er in Medjugorje zusammen mit Pater Emiliano Tardif von den Missionaren vom Heiligsten Herzen Jesu und Pierre Raucourt eine Sitzung zur Erweckung von Charismen angefangen; beide sind Priester aus Quebec. Es ging darum, den spontanen Charismen von Medjugorje die charismatische Erfahrung der *Erneuerung* zunutze zu machen, und zwar vor allem durch die Gabe der Heilung, da es bereits spontane Heilungen in Medjugorje und zahlreiche diesbezügliche Bitten gab. Ein Konvergieren der beiden Strömungen in der rechten Weise konnte nur von Vorteil sein.
Diese Sitzung war die Antwort auf Zusammenhänge, die sich schon seit langem angebahnt hatten. Im Mai 1981, noch vor Beginn der Erscheinungen, hatte Pater Tomislav Vlašić, ein Franziskaner aus der Herzegowina, an einer Sitzung der Führer der *Charismatischen Erneuerung* in Rom teilgenommen und war dort Gegenstand zweier prophetischer Aussagen:
– Schwester Briege McKenna sah ihn prophetisch mitten unter der Menge sitzend, und von seinem Sitz flossen Ströme lebendigen Wassers.
– Pater E. Tardif fühlte sich veranlaßt, ihm als eine von Gott kommende Prophetie mitzuteilen: „Fürchte dich nicht, ich schicke euch meine Mutter."
T. Vlašić war damals nicht in Medjugorje, denn zur Zeit der ersten Erscheinungen war eine andere Gruppe von Franziskanern für die Pfarre verantwortlich. Als der Pfarrer Jozo im Zusammenhang mit den Erscheinungen eingesperrt wurde und sein Kaplan, der die Verantwortung übernommen hatte, es vorgezogen hatte, wegzugehen, wurde Pater Tomislav nach Medjugorje berufen. Er teilt sich nun die dortige Aufgabe mit dem Pfarrer Tomislav Pervan. So fing die prästabilierte Harmonie zwischen den Erscheinungen und der *Charismatischen Erneuerung* an, sich zu konkretisieren. Die drei Experten

kamen Dienstag, den 23. August um 18 Uhr an. Die Sitzung war fruchtbar, aber kurz, knapp eineinhalb Tage. Am Donnerstag, den 25. August, 13.30 Uhr, wurden die drei Prediger von der wachsamen Polizei verhaftet, verhört, durchsucht und ins Gefängnis gebracht. Am Freitagmorgen um 1.30 Uhr wurden sie wieder freigelassen und vor die Wahl gestellt, entweder vor Mitternacht das Land zu verlassen oder ins Gefängnis zurückzukehren. Zusätzlich wurde über sie ein einjähriges Aufenthaltsverbot verhängt. Philippe Madre berichtet also als Beobachter und Teilnehmer, der im geistlichen Abenteuer von Medjugorje im Innersten engagiert ist: Ein Zeugnis (*martyrion* sagt man auf griechisch) im Bewußtsein der Sendung, eine Botschaft und eine evidente Tatsache bekannt zu machen.

Das vorliegende Buch bemüht sich für Medjugorje um die Gabe der Unterscheidung entsprechend den bereits für die Rue du Bac, für Lourdes, Pontmain . . . und heute El Paso angewandten Prinzipien. Das von Pater Rupčić in Jugoslawien veröffentlichte Buch befaßte sich ausführlich mit dem Problem der Erscheinungen im allgemeinen. Da es darüber hierzulande zahlreiche Publikationen gibt,[4] war es nicht notwendig, hier noch einmal eine grundlegende theoretische Darstellung zu geben, wie es Pater Rupčić mit großem Nutzen für Jugoslawien getan hat. Vielmehr sollten die andernorts dargelegten Prinzipien genauestens für die Unterscheidung im Fall Medjugorje angewandt werden: Hierin habe ich noch einmal ganz von vorn angefangen, nachdem ich zum erstenmal in meinem Leben Ekstasen miterlebt hatte. Aber nun Schluß mit Erklärungen. Es folgt die Studie von Pater Rupčić, die unter seiner Mitarbeit auf den letzten Stand gebracht worden ist. Sie hat den Charakter einer ersten Information und ist keine bis ins Detail ausgearbeitete Darstellung. Diese wird folgen, wenn die Erscheinungen beendet sind und die (noch geheimen) Verheißungen, die die Sehenden empfangen haben, sich in der einen oder anderen, nicht voraussehbaren Weise erfüllen werden. Die Sehenden wissen, welcher Art das zum Abschluß der Erscheinungen verheißene Zeichen sein wird und wann es eintreffen soll, aber sie sind noch in der Pflicht, es für sich zu behalten. So bleibt dies eine zeitliche und theologische Unbekannte. Dem Bericht über die ersten Erscheinungen von L. Rupčić und die späteren Entwicklungen folgt ein Kapitel mit meiner Auswertung.

Es geschah in Jugoslawien
(Im kroatischen Teil der Herzegowina)

Ein Kaleidoskop

Jugoslawien ist ein bunt zusammengewürfeltes Land, umgrenzt von Italien, Österreich, Ungarn, Rumänien, Bulgarien, Griechenland und Albanien und von der Adria. Jugoslawien hat 255.804 km² und 22,35 Millionen Einwohner.

Jugoslawien ist ein Bundesstaat, der durch seine Vielfalt starken Spannungen unterworfen ist:

- Fünf offiziell anerkannte Nationalitäten: Serben, Kroaten, Slowenen, Makedonier und Montenegriner. Dazu kommen die in der Türkenzeit islamisierten Kroaten (denen 1960 die „muselmanische Nationalität" zuerkannt wurde) und 18 ethnische Minderheiten, deren bedeutendste die albanische und die ungarische (mit Zentrum im Kosovo bzw. in der Vojvodina) sind.
- Sechs Republiken: Bosnien-Herzegowina (mit der Hauptstadt Sarajevo), Kroatien (Zagreb), Makedonien (Skopje), Montenegro (Titograd), Slowenien (Laibach) und Serbien (Belgrad), das auch die beiden autonomen Territorien (Kosovo und Vojvodina) einschließt.
- 14 Sprachen: Serbisch, Kroatisch, Slowenisch, Makedonisch, Ungarisch, Albanisch, Montenegrinisch, Türkisch, Rumänisch, Italienisch, Deutsch, Slowakisch, Bulgarisch und Griechisch; davon sind vier Staatssprachen: Kroatisch, Makedonisch, Serbisch und Slowenisch.
- Zwei Alphabete: Lateinisch und Kyrillisch.
- Aber eine einzige Partei: die Kommunistische Partei Jugoslawiens.

Der Zweite Weltkrieg

Während des Zweiten Weltkrieges wurde Jugoslawien von den totalitären Extremisten beider Lager in die Zange genommen: Hitler besetzte das Land und förderte die radikale Rechte. Auf marxistischer Seite kämpfte Tito am linken Flügel der Atheisten. Der Weltkrieg brachte 1,7 Millionen Tote bei 15 Millionen Einwohnern. Sämtliche Gegensätze des Landes wurden durch diese Auseinandersetzung noch verschärft, und es blieb manche Verwundung und offene Spannung bestehen. Dies erklärt auch, warum das jugoslawische Regime, das doch in so vieler Hinsicht offener ist als die anderen Länder des Ostblocks, nach Amnesty International in der Zahl der politischen Gefangenen einen verhältnismäßigen Rekord hält. Tito gewann die Oberhand und gründete am 29. November 1943 die „Föderative Republik Jugoslawien". Die Verfassung vom Januar 1946 sieht die Trennung von Kirche und Staat vor. Ihr Verhältnis wird von der Nuntiatur und den durch Tito 1966 wiederhergestellten diplomatischen Beziehungen zum Heiligen Stuhl geregelt. Und wie schon erwähnt hat dieser atheistische Staat sich der religiösen Etikette „muselmanisch" bedient, um eine der Nationalitäten des Landes zu bezeichnen. 87% der Bevölkerung bleiben weiterhin der Religion verbunden.

Die Religionen

Jugoslawien stellt ein in Europa und auf der ganzen Welt einzigartiges Mosaik religiöser Bekenntnisse dar:

Orthodoxe:	13,700.000	Protestanten:	220.000
Katholiken:	5,798.000	Juden:	7.800
Muselmanen:	2,319.000	Andere Religionen:	2.000

Dagegen stehen:

Ohne religiöses Bekenntnis:	1,900.000
Atheisten:	1,343.000

Die Katholiken rekrutieren sich vor allem aus Kroaten und Slowenen. Die Kroaten, die zwei Drittel der Katholiken stellen, verteilen sich folgendermaßen:

4,000.000 in Kroatien
800.000 in Bosnien-Herzegowina, wo Medjugorje liegt
200.000 in Serbien
5,000.000 katholische Kroaten in Jugoslawien, dazu
2,500.000, die emigriert sind, insgesamt also
7,500.000.

Der Name Kroate ist im 6. Jh. v. Chr. auf einer Inschrift des Perserkönigs Darius bezeugt. Die Kroaten kamen aus dem Osten und rückten von den Karpaten gegen die Adria vor. Nach ihrer Missionierung im 7. Jh. n. Chr. nahmen sie als erstes slawisches Volk das Christentum an. Durch eine leidgeprüfte Geschichte hindurch hat die kroatische Kirche eine tiefverwurzelte Tradition und Lebenskraft bewahrt. Unter häufig blutigen Kämpfen wechselten Zeiten der Unabhängigkeit ab mit Zeiten der Unterdrückung.
Bosnien wurde den Franziskanern anvertraut, die sich während der Verfolgung durch den Islam auszeichneten und jetzt noch großes Ansehen genießen. 1881 setzte Papst Leo XIII. die normale Hierarchie des Weltklerus ein. Dieser Wechsel beraubte die Franziskaner ihres Einflusses und nahm ihnen allmählich zahlreiche Pfarreien weg, wo starke Bindungen entstanden waren. Diese Spannung innerhalb der Kirche wurde noch stärker, als in den Jahren 1960–1970 die weltlichen Berufungen stark zunahmen und immer mehr Pfarreien an Diözesanpriester übertragen wurden. In der Geschichte der Erscheinungen von Medjugorje hat dieses lokale Problem, das sich in der Diözese Mostar besonders zuspitzt, unnötige und ungünstige Auswirkungen gezeitigt.

Medjugorje

Die Pfarrei von Medjugorje (3400 Einwohner) schließt die Ortschaften Bijakovići, Miletina, Vionica und Šurmanci ein. Es wird Tabak, Wein und Weizen angebaut, und man erntet dort die Kanaan-Traube, die bis zu 5 kg schwer wird. Die Bevölkerung lebt im Bund mit Gott, unter Sonne und Regen, Unterpfand und Bild seiner Gaben. Sie weiß sehr gut, daß außer Gott diesem Land niemand etwas gebracht hat – es sei denn

Mord und Totschlag. Das Bildungsniveau ist außergewöhnlich hoch.

Das religiöse Leben dieser traditionellen bäuerlichen Pfarre im klassischen Sinn, das im Zuge der weltumspannenden Krise lauer geworden war, hat durch die Erscheinungen eine Erneuerung erlebt, die in ihrer Inbrunst ohnegleichen und zweifellos einzigartig auf der Welt ist. Seit dem Jahr 1933 steht beherrschend über dem Dorf das große Kreuz (Križ) von Šipovac (520 m). Der Hügel heißt seither Križevac. Sein Fest wird alljährlich am Sonntag nach dem 8. September gefeiert. 1982 waren es 70.000 Pilger, 1983 100.000.

2.
Die sieben ersten Erscheinungen auf dem Hügel

Die zweimalige Erscheinung vom 24. Juni 1981

Die Erscheinungen haben am Mittwoch, dem 24. Juni 1981, am Fest des hl. Johannes des Täufers begonnen.

An diesem Tag gingen zwei halbwüchsige Mädchen, Ivanka Ivanković und Mirjana Dragićević, die in der Ortschaft Bijakovići oberhalb von Medjugorje zu Hause sind, auf den Hügeln spazieren. Plötzlich sieht Ivanka vor sich eine lichterfüllte Silhouette: eine Gestalt mit noch verschwommenen Umrissen; es ist ein junges Mädchen mit sanft leuchtendem Gesicht in einem grauen Kleid. Sie schwebt 30 cm über dem Boden.

„Das ist die heilige Jungfrau!" flüstert Ivanka, als ob sie zu sich selbst spräche.

Mirjana zuckt die Achseln: „Aber nein, das kann doch nicht die Jungfrau sein!"

Alle beide haben sie Angst. Sie laufen davon und erzählen den anderen, was sie gesehen haben. Dann hinterlassen sie für Vicka Ivanković, die sich hingelegt hat, weil sie müde von der Schule ist, eine Nachricht: „Wenn du aufwachst, komm zu Jakov!"

Unterwegs begegnet Vicka dem Ivan Ivanković (20 Jahre alt und damit der Älteste der Gruppe) und Ivan Dragićević (16 Jahre alt), die gerade Äpfel pflücken. Die beiden Jungen begleiten sie. Auch Milka Pavlović (13 Jahre alt) geht mit. Wie beim erstenmal sieht Ivanka als erste: „Da ist sie!"

Mirjana ist bei ihr. Die sechs jungen Leute sind so bestürzt, daß sie die Erscheinung nicht anzureden wagen, sondern entsetzt heimlaufen und erzählen, was sie gesehen haben. Niemand schenkt ihnen Glauben.

Einige spotten auch. Marija, Milkas Schwester (die am folgenden Tag die Erscheinung ebenfalls sehen wird), lacht über dieses neuerliche Hirngespinst. Und Vickas Schwester sagt: „Ihr habt eine fliegende Untertasse gesehen."
Trotzdem wird das Ereignis bis spät in die Nacht hinein im Dorf besprochen. Die Sehenden selbst können nicht einschlafen und erwarten den kommenden Tag mit so etwas wie Ungeduld.

Zweite Erscheinung, 25. Juni

Tags darauf, am Donnerstag, dem 25. Juni, gehen die sechs Kinder in Begleitung zweier Erwachsener, die sie als Zeugen mitgenommen haben, zur selben Uhrzeit (18.15 Uhr) wieder zum Ort der Erscheinung auf dem Abhang, der *Podbrdo* („Fuß des Hügels") heißt. Unterwegs werden mehrere von ihnen für einen Augenblick der Erscheinung gewahr und sie sind voller Freude. Von heftiger Sehnsucht gepackt stürmen sie im Laufschritt den Hügel hinauf, „als ob sie Flügel hätten", und sie achten dabei nicht auf die harten, scharfen Steine und die dornigen Ranken. Vicka ist sogar barfuß. Sie sind in fünf Minuten oben, obwohl man normalerweise dafür gut zwanzig Minuten braucht. Oben erwartet sie die Erscheinung. Einem inneren Zwang folgend fallen sie auf die Knie, sie beginnen zu beten. Nur sie sehen, die beiden Erwachsenen sehen nichts.
Zwei Kinder vom ersten Tag sind nicht wieder mitgekommen: Ivan Ivanković, dem das Abenteuer des Vortages kindisch vorgekommen war, und Milka Pavlović, die Schwester von Marija und Filip Pavlović, die zu Hause helfen mußte.
„Du mußt dableiben", hatte ihre Mutter gesagt. „Marija (die ältere, 15 Jahre) kann mitgehen."
Das hatte sie auch getan, trotz ihrer Skepsis am Vortag.
Auch der kleine Jakov Čolo (10 Jahre alt) hatte sich der Gruppe angeschlossen, die sich so ein für allemal konstituiert hatte. Es waren die vier Kinder vom ersten Tag:

1. Ivanka Ivanković, geboren am 21. April 1966
2. Vicka Ivanković, geboren am 3. Juli 1964
3. Mirjana Dragićević, geboren am 18. März 1965

4. Ivan Dragićević, geboren am 25. Mai 1965 (mit der Vorhergehenden nicht verwandt)
und die zwei Neuhinzugekommenen vom zweiten Tag:
5. Marija Pavlović, geboren am 1. April 1965
6. Jakov Čolo, geboren am 3. Juni 1971.
Zum erstenmal sprechen die Sehenden in einfachen Worten mit der Erscheinung. Warum sie gekommen sei? Weil sie hier Glauben finde. Sie will um Versöhnung und Frieden zwischen allen bitten. Die Sehenden scheiden voll Freude und überglücklich. Von diesem Tag an sollte die „Jungfrau" nur diesen sechs Tag für Tag erscheinen, mit der Einschränkung, daß Mirjana Dragićević nach dem 25. Dezember 1982 nicht mehr sieht. Von diesem Zeitpunkt an ist die Gruppe auf fünf reduziert.

Dritte Erscheinung, 26. Juni
Am dritten Tag, Freitag, den 26. Juni, zeigt sich zu der nun schon üblich gewordenen Stunde (gegen 18.15 Uhr) dreimal ein Licht am Horizont in Richtung des Erscheinungsortes. Auf dieses Zeichen hin laufen die Sehenden auf den Hügel. Diesmal gehen sie in loser Gruppe etwas (ca. 200 m) höher hinauf, plötzlich aber sammelt sie etwas in Richtung Nordwesten. Sie fallen alle gleichzeitig auf die Knie.
Das Licht, durch das sie angelockt worden waren, wurde auch von anderen gesehen. Aus allen Ortschaften der Umgebung strömten die Menschen herbei: aus Bijakovići, Medjugorje, Miletina und sogar aus Čitluk, dem Bezirkshauptort, der 6 oder 7 km entfernt liegt. An diesem dritten Tag ist das Publikum also zahlreich: 2000 bis 3000 Menschen, hieß es. Jeder versucht, an die Sehenden heranzukommen, um der heiligen Jungfrau noch näher zu sein, und die Kinder werden von der Menschenflut buchstäblich erdrückt. Mirjana und Ivanka werden ohnmächtig. Marinko Ivanković, ein Nachbar, der fortan die Rolle des Beschützers übernehmen wird, holt sie zusammen mit einigen anderen aus der Menge, damit sie wieder Atem schöpfen können.
Lediglich die sechs Kinder sehen die Erscheinung. Milka, die Schwester Marijas, die am ersten Tag gesehen hat, ist an diesem Tag wieder mitgekommen, aber sie sieht die Erschei-

nung nicht und wird sie auch nicht mehr sehen. Warum? Sie weiß es nicht. Aber sie hat sie nicht vergessen...

Anfangs sind die Kinder ganz verstört, dann aber fassen sie sich ein Herz. Sie singen Lieder und fragen die Jungfrau, ob sie morgen wiederkommen wird. Sie antwortet nichts, gibt aber durch eine Kopfbewegung ihre Zusage zu erkennen.

An diesem Tag beginnen die Sehenden den *Rosenkranz* zu beten und die Menschenmenge betet mit. Zum erstenmal beten sie auch ein in dieser Gegend von alters her übliches Gebet: sieben *Vaterunser*, sieben *Gegrüßet seist du, Maria* und sieben *Ehre sei dem Vater*, dazu auf Veranlassung der Mutter Gottes noch ein Glaubensbekenntnis. Die Aktivste unter den Sehenden, Vicka, ist mit einer Flasche Weihwasser gekommen und besprengt die Erscheinung mit den Worten: „Wenn du wirklich die Mutter Gottes bist, bleib bei uns, wenn nicht, dann laß uns." Die Jungfrau lächelt anstelle einer Antwort.

Ivanka befragt die Jungfrau über ihre Mutter, die zwei Monate zuvor gestorben ist. Ihr, der Waise, hatte sich die Jungfrau ja zuerst gezeigt. Auf ihre Frage antwortet die Mutter Gottes, sie möge sich keine Sorgen machen; ihre Mutter sei bei ihr und glücklich. Eine gute Nachricht, denn Ivankas Mutter stand nicht im Ruf der Heiligkeit, sondern sie war eine ganz gewöhnliche Hausfrau und Mutter. Man hat daraus geschlossen, daß die Mutter Gottes mit dieser Antwort dartun wollte, daß die demütige Erfüllung der menschlichen und christlichen Pflichten geradewegs in den Himmel führt. Dann fragen die Sehenden die Erscheinung:

„Wer bist du?"

Sie antwortet klar und eindeutig:

„Ich bin die selige Jungfrau Maria."

Das Epitheton „selig" in ihrem Mund mag erstaunen, doch hat dieser traditionelle Ausdruck nichts Triumphierendes an sich. Er soll einzig und allein ihr vollkommenes Glück bezeichnen. Auf ihre Frage: „Wirst du wiederkommen?" gibt sie ein Zeichen der Zustimmung. Danach kehren die Sehenden ganz ruhig ins Dorf zurück. An diesem Tag nennt die Jungfrau zum erstenmal das Schlüsselwort ihrer Botschaft, das in den darauffolgenden Erscheinungen immer wiederkehren wird:

„Friede, Friede, Friede! Versöhnt euch!"
Sie bekräftigt es mit ihren Abschiedsworten:
„Geht im Frieden Gottes!"
Es ist dies eine erstaunliche Vorwegnahme des zentralen Themas des Heiligen Jahres und der Bischofssynode im Jahr 1983, zwei Jahre später.
Ein großer Teil der Menschenmenge, die der Erscheinung beigewohnt hat, geht zwischen 19 Uhr und 19.30 Uhr mit den Sehenden hinunter. Man hilft Mirjana und Vicka beim Abstieg. Es herrscht sengende Hitze und alle haben großen Durst. Sie bitten nur um Wasser, aber die Dorfbewohner beeilen sich, ihnen alles anzubieten, was sie an Getränken vorrätig haben.

Vierte Erscheinung, Samstag, 27. Juni

Am Morgen des vierten Tages, Samstag, den 27. Juni, beginnt sich die Polizei für die Sehenden zu interessieren. Sie bestellt sie zu einem Verhör nach Čitluk (dem Bezirkshauptort). Die Kinder werden streng und eingehend befragt, aber sie antworten mit unerschütterlicher Festigkeit auf alle Versuche, ihnen das ganze auszureden. Anschließend werden sie vom Arzt Dr. Ante Vujević in einer kleinen Praxis auf ihren psychischen Zustand untersucht, jedoch für normal, das heißt geistig und körperlich gesund, erklärt.
Zu Mittag sind sie wieder zu Hause, essen und machen sich wieder auf den Weg zum Podbrdo. Wie am Vortag sind sie gegen 18.30 Uhr wieder am Ort der Erscheinung: Vicka, Mirjana, Ivanka, Marija, Ivan Dragićević und Jakov Čolo. Diese sechs werden wir auch bei allen folgenden Erscheinungen finden.

Fünfte Erscheinung, Sonntag, 28. Juni

Am fünften Tag, Sonntag, den 28. Juni, ist das Wetter schön und sonnig. Die Menge, die aus der weiteren Umgebung zusammengekommen ist, wurde auf ca. 15.000 geschätzt. Die Sehenden kommen zu ihrem gewohnten Platz, fallen auf die Knie. Die Jungfrau ist da! Die Kinder werden umdrängt, jeder möchte ihr möglichst nah sein. Aber trotz der erdrückenden Massen spielt sich alles in Ruhe ab.

Ein neues Detail wird anschließend von einer der Sehenden berichtet: Die Jungfrau sei auf einmal traurig geworden. In der Menge hatte jemand eine Lästerung ausgestoßen.
Am Ende der Erscheinung kehren die Sehenden in einer Flut von Menschen ins Dorf zurück. Alle haben Durst und die Bewohner könnten Hunderte Liter Getränk verkaufen, aber keiner kommt auf die Idee. Jeder holt hervor, was er im Haus hat, und schenkt kostenlos aus. Es ist ein wahres Fest im Dorf.

Sechste Erscheinung, Montag, 29. Juni

Montag, den 29. Juni, am sechsten Tag, bestellt die Polizei die Sehenden zur Vervollständigung ihrer Aussagen erneut nach Čitluk. Es geht um die Feststellung ihres psychischen Zustandes im Hinblick auf eine Einweisung in eine Anstalt. Doch diese neuerlichen Untersuchungen, die von der Ärztin Frau Dr. Džudža in der Stadt Mostar vorgenommen werden, bestätigen nur ihr vollkommenes Gleichgewicht. Die Kinder kehren noch am selben Tag nach Hause zurück und brechen zur gewohnten Stunde auf, um der Mutter Gottes zu begegnen. Wie an den vorhergehenden Tagen sehen sie alle sechs. Die Menge ist noch zahlreicher, doch wird überall Ruhe und Ordnung bewahrt. Die Kinder beten und singen, und die Menge stimmt ein.
Im vertrauten Gespräch mit der Mutter Gottes empfangen die Sehenden die folgende, an alle gerichtete Botschaft:
„Es gibt nur einen Gott, einen Glauben, seid stark im Glauben. Habt Vertrauen."
Sie bitten die Jungfrau, den kleinen Danijel zu heilen. Er ist stumm und gelähmt und seine Eltern leiden sehr darunter.
„Sie sollen fest sein im Glauben, dann wird er geheilt werden", antwortet sie.
So geschah es dann auch. Zum Abschluß sagt die Mutter Gottes: *„Geht im Frieden Gottes."*
Sie verschwindet. Das Licht bleibt noch einen Augenblick länger. Sie hat versprochen, wiederzukommen.
Nach der Erscheinung bieten die Dorfbewohner wie am Vortag wieder Getränke an, obwohl der Zustrom noch erdrückender ist.

Siebente Erscheinung, Dienstag, 30. Juni, in Cerno

An diesem Tag gab es am Podbrdo keine Erscheinung. Warum? Zwei Frauen, Ljubica Vasilj und Mirjana Ivanković, hatten die Kinder zu einem Ausflug mitgenommen. Die Kinder durchschauten nicht, daß sie entfernt werden sollten, auch nicht, daß die Frauen zu diesem Zweck angeheuert worden waren. Fünf der sechs Sehenden bestiegen also den Wagen, der für diese fröhliche Fahrt zur Verfügung gestellt worden war. Ivan Dragićević war nicht dabei.

Der Ausflug war ziemlich lang: Čitluk (wo an den vorangegangenen Tagen die Verhöre stattgefunden hatten), Žitomislić, Počitelj, die Wasserfälle von Kravica, Ljubuški etc.

Am späten Nachmittag waren sich die liebenswürdigen Nachbarinnen endlich sicher, daß die Stunde der Erscheinung vorüber war, und schlugen den Heimweg ein. Doch wenige Kilometer vor Bijakovići fühlen sich die Kinder veranlaßt, um eine Pause zu bitten. Die Nachbarinnen lehnen zunächst ab, aber schließlich bleiben sie doch stehen, ohne noch große Zweifel darüber zu hegen, was nun geschieht. Sie befinden sich gerade in Cerno in der Nähe von Ljubuški, in Sichtweite des Erscheinungshügels. Von dieser Anhöhe kann man in einer Entfernung von 2 oder 3 km auch sehr gut das Kreuz auf dem höchsten Hügel sehen. Die Sehenden entfernen sich und gehen rechts von der Straße, die nach Medjugorje zurückführt, etwas seitwärts. Es ist die Stunde ihrer täglichen Begegnung mit der Jungfrau. Sie knien nieder. Sie ist da.

Die Kinder singen und beten vor ihr wie gewöhnlich. Die Nachbarinnen hören die Gesänge, ohne recht zu verstehen.

„Bist du böse, daß wir nicht auf dem Hügel sind?" fragt Mirjana.

„*Das macht nichts*", antwortet sie.

„Wärest du ärgerlich, wenn wir nicht mehr auf den Hügel kämen, sondern dich in der Kirche erwarten würden?"

Sie stellt diese Frage, weil die Polizei verboten hat, den gewohnten Erscheinungsort aufzusuchen. Die Jungfrau scheint zu zögern, stimmt dann aber zu und schließt mit den Worten: „*Geht im Frieden Gottes.*"

Sie verschwindet im Licht.

Soll man die Leute darauf aufmerksam machen, daß die Erscheinung nicht mehr auf dem Hügel stattfinden wird? Die Kinder diskutieren darüber mit dem Pfarrer Jozo Zovko. Lieber wären sie allein. Aber es wäre unfreundlich, die Menschen zu enttäuschen. Man sollte nicht den Eindruck erwecken, als wollte man sie zum Narren halten. Sie wissen, daß die Mutter Gottes auch für die große Masse kommt. Sie hat ja gesagt: *„Versöhnt sie miteinander."*
Die Erscheinungen finden von da an fern der Öffentlichkeit im Haus eines Nachbarn, der über einen großen Raum verfügt, statt, dann bei den Sehenden zu Hause. Doch wird für die Stunde nach der Erscheinung eine Messe in der Kirche angesetzt. Die Kirche ist der einzige Ort, wo unter dem kommunistischen Regime die Ausübung der Religion gestattet ist. Seit Januar 1982 finden auch die Erscheinungen dort statt. Bis zum heutigen Tag (Januar 1984) haben die Kinder die Jungfrau nur an fünf Tagen nicht gesehen. Dieses unerwartete Ausbleiben könnte ein Beweis dafür sein, daß das Ganze nicht von den Sehenden inszeniert wird, sondern daß es sich um ein Phänomen handelt, das unabhängig von ihrem Willen ist. Die Kinder wollten ja die Jungfrau auch an den Tagen sehen, an denen sie nicht kam, und sie waren ganz betrübt, daß sie sie nicht sahen.
Die meisten Erscheinungen laufen in derselben Art ab, ohne daß die Kinder jedoch im voraus wissen, ob die Mutter Gottes kommen wird oder nicht. Ihr Kommen ist reine Gnade und Geschenk. Jeden Tag beten sie in dem Verlangen, sie zu sehen. Nach dem Rosenkranz, den die Menge, die die Kirche und auch noch den Platz vor der Kirche füllt, mitbetet, ziehen sie sich gegen 18 Uhr in einen der Sakristei gegenüberliegenden Raum – es ist nicht einmal eine Kapelle – in der Nähe des Altars zurück.
Einige Leute dürfen jeweils mit ihnen zusammen diesen bevorzugten Raum betreten: Im allgemeinen sind es Menschen, die ihnen eine Frage vorgelegt oder eine besondere Meinung anvertraut haben. Der Erscheinungsraum ist klein (4 m mal 4,30 m). Beim Eintritt wenden sich die Sehenden dem Kreuz an der Nordwand zu. Dann legen sie die Gegenstände,

die die Leute ihnen übergeben haben, auf einen Tisch unter dem Kreuz: Rosenkränze, Bilder etc., die die Mutter Gottes segnen soll. Nun stellen sie sich in eine Reihe gegenüber dem Kreuz und beginnen sieben *Vaterunser* zu beten, sieben *Gegrüßet seist du, Maria,* sieben *Ehre sei dem Vater* und das Glaubensbekenntnis: Es ist die Gebetsform, die die Jungfrau ihnen empfohlen hat.

Für gewöhnlich erscheint ihnen die Mutter Gottes nach dem zweiten oder dritten *Vater unser* in einem großen Lichtschein, der ihr vorausgeht. Dann fallen die Sehenden gleichzeitig auf die Knie, und zwar in beeindruckender Einhelligkeit. Der Blick geht bei allen in dieselbe Richtung. Unbeweglich und ohne alle Verbindung mit der Außenwelt beginnen sie ihre Zwiesprache mit der Jungfrau. Die Danebenstehenden sehen und hören nichts. Sie können lediglich die Veränderung beobachten, die mit den Sehenden vorgegangen ist: Der Blick wird unbeweglich, das Gesicht ist von ekstatischem Glück, das jedoch ruhig und gebändigt ist, verklärt. Manchmal sieht man ihre Lippen sich bewegen: Sie führen ein unhörbares Gespräch. Nach einigen Minuten beten sie wieder laut und setzen das *Vaterunser* fort (der Anfang war nicht zu hören): *... im Himmel ...*

„Die Mutter Gottes hat vorgebetet", erklären sie, „und wir fahren fort."

Sie beten vollkommen einstimmig.

„Das *Gegrüßet seist du, Maria,* betet die Jungfrau nicht", fügen sie erklärend hinzu, „aber das *Ehre sei dem Vater* und das Glaubensbekenntnis beten wir mit ihr."

Manchmal rufen sie auch noch aus:

„Das Kreuz! Das Herz!"

Nach einer neuerlichen Stille, während der ihre Lippen sich unablässig bewegen, beginnen sie das Gespräch mit der Jungfrau. Es folgt eine Zeit der Stille, dann stehen sie auf und beginnen die Antworten der Mutter Gottes auf die übermittelten Fragen zu notieren. Dann ruft einer (oder mehrere) von ihnen:

„Sie ist fort!"

Die Erscheinung ist zu Ende.

Nach der Erscheinung wird in der überfüllten Kirche die heilige Messe gefeiert. Die Sehenden nehmen daran teil, ohne einen besonderen Platz innezuhaben, ja sie sind nicht einmal zu sehen. Entweder singen sie im Chor mit oder sie dienen am Altar. Am Schluß singen alle ein Marienlied, das von Pater Stanko Vasilj eigens komponiert wurde. Bevor die Sehenden die Kirche verlassen, beten sie das gewohnte Gebet: sieben *Vaterunser,* sieben *Gegrüßet seist du, Maria,* sieben *Ehre sei dem Vater* und ein Glaubensbekenntnis. Die Menge betet mit.

Das ist die tägliche Feier in der Pfarrkirche. Der Besuch ist zahlreich, es sind immer mindestens 1000 Personen, manchmal auch 10.000 oder noch mehr. Während die Menschen auseinandergehen, beten die Sehenden noch für die manchmal sehr zahlreichen Kranken, die sie darum bitten. Das kann eine halbe Stunde oder auch noch etwas länger dauern.

Erst dann kehren die Sehenden nach Hause zurück, um zu arbeiten oder auszuruhen. Der folgende Tag verläuft für sie nicht anders als für ihre Schulkameraden, sie erfüllen ihre schulischen und häuslichen Pflichten und bitten um keinerlei Erleichterung. Sie sind nicht anders als alle anderen Schüler, und wer sie zum erstenmal sieht, würde selbst bei aufmerksamer Beobachtung nichts Besonderes feststellen können, außer daß sie fröhlich, diskret, arbeitswillig und gehorsam sind. Aber vielleicht ist gerade das das „Besondere" an diesen Kindern.

Was die Kinder sehen und wie sie sich verhalten

Die Sehenden versichern, daß sie die Mutter Gottes „nicht als Bild" sehen, sondern in den drei Dimensionen.

Sie wetteifern in der Aussage, daß sie sehr schön sei, und haben Mühe, die geeigneten Worte zu finden, um sie zu beschreiben. Farbe und Harmonie von Gesicht und Kleidung übersteigen alle gewöhnliche Erfahrung. Sie haben *nie ein Mädchen gesehen, das ihr ähnlich wäre.*

„Sie hat schwarze, etwas gewellte Haare, blaue Augen, eine rosige Hautfarbe ... Sie ist schlank ... schön ... anmutig ... Ich möchte sie anschauen, nur sie allein ... Wie schön sie ist! ... Sie ist in einen Schleier gehüllt, das Kleid darunter kann man nicht beschreiben."

„Welche Farbe hat es?"
„Man könnte sagen: grau. Aber trotzdem ist es kein Grau. Es könnte wie Milchkaffee sein. Aber das ist es auch nicht. Ich kenne keine ähnliche Farbe."
Es ist leuchtend, durchscheinend, ins Bläuliche gehend.
„Ihre Stimme hört sich sehr angenehm an. Wie eine Musik. Als ob sie singen würde. Sie spricht kroatisch."
Manchmal haben die Kinder Jesus bei ihr gesehen, sein Herz und das Kreuz. Einige sahen auch die Hölle, das Paradies und das Fegefeuer. Mirjana behauptet, sie hätte den Teufel gesehen, wie er vor dem Licht flüchtet, das der Erscheinung der Jungfrau vorausgeht. Die Sehenden sind verwundert, daß die Umstehenden die Erscheinung weder sehen noch hören. Sie nehmen sie als ganz und gar reale Person wahr, im dreidimensionalen Raum. Sie meinen sie zu sehen und zu berühren.
Während der Erscheinung zeigen alle Sehenden dasselbe Verhalten, dieselbe Reaktion – mit den Varianten, die ihrer individuellen Kommunikation mit der Erscheinung entsprechen. Dies läßt vermuten, daß ihr Verhalten nicht die Auswirkung einer im Unterbewußtsein vorhandenen Sehnsucht ist, sondern die Antwort auf etwas außerhalb ihrer selbst Befindliches. Autosuggestion oder Halluzination sind also eher auszuschließen. Psychiater und Psychologen, die die Kinder untersucht haben, sind geneigt, dies zu bestätigen, namentlich Slavko Barbarić in seiner Studie *Psychopädagogische Untersuchung der Sehenden von Medjugorje.*[5]

Worte und Botschaften

Schon die Erscheinung an sich ist eine Botschaft. Aber die Jungfrau übergibt auch ausdrückliche Erklärungen: Die Welt braucht dringend Glauben, Gebet, Bekehrung und Askese. Sie kann gerettet werden.
Diese Botschaft ist an die ganze Welt gerichtet, und die Sehenden haben den Auftrag, sie zu verbreiten.
Andere Botschaften sind nur an sie selbst oder an bestimmte Personen oder Gruppen gerichtet, die eine Frage oder Bitte an die Mutter Gottes hatten. Diese Botschaften sind Antworten. Sie atmen Würde, Ernsthaftigkeit, Weisheit und übernatür-

liches Taktgefühl. All das übersteigt ganz offensichtlich die intellektuellen Fähigkeiten Sehender, die Kinder bzw. ganz gewöhnliche Halbwüchsige sind.
Die Botschaften betreffen die örtliche Kirche (Pfarre, Diözese, Jugoslawien), aber auch die universale Kirche und die ganze Welt. Sie sind mehrere Male und in mehrfacher Form wiederholt worden, wobei die Varianten ganz offensichtlich ohne Bedeutung sind.

Die Geheimnisse

Die zehn Geheimnisse, die die Mutter Gottes den Sehenden anvertraut hat, sind dazu bestimmt, enthüllt zu werden. Das zehnte Geheimnis ist Mirjana am 25. Dezember 1982 geoffenbart worden. Nur sie kennt alle zehn Geheimnisse, die anderen Sehenden kennen neun, außer Vicka (acht): Es sind vorläufige Zahlen, denn in den vergangenen Monaten wurden ihnen fortschreitend sechs, sieben, acht, dann neun Geheimnisse mitgeteilt. Die Sehenden sind nicht berechtigt, die Geheimnisse an die Öffentlichkeit zu bringen, bevor nicht die Mutter Gottes ihnen die Erlaubnis dazu gegeben hat. Auch wenn sie von Personen, die ihnen nahestehen, aus gutem Grund unter Druck gesetzt werden – sei es mit Autorität oder mit Überredungskunst –, leisten sie energisch Widerstand.
Eines der Geheimnisse besagt, daß die Mutter Gottes als Beweis für ihre Erscheinungen ein sichtbares Zeichen hinterlassen werde. Was das sein wird, wie und wann es geschehen wird, ist unbekannt. Aber die Sehenden sind sich darin einig und sie sind sicher, daß es nicht ausbleiben wird.
Zu diesen Geheimnissen, die dazu bestimmt sind, enthüllt zu werden, kommen die persönlichen Geheimnisse, die jedem einzelnen für seine Lebensführung gegeben sind. Sie betreffen nur ihn selbst und sind ebensowenig zur Enthüllung bestimmt wie die Geheimnisse der Bernadette.
Die Erscheinungen sind nicht ortsgebunden, denn sie haben an mehreren Plätzen stattgefunden: auf dem Berg, am Straßenrand, in verschiedenen Häusern, in dem der Kirche benachbarten Raum. Ebensowenig sind sie abhängig von den Sehenden, denn ein paarmal sind sie trotz der Sehnsucht oder des Gebetes

der Kinder ausgeblieben. Sie beruhen auf einem freien und unvorhersehbaren Akt, der nicht den irdischen Gesetzen unterworfen ist.

Lichterscheinungen

An verschiedenen Orten und vor verschiedenen Augenzeugen haben sich außergewöhnliche Phänomene ereignet.
Am 2. August 1981 erschien ein Sonnenphänomen. Es sah aus, als würde sich die untergehende Sonne gleichsam um eine Achse drehen und sich den Beobachtern nähern und wieder von ihnen entfernen. Auf dem Erscheinungshügel befanden sich zu diesem Zeitpunkt ca. 150 Personen; sie sahen die Sonne wie von einem großen Herzen umgeben, worin sie sich zu drehen begann. Angst überfiel die Menschen, sie begannen zu beten oder zu weinen. Einige ergriffen die Flucht.
Einen Augenblick später sah man ein großes Herz und darunter sechs kleine Herzen (ebenso viele wie Sehende). Kurz darauf senkte sich eine lichterfüllte Wolke über den Erscheinungshügel und entfernte sich nach einer gewissen Zeit in Richtung der Sonne. Die Sonne selbst wanderte wieder westwärts und ging unter. Das Phänomen dauerte ungefähr zehn bis fünfzehn Minuten.
Auf dem Hügel Križevac erscheint unter dem Kreuz häufig ein Licht in Form einer Säule.[6]
Zahlreiche Menschen bezeugen, daß sie von entfernten Ortschaften, namentlich von Miletina, Čitluk oder Gradina aus, über dem Hügel Križevac eine leuchtende weibliche Gestalt gesehen hätten. Dieses Phänomen kann zwischen einigen Minuten und einer halben Stunde dauern. Es tritt zu verschiedenen Tageszeiten auf. Auch in Medjugorje durchreisende Pilger haben es wiederholt beobachten können.
Ende Oktober 1981 loderte am Ort der ersten Erscheinung plötzlich eine große Flamme auf, die zehn oder fünfzehn Minuten lang brannte. Sie wurde von mehreren hundert Leuten, darunter auch Priestern und Ordensfrauen, beobachtet. Auch ein Polizist, der da war, um den Zugang zum Hügel abzuriegeln, sah sie. Er untersuchte den Platz, fand aber keinerlei Brandspuren und auch keine Asche. Die älteren

Dorfbewohnerinnen, die ihr ganzes Leben in Medjugorje verbracht haben, bestätigen, daß sie in der Gegend niemals derartige Erscheinungen gesehen hätten.

Die Gruppe der Sehenden

Wie sieht nun die Gruppe der sechs Halbwüchsigen aus, die behaupten, etwas zu sehen, was die anderen nicht sehen?
Eine Gruppe kann nicht existieren ohne einen Anführer, ohne Programm und ohne gemeinsame Aufgabe. Dies gilt in noch stärkerem Maß für eine Gruppe von Kindern: Entsprechend ihrem Alter planen sie nicht für eine langfristige Zukunft, sondern ihr Interesse gilt dem Nächstliegenden. Sie gehen auf in ihren kleinen persönlichen Vorhaben, die meist sehr individualistisch sind. Umso überraschender ist deshalb der solide Bestand und vor allem die Kontinuität der Gruppe von Medjugorje. Dazu kommt noch, daß die Kinder von ihrer Umgebung ja nicht ermutigt werden, sondern daß man im Gegenteil immer wieder versucht, sie davon abzubringen. Zu Beginn der Erscheinungen waren die Sehenden zwischen elf und siebzehn Jahre alt. Sie waren einander ganz zufällig begegnet, zum größten Teil sind sie untereinander nicht verwandt. Sie wohnen nicht am selben Ort und besuchen auch nicht dieselbe Schule, und sie sind sehr verschieden im Charakter, im Alter, in ihrer Begabung. So sprach nichts oder nahezu nichts dafür, daß sie sich gerade so und nicht mit anderen zusammenschlossen. Man könnte sagen, daß sie der pure Zufall während der Ferien zusammengeführt hat. Zwei der Sehenden leben in der Stadt, die anderen im Dorf.
Wenn die Konstituierung einer Gruppe von Kindern keinen äußeren Grund zu haben scheint, sind Fachleute gern geneigt anzunehmen, daß diese Kinder nicht normal sein können. Im vorliegenden Fall ist diese Erklärung jedoch auszuschließen, denn die Kinder wurden von Ärzten, Psychotherapeuten und anderen Spezialisten untersucht, denen man sogar nahegelegt hatte, ihre Einweisung in eine Anstalt zu veranlassen. Sie alle konnten nicht anders, als die Kinder für vollkommen gesund zu erklären. Alle Spezialisten, die die Kinder untersucht haben, waren entschiedene Gegner von Visionen oder Erscheinungen.

Trotzdem mußten sie zugeben, daß die Kinder geistig normal und gesund sind.

Bedeutsam ist auch die Feststellung, daß eine dauerhafte Freundschaft die Kinder verbindet. Es gibt keinen Streit und sie respektieren sich gegenseitig. Bei allen Unterschieden in Charakter, Begabung und Bildung gibt es unter ihnen weder Rivalität noch Eifersucht. Sie haben alle Vorzüge und Fehler, die Kindern ihres Alters und ihrer Herkunft eigen sind. Das alles erhöht eigentlich nicht die Bereitschaft, sich in eine Gruppe einzufügen. Trotzdem sind sie nach wie vor eng verbunden und treffen sich regelmäßig, ohne daß das Treffen vereinbart werden müßte.

Noch etwas anderes hält sie zusammen außerhalb jeglicher üblichen Wechselbeziehung. Ivan Ivanković und Milka Pavlović, zwei der Sehenden vom ersten Tag, waren bei den folgenden Erscheinungen nicht dabei und gehören nicht zur Gruppe, obwohl doch Milka die Schwester von Marija ist, die der Gruppe angehört. Ivan und Milka sind später mehrmals zum Erscheinungsort gegangen und sie blieben auch weiterhin mit der ganzen Gruppe eng befreundet, ohne jedoch dazuzugehören. Doch gab dies nie Anlaß zu Streit oder Eifersucht. Ivan und Milka gehören einzig und allein deswegen nicht zur Gruppe, weil sie am Tag der zweiten Erscheinung nicht anwesend waren. Die Gruppe hat sich nur aus den Kindern des zweiten Tages konstituiert. Es liegt also auf der Hand, daß der Grund für die Konstituierung und das Fortbestehen der Gruppe nicht in ihr selbst, sondern in einer äußeren Ursache zu suchen ist.

Vor den Erscheinungen unterschieden sich die Sehenden in nichts von den anderen Kindern der Pfarre, sie fielen weder durch besondere Frömmigkeit auf noch durch besondere Beteiligung am Religionsunterricht oder an den Sakramenten, noch weniger durch besondere Askese. Und sie nehmen auch weiterhin an den Aktivitäten, Interessen und Spielen ihrer Altersgenossen teil. Sie kleiden sich wie alle anderen und sind weder affektiert noch fanatisch oder bigott. Ihr Leben zeigt keinerlei Anzeichen von besonderer Heiligkeit, aber auch nichts Ärgerliches oder Anstößiges. Sie sind schlicht, höflich und sympathisch, sie sind ganz einfach normal. Manche meinen vielleicht, ihr Verhalten würde dem hohen Anspruch der Erscheinungen nicht gerecht: Es sei nicht genügend vollkommen, das Normale würde nicht ausreichen. Aber es wäre unbillig, von Kindern einzig und allein auf Grund dieser Privilegiertheit zu verlangen, daß sie fertige Heilige sind. Man darf nicht vergessen, daß eine Erscheinung nicht die Belohnung für eine gute Tat oder eine besondere Leistung ist, sondern ein unverdientes Geschenk, das für die Gemeinschaft gegeben wird. Es ist zwar richtig, daß auch der Glaube ein Geschenk ist, aber das Geschenk des Glaubens hängt auch vom persönlichen Bemühen des einzelnen ab. Der Glaube kann nicht vermittelt werden ohne die Mitwirkung des Individuums, denn der Glaube ist Hingabe seiner selbst an Gott, folglich ein Ineinanderfließen von Gnade und menschlichem Bemühen. Es sei hier an das Wort Christi erinnert: „Wem viel gegeben wurde, von dem wird viel zurückgefordert werden" (Lk 12,48). Da der Glaube die persönliche Antwort eines jeden Menschen an Gott ist, kann er durch nichts ersetzt werden. Auch Maria selbst ist zu gläubigem Gehorsam eingeladen worden, und sie hat ihn ohne Einschränkung geleistet (Lk 1,38). Wie hätte es also bei den Sehenden anders sein sollen? Der Glaube ist aber ein freiwilliger Akt. Die menschliche Freiheit wiederum schließt immer auch die Möglichkeit ein, sich der Antwort, die Gott vom Menschen erwartet, zu entziehen. Alle Menschen, mögen sie Sehende sein oder nicht, sind für ihren Glauben verantwortlich. Der Glaube kann nicht wachsen und zu seiner Fülle gelangen, wenn der Mensch nicht einwilligt und die notwendige Anstrengung einbringt. Die Charismen, zu denen auch die Sehergabe gehört, vermitteln nicht schon automatisch Heiligkeit. Diese Gaben sind lediglich eine Möglichkeit, die man nutzen oder vorübergehen lassen kann.

Das jedenfalls kann man mit Sicherheit sagen: Die Sehenden von Medjugorje haben offensichtliche Fortschritte in ihrem Glaubensleben gemacht.

Diese Kinder brüsten sich nicht mit ihren Erscheinungen und sie vergessen nicht, daß sie ihrem Bischof oder Pfarrer Achtung schuldig sind, auch wenn sie ihnen gegenüber in diesem Punkt privilegiert sind. Die heilige Jungfrau hatte ihnen gesagt, daß die Priester ihnen in ihrem Glaubensleben weiterhelfen sollten. Von Laien oder Priestern werden sie häufig gebeten, sie der Mutter Gottes zu empfehlen. Die Kinder tun es gerne, halten sich deshalb aber nicht für überlegen. Dieses Verhalten ist umso bemerkenswerter, als viele Erwachsene keineswegs dazu fähig sind.

Es hat innerhalb der Gruppe noch nie Spannungen oder Auflösungstendenzen gegeben. Eine solche Ausdauer ist bei Kindern selten. Jedes Mitglied der Gruppe respektiert die persönliche Erfahrung und die Freiheit der anderen. Keiner stellt die Zugehörigkeit der anderen zur Gruppe in Frage, und keiner zweifelt daran, daß es Erscheinungen geben kann, bei denen er selbst nicht Zeuge ist. Sie verstehen sich alle als absolut gleichberechtigt und akzeptieren, daß jedem von ihnen in jedem Augenblick ein anderer Weg vorgezeichnet ist. Keiner dominiert.

In der Wahrung der zehn Geheimnisse der Mutter Gottes sind sie gegenüber den zahlreichen Versuchen, ihnen etwas davon zu entlocken, alle gleich standhaft. Weder ihre Eltern noch die Geistlichen oder der Bischof vermochten etwas zu erreichen. Die unsichtbare Autorität, die ihnen zu reden verbietet, ist stärker als alles andere.

Der Bischof Msgr. Žanić hatte ihnen vorgeschlagen, die Geheimnisse auf einen Zettel zu schreiben und in einem Umschlag zu verschließen. Er würde sie im geheimen aufbewahren. Aber Jakov, der Jüngste der Sehenden, der erst elf Jahre alt ist, lehnte ab und sagte: „Wir dürfen sie nicht aufschreiben."

Ihr Optimismus und ihre freudige Zuversicht haben dieselbe Grundlage. Trotz des vielfältigen Drucks bleibt die Gruppe geschlossen. Die Behörden haben versucht, ihnen Angst einzujagen; andere wiederum hielten ihnen vor, welche Schwierigkeiten bezüglich ihrer sozialen Umwelt ihnen oder ihren Familien aus diesen Extravaganzen erwachsen würden. Sie haben diesem Druck energischen Widerstand geleistet. Wenn es um die Erscheinungen geht, sind sie alles andere als wankelmütig oder leicht zu beeinflussen, wie es angesichts von

schönen Versprechungen oder Drohungen Kinder sonst gern sind. Ihr Mut wird bewundert. Sie hatten auf Grund der Erscheinungen einiges hinzunehmen, und sie haben es ganz bewußt und freudig, ohne zu klagen, auf sich genommen. Jeder Versuch, ihnen abzuraten, bestärkt sie nur in ihrer ruhigen Entschlossenheit, ihren Überzeugungen treu zu bleiben.
Diese Charakterstärke beruht auf ihrer einwandfreien psychischen und physischen Gesundheit. Ihre eigenen Beweggründe und ihre eigenen persönlichen Erfahrungen haben sich als glaubwürdiger erwiesen als die etwa ihrer Schulkameraden, und sie zögern oder zweifeln nie auch nur im geringsten, daß die ihnen übermittelte Botschaft nicht wahr sein könnte. Lieber wären sie bereit zu sterben, als das in Frage zu stellen. Triebfeder der Gruppe sind also: Konstituierung, Kontinuität und Überzeugtheit.

Der Anführer der Gruppe

Es ist nicht möglich, in dieser Gruppe einen Anführer auszumachen. Kein Erwachsener leitet sie, keine bekannte Person innerhalb oder außerhalb der Gruppe trägt Züge eines Anführers, jeder der Sehenden bringt frei und ohne Furcht vor den anderen seine eigenen Erfahrungen zum Ausdruck. Ohne Zweifel ist Vicka selbstsicherer als die anderen, aber sie spielt keine führende Rolle und erhebt auch keinen Anspruch darauf. Weder sie noch die anderen sind an „Verantwortung" interessiert. Auch haben die Erscheinungen nicht bei ihr, sondern bei Ivanka angefangen, und überdies hatte Vicka zu Beginn noch mehr Angst als die anderen. Als sie von Mirjana und Ivanka hörte, sie hätten die heilige Jungfrau gesehen, wurde sie von solcher Panik ergriffen, daß sie gegen das Dorf zu davonlief und nur stehenblieb, um sich die Schuhe auszuziehen; vielleicht, um diesen furchterregenden Ort noch schneller hinter sich lassen zu können. Jeder Verzerrung ihrer Aussagen und jedem Widerspruch treten die Kinder mit Festigkeit entgegen. Bei der Nachricht von den Erscheinungen waren auch ihre Familien überrascht und verärgert. Vicka wurde von ihrer Mutter und ihrer Großmutter sogar verboten, darüber zu sprechen. Sie fürchteten, die ganze Familie könnte für verrückt

gehalten und ausgelacht werden. Die Eltern von Ivanka, die die heilige Jungfrau als erste gesehen hatte, waren zu jener Zeit nicht mehr da. Die Mutter war tot, der Vater in Westdeutschland.
Noch ein anderer könnte in den Verdacht geraten, die ganze Geschichte inszeniert zu haben: der Pfarrer P. Jozo Zovko. Aber diese Hypothese greift nicht, denn P. Zovko war erst wenige Tage vor der ersten Erscheinung zum Pfarrer ernannt worden und kannte die Pfarre noch nicht, geschweige denn die Kinder. Noch dazu war er zum Zeitpunkt der ersten Erscheinung nicht in Medjugorje, sondern zur Fortbildung in Zagreb. Als er in die Pfarre zurückkehrte, hatte die überall verbreitete Neuigkeit bereits ganze Scharen auf den Erscheinungshügel gelockt. P. Zovko, ein kritischer Geist und auch in dieser Richtung ausgebildet, gefiel dieser Wirbel ganz und gar nicht. Er versuchte in aller Öffentlichkeit, die Leute von diesen „suspekten" Erscheinungen wegzubringen, und betonte, das allein Notwendige sei, auf das Evangelium zu hören und die christlichen Tugenden zu üben. „Die Sakramente und das tägliche Gebet sind durch nichts zu ersetzen", sagte er immer wieder, „auch nicht durch Erscheinungen." Er fürchtete, diese ungewöhnlichen Phänomene könnten auf Abwege führen.
Als er dann einmal die Erscheinung selber gesehen hatte und überzeugt war, wurde er eilends ausgeschaltet und zu dreieinhalb Jahren Gefängnis verurteilt. Trotzdem hörten die Erscheinungen nicht auf, sondern dauerten im Gegenteil an und weckten noch größeres Interesse. Kurzum, P. Zovko trat erst nach Beginn der Erscheinungen auf den Plan. Er spielte zunächst den Widerpart der Gruppe und stand nicht auf ihrer Seite.
Auch der Kaplan von Medjugorje, P. Zrinko Čuvalo, geriet in den Verdacht, die Gruppe angestiftet zu haben. Aber er war ein nüchterner Mann, der den Neuerungen in der Kirche skeptisch gegenüberstand. Er wandte sich ganz offen gegen das, was er als ein Produkt der Phantasie der Kinder betrachtete. Wenn man im Gespräch darauf zu reden kam, zuckte er die Achseln und flüchtete in seinen Gemüsegarten. „Da kann ich wenigstens etwas Nützliches tun", sagte er dann. „Wer glauben will,

soll meinetwegen glauben, aber ich kann es nicht", setzte er hinzu.
Als die Ereignisse sich als offenbar ernstzunehmend erwiesen, versammelte er die Leute nicht auf dem Erscheinungshügel, sondern in der Kirche zu Meßfeier und Beichte. Insofern erfüllte er sein Hirtenamt ganz vorzüglich. Als er dann die Stelle des inhaftierten Pfarrers P. Zovko übernehmen mußte, zielte sein ganzes Bemühen darauf ab, die Gläubigen zur Vernunft zu bringen. Er predigte ihnen die durch die offizielle Lehre der Kirche gesicherten Pflichten und Wahrheiten. Man muß wohl sagen, daß seine anfängliche Weigerung, die Erscheinungen gelten zu lassen, ein Werk der Vorsehung war, denn die Gemeinde wie die Kinder wurden dadurch genötigt, ihre Gründe noch besser darzulegen. Seine unablässige Mahnung: „Kümmert euch um das allein Notwendige", war nicht vergebens: Er hat die Erscheinungen in das Wesentliche, nämlich in Meßfeier und Sakramente, eingebettet. Wie der ungläubige Thomas nach der Auferstehung war gerade er in seiner Ablehnung ein Werkzeug der Vorsehung, denn durch sein Verhalten wurde die notwendige Unterscheidung geweckt. P. Čuvalo war so wenig ein Verfechter der Erscheinungen, daß die staatliche Obrigkeit verlangte, daß anstelle von Pater Zovko er zum Pfarrer ernannt würde. Man hoffte, er würde die Erscheinungen schon „liquidieren". Später hat er diese Erwartungen enttäuscht und wurde versetzt. Für ihn war es eine Erleichterung, denn die außergewöhnlichen Bedingungen, die erschöpfende Arbeit stellten für ihn eine ungeheure Belastung dar. Er hatte beim Bischof um Versetzung eingegeben oder aber um Unterstützung durch mehrere Geistliche, um eine so anspruchsvolle Situation zu meistern. Da ihm eine solche Unterstützung nicht bewilligt wurde, verließ er Medjugorje leichten Herzens. Sein Weggang hat an der spezifischen Eigenart der Gruppe nichts geändert.
Außer den eben Genannten kommt niemand in Frage, der die Gruppe der Sehenden hätte begründen oder leiten können, denn die Priester, die gegenwärtig in der Pfarrei tätig sind, waren zum Zeitpunkt der ersten Erscheinung ganz woanders und sind alle erst viel später nach Medjugorje gekommen. Der

derzeitige Pfarrer Tomislav Pervan kam ein Jahr danach, der Kaplan P. Tomislav Vlasić etwas früher. Zu Beginn der Erscheinungen war er noch in Čapljina (27 km von Medjugorje entfernt).

Der Zusammenhalt der Gruppe

Der Zusammenhalt jeder Gruppe basiert auf einem gemeinsamen Interesse, dem alles andere untergeordnet wird. Die Mitglieder der Gruppe der Sehenden jedoch haben keinerlei gemeinsames persönliches Interesse, denn sie sind zu verschieden nach Alter, Bildung, Wohnort etc.

Auch kann sich diese Gruppe nur unter Opfern weiter halten. Aber die Kinder sind uneigennützig: Die Erscheinungen haben sie Verzicht gelehrt.

Wenn die Leute sie bitten, für sie zu beten oder ihre Bitte der Mutter Gottes zu überbringen, bieten sie ihnen oft eine Belohnung an. Die Sehenden nehmen nie etwas an und weisen besonders Geld energisch zurück.

„Geben Sie das Almosen der Kirche", sagen sie.

Sie sind weder auf Dankesbezeugungen aus noch auf Komplimente. Auch ihre Eltern nicht, obwohl ihnen das bei der Lösung ihrer materiellen Probleme helfen könnte.

Am Vorabend jedes hohen Feiertages halten die Kinder ein strenges Fasten bei Wasser und Brot. Dieses Beispiel hat Nachahmer gefunden, und viele haben mit ihnen den Wert des Fastens entdeckt, trotz der schweren Feldarbeit. Auch die Ordensgemeinschaft des heiligen Franziskus folgt ihrem Beispiel und praktiziert heute dieses strenge Fasten zweimal in der Woche: Mittwoch und Freitag. An diesen Tagen sind die Sehenden besonders streng. Sie akzeptieren nicht einmal eine Tasse schwarzen Kaffee, den andere zur Stärkung zu sich nehmen. Die Schwierigkeiten bringen sie dazu, sich selbst zu übertreffen.

Durch Drohungen waren diese Kinder nie dazu zu bringen, ihre Behauptung, sie hätten die Jungfrau gesehen, zurückzuziehen oder am Gegenstand der Botschaft zu deuteln. Sie – und mit ihnen das ganze Dorf – waren bereit, den Preis für ihre Festigkeit zu zahlen. *Was sie zusammenschweißt, ist einzig und*

allein die Mutter Gottes. Es gibt keine andere Erklärung für die Existenz ihrer Gruppe und für ihr Verhalten. Die Kinder sagen ganz klar, daß die Autorität der heiligen Jungfrau höher steht als alle menschliche Autorität. Diese Autorität respektiert ihre Freiheit, und kein Zwang von oben erstickt ihre Persönlichkeit. Jeder wird entsprechend seiner eigenen Natur geleitet, so verschieden sie auch sind. Ihre Eigenschaften werden nicht ausgelöscht, sondern stimuliert, überhöht, geadelt und zur vollen Entfaltung gebracht. Und bei aller Hingabe an diese Führung bewahren die Kinder doch ihre persönliche Eigenart und bleiben zugleich in einer kohärenten Gruppe vereint. Ihre Zuversicht hat ihre Wurzeln nicht in einer kindlichen Sorglosigkeit, sondern in der festen Überzeugung, daß ihr Schicksal in der Hand der Mutter Gottes liegt. Sie empfinden die Schwierigkeiten, denen sie infolge der Erscheinungen ausgesetzt sind, nicht als eine Last. Es wird ihnen leicht durch die Zuneigung zur Mutter Gottes.
Sie leitet jeden von ihnen einzeln durch ihre Ratschläge, doch ist es nicht so, daß sie Befehle erteilen würde. Die Kinder nehmen ihre Wünsche sehr ernst, verpflichten sich jedoch nicht blindlings und auch nicht über ihre Kräfte. Jedes von ihnen läßt seine Entscheidung im Glauben reifen. Es gibt bei ihnen weder ein gemeinsames Versprechen noch ein kollektives Engagement, sondern es sind persönliche Entscheidungen. Auf ihre Frage hin hat die Jungfrau den Wunsch erkennen lassen, daß sie sich für den geistlichen Beruf entscheiden möchten, aber sie fügte hinzu, *wenn sie es wollen.* Vicka hat bereits eine Entscheidung in dieser Richtung getroffen, ebenso Ivan. Die anderen warten noch und fühlen sich nicht gebunden. Sie forcieren die Entscheidung nicht, sondern sie erwägen Hindernisse und Einwände und beten intensiv darum, in dieser Frage klarer zu sehen. Sie besuchen fast täglich die Messe und kommunizieren, und sie haben sehr stark das Empfinden, daß Maria ihre Mutter ist: Eine Mutter, die keinerlei Besitzansprüche stellt. Voll Ungeduld erwarten sie die Stunde der Begegnung mit ihr.
Um die Kinder zu leiten, gibt die Mutter Gottes ganz persönliche Mitteilungen, Ratschläge und Empfehlungen. Ist

die Botschaft an die ganze Welt gerichtet, können alle Kinder sie hören. Handelt es sich um einen persönlichen Ratschlag oder Tadel, so hört ihn nur der oder die Betroffene, wobei die anderen des öfteren aus der Reaktion des jeweils Betroffenen erraten können, wenn es sich um eine ernstere Ermahnung handelt.

Die Sehenden stehen im Dienst der Mutter Gottes. Sie beziehen sich auf sie, um ihre Gruppe zu definieren. Allein der Jungfrau gestehen sie das Recht zu, mitzureden und ihre Sehergemeinschaft zu leiten. Aus eben diesem Grund verlangt auch keiner zu wissen, was der andere sieht und was er sagt. Umso erstaunlicher ist die Homogenität der Botschaft.

In der Zielsetzung der Gruppe findet sich nichts Materielles, nichts Kleinliches, nichts Flüchtiges. Einzige Absicht ist es, der Welt die Botschaft der Mutter Gottes zu übermitteln: Frieden, Glauben, Bekehrung und Gebet. Die Sehenden äußern sich nicht darüber, ob ihre Gruppe nach den Erscheinungen weiterbestehen wird oder nicht. Wie sonst auch greifen sie darin dem Plan der Jungfrau nicht vor.

Was die Sehenden aussagen

Acht Kinder haben in Medjugorje die heilige Jungfrau gesehen. Zwei davon, Ivan Ivanković und Milka Pavlović, haben nur die erste Erscheinung am 24. Juni 1981 wahrgenommen. Sie haben mit der Mutter Gottes nicht gesprochen und gehören nicht mehr zur Gruppe der Sehenden. Milka, Marijas Schwester, empfindet darum einen leisen, geheimen Kummer.

Wir befragen im folgenden nur die sechs Sehenden, die die Erscheinung vom 25. Juni 1981 an täglich gesehen haben.

Warum hat die Jungfrau gerade diese Kinder auserwählt, warum nicht andere? Ist es Absicht, daß sie verschiedene Wohnorte haben, damit das Zeugnis verschiedene Milieus erreicht? Oder damit Authentizität und Glaubwürdigkeit der Erscheinungen besser fundiert sind? Bezüglich der Dauer – die Erscheinungen gehen jetzt ins vierte Jahr – ist es schwierig, irgendwelche Voraussagen zu machen. Steht diese lange Dauer in Zusammenhang mit der dramatischen Situation unserer heutigen Welt, mit der zunehmenden Gefahr eines Krieges? Ist

diese lange Dauer notwendig, damit die Welt begreift, in welchem Maß sie bedroht ist?
Die Vertrautheit dieser jungen Leute mit der heiligen Jungfrau ist bemerkenswert. Sie ist ihre Mutter, sie sind ihre Kinder. Sie nennt sie übrigens „meine Kinder" oder „meine Engel" (*andjeli moji,* wobei diese Anrede im Kroatischen etwas Intimes und Zärtliches an sich hat); die Kinder fühlen sich bei ihr geborgen. Ich habe jeden der Sehenden zweimal sehr eingehend befragt, nur Ivanka Ivanković und Ivan Dragićević wurden ein einziges Mal befragt. Meistens sind ihre Antworten fast gleichlautend. Unterschiede treten bei heiklen Interpretationen auf oder aber dort, wo der eine oder andere von ihnen eigene Mitteilungen erhalten hat. Die Jungfrau sucht sie jedesmal auf, wenn sie zusammenkommen, doch ihr sonstiges Leben verbringen sie weit voneinander entfernt. Und obwohl jeder von ihnen seine eigene Kommunikation hat, ist ihre Übereinstimmung vollkommen, wie auch das zwischen ihnen herrschende Einverständnis vollkommen ist. Sie alle haben dieselbe grundlegende Wahrnehmung, doch jeder nimmt sie entsprechend seiner Natur auf. Die nachfolgenden Aufzeichnungen zeigen gerade in ihrer Gleichförmigkeit auf, daß die Sehenden nicht bestrebt sind, „intelligente" Antworten zu geben, sondern das zu sagen, was sie erlebt haben.

Jeder der Sehenden ist mit einer Zahl (von 1 bis 6) bezeichnet:

1. Marija Pavlović
2. Jakov Čolo
3. Vicka Ivanković
4. Ivanka Ivanković
5. Mirjana Dragicević
6. Ivan Dragicević

Von wem hast du gehört, daß es die Mutter Gottes gibt?

1. Ich weiß nicht. Sicher von meinen Eltern oder von meiner Großmutter.
2. Von den Franziskanern.
3. Ich habe davon gehört, als ich klein war. Meine Eltern haben mir gesagt, daß es Gott und Maria gibt.
4. Von meiner Großmutter.
5. Von meinen Eltern.
6. Von meinen Eltern und von den Priestern.

Hast du die heilige Jungfrau gesehen?

1. Ja.
2. Ja.
3. Ja.
4. Ja.
5. Jetzt. Vorher nie.
6. Ja.

Wann hast du die Mutter Gottes gesehen?

1. Am 25. Juni 1981 (sie kam erst am zweiten Tag mit).
2. Am 25. Juni 1981 (er kam erst am zweiten Tag mit).
3. Am 24. Juni 1981.
4. Am 24. Juni 1981.
5. Am 24. Juni letzten Jahres (die Frage wurde im Jahr 1982 gestellt).
6. Am 24. Juni 1981.

Wo hast du die Mutter Gottes gesehen?

1. Auf dem Erscheinungshügel, der Crnica heißt.
2. Da oben, auf unserem Hügel Crnica.
3. Auf dem Erscheinungshügel. Wir nennen ihn Podbrdo . . . und die anderen nennen ihn Crnica.
4. Auf dem Hügel von Crnica.
5. Auf dem Hügel von Crnica.
6. Auf dem Hügel von Crnica.

Warst du am ersten Erscheinungstag traurig, krank oder bei guter Gesundheit?

1. Ich war bei guter Gesundheit.
2. Ich war nicht krank.
3. Ich war nicht traurig und auch nicht krank.
4. Wir waren fröhlich.
5. Weder das eine noch das andere. So mittel. Normal.
6. Ich war bei guter Gesundheit.

Hast du jemals das Verlangen verspürt, die Mutter Gottes zu sehen?

1. Ich hätte es mir nicht träumen lassen.
2. Nein.

3. Niemals!
4. Niemals!
5. Ich hätte es mir nicht träumen lassen. Ich habe nicht gedacht, daß das geschehen könnte.
6. Ich habe niemals an diese Möglichkeit gedacht.

Woher weißt du, daß das, was du gesehen hast, die Mutter Gottes gewesen ist?

1. Ich habe es erst später begriffen, nach den folgenden Erscheinungen. Nach dem, was man mir erzählt hat, und nach den Bildern weiß ich, daß sie die schönste unter den Frauen ist.
2. Wir waren bei Marija mit einer Arbeit beschäftigt. Da kam Vicka gelaufen und sagte uns: „Da ist sie!" Wir sind sofort auf den Hügel gelaufen und da oben haben wir gebetet und geweint.
3. Das habe ich gesehen: In 200 oder 300 m Entfernung zeichneten sich die Umrisse eines Mädchens ab. Sie hielt etwas in der Hand, und Mirjana und Ivanka sagten: „Da ist die Mutter Gottes!" Sie hatte eine Krone aus Sternen, und da dachten wir, daß es die Mutter Gottes ist.
4. Plötzlich habe ich mich in Richtung des Hügels umgedreht und etwas Glänzendes gesehen. Ich habe noch genauer hingeschaut, und da habe ich die Umrisse der Mutter Gottes gesehen. Dann habe ich zu Mirjana gesagt: „Schau, die Mutter Gottes!" Sie hat geantwortet: „Geh, wie soll uns denn die Mutter Gottes erscheinen?" Dann sind wir heimgegangen. Wir sind dann mit Milka wieder hingekommen, um die Schafe zu holen. Und ich habe zu ihnen gesagt: „Schaut!" Es war wirklich die Mutter Gottes. Sie hatte Jesus auf dem Arm. Ich habe die Krone auf ihrem Kopf gesehen, ein schönes langes Kleid, sie strich mit der Hand über den Kopf des Kindes. So.
5. Es war, als würde mir jemand sagen: „Das ist die Mutter Gottes!" Ich war sicher, daß es die Mutter Gottes war.
6. Wir haben sie gefragt und sie hat es bestätigt.

Hast du dich gefürchtet, als du die Mutter Gottes gesehen hast?

1. Vielleicht haben wir die ersten Tage ein bißchen Angst gehabt, aber unser Herz war ganz ruhig.
2. Ich habe mich gefürchtet.
3. Am ersten Tag habe ich mich gefürchtet, und als sie mich gerufen haben, bin ich davongelaufen. Dann habe ich Ivan gebeten, mitzugehen, aber er hat auch die Flucht ergriffen ... Ich habe mir nie vorgestellt, daß so etwas passieren könnte, und deshalb bin ich davongelaufen. Am ersten Tag ... haben wir alle fürchterlich geheult. Am dritten Tag habe ich Salz und Weihwasser mitgenommen und gesagt: „Wenn du die Mutter Gottes bist, bleib bei uns, wenn nicht, dann laß uns." Da hat sie gelächelt.
4. Am ersten Tag habe ich mich gefürchtet und zugleich war ich zufrieden, aber ich habe trotzdem Angst gehabt.
5. Ich habe mich sehr gefürchtet. Wir – die Mädchen – sind ohnmächtig geworden.
6. Ja, aber wir haben uns nicht getraut. Am ersten Tag haben wir uns alle gefürchtet. Als wir am zweiten Tag hinaufgingen, waren wir beeindruckt. Am dritten Tag haben wir angefangen, uns frei zu fühlen.

Wie hat die Mutter Gottes ausgesehen?

1. Sie trägt ein graues Kleid, einen weißen Schleier, die Sternenkrone, sie hat blaue Augen und schwarze Haare.
2. Als wir sie das erstemal sahen, haben wir nicht genau hingeschaut; sie war weit weg. Beim zweitenmal, als wir ihr ganz nahe waren, trug sie ein graues Kleid, einen weißen Schleier. Sie hatte blaue Augen, schwarze Haare, rosige Wangen und soviel ist sie über dem Boden.
3. Sie trägt ein graues Kleid, einen weißen Schleier, eine Sternenkrone, sie hat blaue Augen, schwarze Haare, rosige Wangen – sie ist soviel über dem Boden – links schauen die Haare unter dem Schleier hervor; man sieht, daß sie gewellt sind. Sie lächelte und schien fröhlich.
4. Ich finde keine Worte, um zu beschreiben, wie schön ihr Gesicht ist. Blaue Augen, schwarze Haare ..., die unter

dem Schleier ein wenig hervorschauen. Sie ist nicht groß und nicht klein, 19 bis 20 Jahre alt. Ein graues Kleid, ein weißer Schleier, eine Sternenkrone.

5. Am ersten Tag war sie weit weg von uns, und wir konnten nur ihre Umrisse sehen. Als würde sie etwas in den Händen halten... Sie war sehr schön. Eine überirdische Schönheit! Ich habe ihre Augen gesehen, sie sind wunderschön, strahlend blau. Und sie schauten so freundlich, mit solcher Güte! Großartig, wirklich! Ihr Gesicht war weiß mit rosigen Wangen. Unter dem Schleier konnte man die schwarzen, gewellten Haare ahnen. Auch ihr Kleid war so schön, wie der Himmel, so etwa.
6. Ein schönes Gesicht, fröhlich, blaue Augen, die Haare konnte man nicht sehen.

Ist die Mutter Gottes immer in derselben Art gekleidet?

1. Immer.
2. Ja.
3. Ja. Nur für die hohen Feiertage, zum Beispiel den 15. August, den 8. September, Weihnachten, Ostern, Unbefleckte Empfängnis hat sie andere Kleider, wie vergoldet, ganz glänzend. Aber an den anderen Tagen ist es immer gleich.
4. Ja.
5. Nein. Sie trägt immer ein graues Kleid; aber zu besonderen Anlässen, zu Mariä Himmelfahrt, hatte die Mutter Gottes ein wunderbares Kleid, das ganz glänzend war.
6. Ja.

Wie siehst du die Mutter Gottes?

1. Wie eine Person.
2. Ein lebendiges Wesen.
3. Wie Sie jetzt, ebenso. Ein lebendiges Wesen.
4. Wie ein menschliches Wesen.
5. Wie Sie jetzt, während ich mit Ihnen spreche. Ich kann sie berühren.
6. Wie Sie.

Erscheint die Mutter Gottes sofort, oder geht ihr etwas voraus?

1. Zuerst ist das Licht da, wie ein Blitz, dreimal, und dann ist es unsere Liebe Frau.
2. Ganz zuerst erscheint ein Licht. Früher zeigte es sich dreimal, jetzt ist es nur einmal. Das Licht erscheint, dann kommt die Mutter Gottes.
3. Vorher ist ein Licht da, das dreimal erscheint, dann die Mutter Gottes.
4. Das Licht.
5. Das Licht.
6. Das Licht.

Wie bist du auf den Gedanken gekommen, wieder auf den Hügel zu gehen, wo dir die Mutter Gottes das erstemal erschienen war?

1. Irgend etwas hat uns angezogen, wir wissen nicht, was; sicherlich die Kraft Gottes.
2. Nun ja, irgend etwas hat mich angezogen.
3. Ivanka hatte einen Spaziergang zum Erscheinungshügel vorgeschlagen, und wenn wir die Mutter Gottes sehen würden, umso besser, wenn wir sie nicht sehen würden, würden wir Stillschweigen bewahren, damit sich die anderen nicht über uns lustig machen.
4. Einer von uns hat gesagt: „Gehen wir wieder zum Berg. Die Mutter Gottes ist gestern dagewesen. Vielleicht erscheint sie auch heute?"
5. Ich hatte das Gefühl, daß ich hingehen sollte. Irgend etwas sagte mir, ich solle zum Hügel gehen.
6. Wir sind schauen gegangen, ob die Mutter Gottes auf dem Erscheinungshügel nicht ein Zeichen hinterlassen hatte.

Ist die Mutter Gottes an mehreren Orten erschienen?

1. Auf dem Erscheinungshügel, aber es war auch hier, in unseren Häusern, in der Pfarrkirche . . .
2. Da oben, auf unserem Hügel, bei uns zu Hause, auf dem Feld; jetzt erscheint sie in der Kirche.
3. Auf dem Erscheinungshügel, bei uns zu Hause, in der Kirche. Sie erschien dort, wo wir gerade waren.

4. Auf dem Hügel, in den Häusern, in unseren eigenen Häusern und fast in allen anderen, auf dem Feld, in der Kirche.
5. Auf dem Hügel, in der Kirche, in der Kapelle neben dem Kreuz und im Chor, in meinem Zimmer. Überall, wo ich war, war sie bei mir.
6. Auf dem Hügel, in den Häusern, in der Kirche, hier in der Kapelle.

Hast du die Mutter Gottes berührt?

1. Ja, ich habe ihr Kleid berührt. Ich habe sie jedesmal mit der ganzen Handfläche berührt. Auch viele andere haben sie berührt.
2. Ja, ich habe ihr Kleid berührt.
3. Ja, ich habe ihr Kleid berührt. Aber es fühlt sich hart an wie Metall. Ich meine, wenn sie die Hände oder den Kopf bewegt, wenn sie sich bewegt, ist alles normal, aber wenn du hingreifst, ist es hart wie Metall.
4. Ja.
5. Ich kann sie berühren ... Am Anfang habe ich sie als etwas Unzugängliches angesehen, aber jetzt sehe ich sie, wenn sie bei mir ist, an wie eine Mutter, wie meine beste Freundin, die mir hilft.
6. Ich habe ihr Kleid berührt.

Hast du jemandem gesagt, daß dir die Mutter Gottes erschienen ist?

1. Ja, ich habe es vielen Leuten gesagt. Ich habe es allen gesagt, die mich gefragt haben.
2. Als erstes habe ich es meiner Mutter gesagt.
3. Ja. Unten auf der Straße fragen sie mich: „Was ist los?“ Und ich sage zu ihnen: „Ich habe die Mutter Gottes gesehen!“
4. Ich habe mit meiner Großmutter gesprochen, und sie sagte zu mir: „Geh, das war jemand, der die Schafe hütete und eine elektrische Lampe auf dem Kopf hatte.“ Dann hat auch Vicka mit ihrer Mutter gesprochen, und sie haben sich über uns lustig gemacht.

5. Wir haben es unserer Familie gesagt, aber es hat sich schnell herumgesprochen.
6. Den Eltern und den Nachbarn.

Was haben sie gesagt?

1. Die ersten Tage waren alle neugierig und alle stellten Fragen. Auch jetzt kommen Leute und fragen uns aus.
2. Meine Mutter hat es mir nicht geglaubt.
3. Und sie fingen an zu spotten. Sie fragten: „Hat die Mutter Gottes euren Großmüttern guten Tag gesagt?" Niemand wollte es glauben. Sie haben sich alle lustig gemacht.
4. Sie machen sich über uns lustig.
5. Sie haben mir doch eher geglaubt. Zumindest für mich kann ich das sagen.
6. Sie fanden das alles merkwürdig, und sie haben nicht sofort geglaubt, daß die Mutter Gottes erschienen ist.

Was tut ihr, wenn die anderen nicht glauben?

1. Ich bleibe ganz ruhig. Dann bete ich um ihre Bekehrung.
2. Nun ja, nichts. Ich will mich da nicht hineinmischen.
3. Dann lache ich und basta. Sie können mich nicht beeinflussen, gleich, was sie sagen oder nicht sagen.
4. Am Anfang war es mir wirklich unangenehm; sogar jetzt ist es mir manchmal noch unangenehm. Aber vielleicht hätte ich genauso reagiert. Aber ich bin doch gläubig, und warum hätte ich dann nicht glauben sollen? Mehrere Leute haben sich bekehrt. Jetzt sind sie eher geneigt zu glauben als vorher.
5. Ich akzeptiere es genauso, wie wenn er mir glaubt. Wenn er nicht glaubt, ist es seine Sache. Ich bin deswegen nicht verärgert.
6. Mir wäre es lieber, sie würden glauben, aber wenn sie nicht wollen, ist es ihre Sache.

Habt ihr dem Pfarrer gesagt, daß euch die Mutter Gottes erschienen ist?

1. Als erstes haben wir den Kaplan informiert. Als der Pfarrer kam, sind wir noch einmal hingegangen und haben es auch ihm gesagt. Er hat uns nicht ja und nicht nein gesagt; er hat uns nicht ermutigt. Nichts. Wir sind heimgegangen, und erst später hat der Pfarrer angefangen, uns auszufragen.
2. Als wir es ihm das erstemal sagten, hat er keine Antwort gegeben.
3. Der Pfarrer war in Zagreb, Pater Zrinko war da. Er hat gesagt: „Wer die Gabe hat zu sehen, der schaue; wer sie nicht hat, ist auch nicht dazu verpflichtet!"
4. Ja. Als Pater Jozo zurückkam, ist er zu uns gekommen. Wir haben ihm erzählt, wie es sich zugetragen hat.
5. Er hat uns nur angehört. Er hat uns nichts anderes gesagt.
6. Wir sind zum Pfarrer gegangen, aber Pater Jozo war nicht zu Hause. Er war in Zagreb auf einem Einkehrtag. Dann haben wir mit einem anderen (Priester) gesprochen. „Ich verstehe nicht", sagte er. Am ersten Tag war er nicht sehr geneigt zu glauben. Dann kam Pater Jozo zurück. Er hat gesagt, wir sollten beten.

Wie hat die Mutter Gottes sich selbst bezeichnet?

1. Als die selige Jungfrau Maria.
2. Als die selige Jungfrau Maria.
3. Ich bin die selige Jungfrau Maria.
4. Ich bin die selige Jungfrau Maria.
5. Als die selige Jungfrau Maria.
6. Ich bin die selige Jungfrau Maria.

In welcher Sprache spricht die Mutter Gottes?

1. Natürlich in der unseren! Kroatisch.
2. Kroatisch.
3. Alles auf Kroatisch!
4. Kroatisch.
5. Kroatisch.
6. Kroatisch.

Was sagt die Mutter Gottes am Anfang ihrer Begegnung mit euch?

1. Gelobt sei Jesus.
2. Gelobt sei Jesus.
3. Gelobt sei Jesus.
4. Gelobt sei Jesus.
5. Gelobt sei Jesus.
6. Gelobt sei Jesus.

Wer spricht als erster, die Mutter Gottes oder du?

1. Sie.
2. Wenn sie kommt, sagt sie: „Gelobt sei Jesus!" Dann frage ich sie, was ich sie zu fragen habe.
3. Sie.
4. Sie.
5. Sie.
6. Sie.

Was sagt sie zum Abschluß der Begegnung mit euch?

1. Geht im Frieden Gottes.
2. Geht im Frieden Gottes.
3. Geht im Frieden Gottes.
4. Geht im Frieden Gottes.
5. Geht im Frieden Gottes.
6. Geht im Frieden Gottes.

Wie lange wird euch die Mutter Gottes erscheinen?

1. Ich weiß nicht.
2. Wir haben sie einmal darum gefragt, und sie hat uns geantwortet: „Habt ihr schon genug von mir?" Und jetzt wollen wir sie nicht mehr fragen.
3. Sie hat nichts gesagt. Einmal, als wir ihr diese Frage gestellt haben, hat sie gesagt: „Habt ihr genug von mir?"
4. Wir wissen es nicht.
5. Ich weiß nicht genau.
6. Ich weiß nicht.

Könnt ihr den Zeitpunkt der Erscheinung genau angeben?

1. Das können wir nicht.
2. Das können wir nicht.
3. Das können wir nicht.
4. Wir können es nicht wissen.
5. Nicht so grob gesprochen. Wir machen es miteinander aus. Ich komme heute mit ihr überein, wann sie morgen erscheinen könnte.
6. Das können wir nicht

Könnt ihr mit Sicherheit voraussehen, ob die Mutter Gottes erscheinen wird?

1. Nun ja, manchmal waren wir sicher, daß sie uns erscheinen würde, und sie ist an dem Tag trotzdem nicht erschienen.
2. Das können wir nicht. Wir beten, daß sie kommen soll.
3. Es scheint mir so, aber ich kann es nicht mit Sicherheit wissen.
4. Ich, ich mache es so. Ich habe so das Vorgefühl, daß sie kommen wird, aber ich kann es nicht mit Sicherheit wissen.
5. Sie sagt uns immer, wann sie kommen wird. Wenn sie es nicht sagt, habe ich so ein Vorgefühl.
6. Das können wir nicht.

Warum ist die Mutter Gottes gerade dir erschienen? Weil du braver bist als die anderen?

1. Ich weiß nicht.
2. Ich weiß nicht.
3. Sie hat gesagt, daß sie nicht die Besten sucht.
4. Sie hat gesagt, man soll nicht immer die Besten suchen.
5. Sie hat gesagt, daß sie nie die Besten sucht.
6. Ich weiß nicht, aber ich glaube, es ist nicht deshalb, weil ich besser wäre als die anderen.

Erscheint sie gerade dir, weil du besser bist als die anderen?

1. Das bin ich nicht.
2. Ich weiß nicht.

3. Nein.
4. Ich glaube nicht.
5. Nein.
6. Nein.

Macht es dir Freude, daß dir die Mutter Gottes erscheint?

1. Oh, das ist eine unbeschreibliche Freude.
2. Natürlich macht das Freude.
3. Ja, das macht Freude. Wie könnte es anders sein?
4. Ja.
5. Ja.
6. Ja.

Wie lange dauern die Erscheinungen?

1. Manchmal länger, manchmal kürzer. 5, 10, 15 Minuten.
2. Manchmal 5, manchmal 10 Minuten, manchmal eine halbe Stunde.
3. Es kommt drauf an. Manchmal 5, manchmal 10 Minuten, manchmal 15 oder 20 Minuten. Es hängt von Maria ab.
4. Hier zu Hause 5 bis 6 Minuten, und vorher hatten wir es bis zu einer halben Stunde. Bei mir in Mostar auch eine halbe Stunde. Nie weniger als 15 Minuten.
5. Ungefähr eine halbe Stunde. 15 Minuten oder 10.
6. Es kommt darauf an: 5, 10, 15 bis 20 Minuten.

Erscheinen euch außer der Mutter Gottes auch andere Personen?

1. Ja. Einmal haben wir Jesus gesehen. Einmal hat uns die Mutter Gottes in einer Erscheinung auch gesagt, daß sie uns wie auf einem Bild Jesus als Schmerzensmann zeigen würde. So haben wir ihn dann auch gesehen. Das war bei einem von uns zu Hause.
2. Ja, Jesus. Im Haus von Ivanka. Er war blutüberströmt und trug die Dornenkrone.
3. Sie zeigte uns Jesus, als wir bei Ivanka zu Hause waren. Er sieht groß aus, er hat die Dornenkrone, die Augen ... er schaut nach oben, so. Sie zeigt ihn uns, und sie hat gesagt: „Damit ihr seht, wie mein Sohn leidet in der gesamten Menschheit.“

4. Wir haben das Haupt Jesu gesehen. Es war bei mir zu Hause. Die Mutter Gottes sagte: „Das ist mein Sohn, der für die Welt getötet worden ist."
5. Einmal habe ich hinter der Mutter Gottes das Haupt Jesu gesehen. Es war während der Untersuchung durch Frau Dr. Džudža in Mostar.
6. Ja.

Hast du noch etwas anderes gesehen als die Mutter Gottes und Jesus?

1. Wir haben das Paradies gesehen, die Hölle und das Fegefeuer. Das hat uns die Mutter Gottes auch gezeigt. Einmal hier bei Vicka, einmal bei mir zu Hause und noch einmal, aber ich weiß nicht mehr wo. Ich habe das Paradies gesehen: Personen, die froh und glücklich sind; nein, ich kann diese Schönheit nicht beschreiben. Man sieht wirklich, daß dort die Liebe Gottes gegenwärtig ist. Und die Hölle, wo die Leute solche Qualen leiden: Das ist etwas Entsetzliches.
2. Die Engel, bei Vicka zu Hause.
3. Während Jozo (der Pfarrer) im Gefängnis war, hat uns die Mutter Gottes ihn einmal sehen lassen. Es war wie in einem Film. Wir haben das Paradies und die Hölle gesehen. Es ist ein großer Abstand zwischen beiden. Im Paradies sind viele Leute. Wenn man hineinkommt . . ., ist links jemand. Ich habe nichts gefragt, nicht, wer das ist, und auch nicht, was er tut. Er öffnet die Tür. Es wird gelacht und gebetet. Darüber schweben die Engel. Und die Hölle: In der Mitte ist ein großes Feuer, aber es ist keine Glut da, nichts. Nur die Flammen. Viele Leute kommen vorbei, einer nach dem andern, und weinen . . . Gott möge uns davor bewahren!
4. Ich habe auch zwei Engel gesehen, meine Mutter, die Hölle und den Himmel.
5. Ja, einmal habe ich den Teufel gesehen. Ich wartete auf die Mutter Gottes, und gerade in dem Augenblick, als ich das Kreuzzeichen machen wollte, ist er mir an ihrer Stelle erschienen. Da habe ich Angst bekommen. Er versprach mir alle schönen Dinge dieser Welt. Aber ich habe nein

gesagt. Da ist er mit einem Schlag verschwunden und die Mutter Gottes ist erschienen. Sie hat mir gesagt, daß er immer wieder versucht, den wahren Gläubigen vom rechten Weg abzubringen. Die Mutter Gottes hat mir auch das Paradies gezeigt. Es ist herrlich dort, alle sind glücklich, fröhlich. Auf allen Gesichtern liest man ihre Zufriedenheit . . . die Bäume, die Wiesen und der Himmel sind von den unsrigen ganz verschieden, auch die Sonne, die strahlender ist. Ich habe gestaunt über das, was ich gesehen habe.
6. Jesus.

Hat dir die Mutter Gottes Geheimnisse anvertraut?
1. Ja. Ich kenne sechs Geheimnisse. Die anderen kennen sieben oder acht Geheimnisse. Sie betreffen uns selbst, die Kirche, die Leute im allgemeinen.
2. Ja. Sie betreffen unser Leben, die Leute.
3. Ja. Ich habe sieben. Das erste Geheimnis betrifft unsere Kirche in Medjugorje. Es betrifft auch das Zeichen, die gesamte Menschheit und jeden einzelnen Menschen. Die Geheimnisse sprechen von der Kirche im allgemeinen. Es gibt auch welche, die uns betreffen.
4. Ja. Ich habe sieben. Die einen betreffen uns persönlich; andere die Kirche und die Welt.
5. Ja, mir sind neun Geheimnisse anvertraut worden. Sie haben uns selbst zum Gegenstand, das (End-)Zeichen, die gesamte Welt und auch Medjugorje.
6. Ja.

(Dies war richtig zum Zeitpunkt der Befragung Anfang Dezember 1982. Zu Weihnachten empfing Mirjana das zehnte Geheimnis – am 25. 12. Die anderen Sehenden kennen neun Geheimnisse, außer Vicka, die acht kennt.)

Hat die Mutter Gottes eine Botschaft für die Welt?
1. Alle Geheimnisse betreffen die Welt. Botschaften gibt es genug: Frieden, Glauben, Bekehrung, Gebet, Fasten, Buße.

2. Man soll beten und fasten; man soll sich bekehren und Frieden stiften.
3. Sie sagt: Gebet, Buße, Bekehrung, Frieden; die wichtigste Botschaft ist der Frieden. Das hat sie ausdrücklich gesagt.
4. Die Mutter Gottes hat gesagt, das Wichtigste ist es, einen festen Glauben zu haben. Man soll jeden Tag mindestens sieben Vaterunser, sieben Gegrüßet seist du, Maria, sieben Ehre sei dem Vater und ein Glaubensbekenntnis beten. Man soll Buße tun und jeden Freitag nur trockenes Brot essen und nichts anderes als Wasser trinken.
5. Sie hat gesagt, daß Gebet, Glaube und Fasten sehr wichtig sind. Mit diesen Mitteln lassen sich Kriege aufhalten und Katastrophen verhindern. Die einen wie die anderen sind heutzutage sehr zahlreich.
6. Man soll sich zum Glauben bekehren, ihn festigen und vertiefen, damit er von einer Generation an die andere weitergegeben werden kann.

Hat die Mutter Gottes eine spezielle Botschaft für die Priester hinterlassen?

1. Sie hat den Priestern gesagt, sie sollen ihren Glauben bewahren. Aber ich kann mich jetzt nicht genau erinnern.
2. Sie hat ihnen gesagt, sie sollen über den Glauben ihres Volkes wachen.
3. Sie hat nur gesagt, daß die Priester den Glauben ihres Volkes schützen sollen.
4. Ich kann mich nicht erinnern.
5. Sie hat den Priestern von Medjugorje gesagt, sie sollen uns akzeptieren.
6. Daß sie den Glauben bewahren und ausbreiten sollen.

Hat die Mutter Gottes eine Botschaft für den Bischof hinterlassen?

1. Es gibt eine Botschaft für den Bischof. Wir sind sofort hingegangen und haben es ihm gesagt. Ich weiß es ungefähr (den Inhalt der Botschaft), aber er hat uns gesagt, wir sollten mit niemandem darüber sprechen.
2. Daß er beharrlich sein soll.

3. Ja. Aber ich darf nicht, weil er gesagt hat, daß es nur für ihn bestimmt ist und daß wir mit den anderen nicht darüber reden sollen.
4. Sie hat etwas gesagt, aber ich kann mich nicht genau erinnern.
5. Nein, außer als er in Mostar war und als ich mich nach ihm erkundigte. Aber das geht nur ihn an.
6. Daß er seine Pflichten korrekt erfüllen soll.

Hat die Mutter Gottes eine Botschaft für den Papst hinterlassen?

1. Ich weiß nicht.
2. Sie hat zu Vicka etwas gesagt.
3. Daß er sich als der Vater aller Völker betrachten soll, nicht nur als der Vater der Christen. Daß er die Botschaft vom Frieden und von der Liebe unter allen Menschen unermüdlich und mutig verbreiten soll. Das gehört zu den Geheimnissen, die sie uns gibt, aber wir dürfen jetzt nicht darüber sprechen. Erst wenn sie uns erlaubt, es zu sagen. Es ist von allem etwas.
4. Ich darf Ihnen nicht alles sagen. Nur, daß er den Glauben unter allen Völkern verbreiten soll, denn wir sind fast alle gleich, und daß er auf seinem Weg aushalten soll.
5. Nein.
6. Nein.

Habt ihr die Erlaubnis, den anderen die Geheimnisse zu enthüllen?

1. Nein. Die Mutter Gottes hat uns gesagt, wem wir diese Geheimnisse enthüllen dürfen.
2. Wir haben nicht das Recht dazu, solange sie es uns nicht gesagt hat.
3. Wir haben nicht das Recht dazu, solange sie es uns nicht gesagt hat.
4. Nein, niemand.
5. Nein.
6. Nein.

Verkünden die Geheimnisse Gutes oder Böses für die Welt?

1. Nun ja, das ist ein Geheimnis.
2. Es ist Gutes darin, aber es ist auch Böses darin.
3. Es ist Gutes und Böses darin.
4. Manche Geheimnisse sind gut, manche sind böse.
5. Es ist Schönes und Böses darin.
6. Manche Geheimnisse sind gut, manche sind böse.

Wann wird euch die Mutter Gottes die Erlaubnis geben, die Geheimnisse zu enthüllen?

1. Ich weiß nicht. Sie wird uns schon sagen wann, was und wem.
2. Ich weiß nicht.
3. Dann, wenn sie es uns sagt.
4. Ich weiß nicht.
5. Das hat sie uns noch nicht gesagt.
6. Dann, wenn sie uns ihre Zustimmung dazu gibt.

Hat sie euch versprochen, etwas zu tun, um den anderen zu zeigen, daß sie wirklich die Mutter Gottes ist?

1. Die Mutter Gottes hat versprochen, für die, die nicht glauben, ein Zeichen zu hinterlassen.
2. Ja, sie wird ein großes Zeichen hinterlassen.
3. Sie hat gesagt, daß sie ein großes Zeichen hinterlassen wird.
4. Ja. Die Mutter Gottes hat gesagt, daß sie auf dem Erscheinungshügel ein großes Zeichen hinterlassen wird.
5. Ja.
6. Ja.

Wann wird die Mutter Gottes dieses Zeichen geben?

1. Auch das ist ein Geheimnis.
2. Wir wissen es, aber wir haben nicht das Recht, es zu enthüllen.
3. Ich weiß nicht. Ich habe nicht das Recht, es zu sagen.
4. Das ist unwichtig.
5. Das ist eines der Geheimnisse.
6. Das ist ein Geheimnis.

Wird das Zeichen, das die Mutter Gottes versprochen hat, für alle sichtbar sein?

1. So wird es sein.
2. So wird es sein.
3. So wird es sein.
4. Natürlich.
5. Ja.
6. Ja.

Wann wird das Zeichen erscheinen?

1. Auch das ist ein Geheimnis.
2. Wir wissen es, aber wir haben nicht das Recht, es zu enthüllen.
3. Ich weiß es. Aber ich habe nicht das Recht, es zu sagen. Ich würde es gern sagen.
4. Ich weiß es.
5. Ich darf es nicht sagen.
6. Das ist ein Geheimnis.

Hat euch die Mutter Gottes ein spezielles Gebet aufgetragen?

1. Sie hat gesagt, wir sollten vor allem das Glaubensbekenntnis beten und das Lied „O Jesus, in deinem Namen ..." singen („... sind wir hier, weil wir glauben, daß du bei uns bist. Ohne dich sind wir schwach. Gib uns deine Kraft").
2. Siebenmal Vaterunser, Gegrüßet seist du, Maria, Ehre sei dem Vater und ein Glaubensbekenntnis.
3. Nein, nichts Spezielles: den Rosenkranz, sieben Vaterunser, sieben Gegrüßet seist du, Maria, sieben Ehre sei dem Vater und das Glaubensbekenntnis.
4. Sie hat gesagt, daß ihr das Glaubensbekenntnis und das Lied „O Jesus, in deinem Namen ..." am liebsten sind. Wenn wir ihr begegnen wollen, beten wir das Vaterunser und dann kommt sie.
5. Sie hat uns empfohlen, für die, die im Fegefeuer sind, zu beten.
6. Sieben Vaterunser, sieben Gegrüßet seist du, Maria, sieben Ehre sei dem Vater und das Glaubensbekenntnis.

Wer hat euch vorher geraten, sieben Vaterunser, sieben Gegrüßet seist du, Maria, sieben Ehre sei dem Vater und das Glaubensbekenntnis zu beten?

1. Ich weiß nicht.
2. Zuallererst war es Mirjanas Großmutter, die es ihr geraten hat, dann haben wir es vor der Mutter Gottes gebetet und die Mutter Gottes hat uns gesagt, wir sollten dieses Gebet weiterbeten.
3. Zuallererst hat Mirjanas Großmutter ihr gesagt, sie sollte sieben Vaterunser beten... dann, als wir da oben ankamen, hat Mirjana angefangen, sieben Vaterunser zu beten, und wir haben es ihr nachgemacht. Da hat uns die Mutter Gottes gesagt, wir sollten dieses Gebet weiterbeten.
4. Mirjanas Großmutter hat uns dieses Gebet geraten.
5. Das erstemal haben wir sie vor der Mutter Gottes gebetet. Sie hat uns gesagt, daß ihr das gefiel und daß wir dieses Gebet weiterbeten sollten.
6. Eine alte Frau – eine Großmutter – hat es uns empfohlen, und die Mutter Gottes hat uns gesagt, wir sollten dieses Gebet weiterbeten.

Hat euch die Mutter Gottes gesagt, was ihr in eurem Leben weiter tun sollt?

1. Sie hat uns vorgeschlagen, ins Kloster zu gehen: „wenn wir es wünschen". Sie hat gesagt, daß das ihr Wunsch wäre.
2. Ihr Wunsch wäre, daß wir alle ins Kloster gehen.
3. Sie hat uns einmal gesagt: „Ich würde mir wünschen, daß ihr Ordensfrauen und Priester werdet. Aber ich will niemand verpflichten."
4. Die Mutter Gottes hat uns gesagt: „Wenn ihr ins Kloster gehen wollt, so wäre das auch mein Wunsch. Aber wenn ihr es nicht wollt, ist es besser, ihr tut es nicht." Sie hat gesagt, unter der Bedingung, daß wir es können und wünschen. Aber wir sollen nicht eintreten und dann wieder austreten, der Kirche und allen Leuten Schande machen...

5. Wir haben ihr nur gesagt, daß einige von uns Klosterfrauen oder Franziskaner werden möchten und daß die anderen ihr Leben wie bisher weiterführen wollen. Sie hat gesagt, daß das unsere Sache sei. Das eine wie das andere sei gut. Sie hat es uns erklärt und uns Ratschläge gegeben.
6. Ich habe sie gefragt, ob ich Priester werden soll. Sie hat mir gesagt: „Das mußt du selbst entscheiden."

Und was hast du beschlossen?

1. Nun ja, ich habe im selben Augenblick beschlossen, ins Kloster zu gehen.
2. Ich habe beschlossen, einzutreten.
3. Ich habe beschlossen, Klosterfrau zu werden.
4. Ich habe keine Lust, ins Kloster zu gehen.
5. Ich habe beschlossen, weiter in die Schule zu gehen, und dann werde ich schon sehen.
6. Ich habe beschlossen, Priester zu werden.

Gehst du mit jemand aus?

1. Nein.
2. Ja, ab und zu, manchmal sehe ich fern, aber nur, wenn ein Film kommt.
3. Nein.
4. Ja, ich gehe mit jemandem aus.
5. Ja.
6. Nein.

Möchtest du lieber ins Kloster gehen oder heiraten?

1. Ins Kloster gehen.
2. Ins Kloster gehen.
3. Ins Kloster gehen.
4. Heiraten. Ich weiß nicht, was ich in ein paar Jahren beschließen werde.
5. Ich weiß nicht.
6. Ins Kloster gehen.

Hat sich durch die Erscheinungen für dich etwas verändert?

1. Ich habe viel geändert: mein ganzes Leben. Zwischen vorher und jetzt ist alles verschieden, in jeder Hinsicht. Ich versuche alle Tage besser zu werden. Ich gehe jetzt lieber in die Kirche. Ich bete und kommuniziere auch lieber als vorher.
2. Ja. Jetzt gehe ich regelmäßig in die Messe. Ich verrichte regelmäßig mein Gebet, ich bin gehorsamer. Ich bete und kommuniziere lieber ...
3. Vorher wartete ich in der Messe darauf, daß sie aus war. Ja, ich habe mich vollkommen geändert. Ich bete mehr. Vorher habe ich mein Gebet möglichst schnell erledigt. Jetzt gehe ich gern in die Kirche.
4. Ich bete mehr. Ich habe auch vorher gebetet. Aber ich habe jetzt mehr Kraft. Ich glaube, ich bin besser geworden. Ich gehe jetzt lieber in die Kirche; ich bete und kommuniziere lieber, gehe lieber beichten.
5. Ja. Ich bin gläubiger. Jetzt bin ich in der Messe aufmerksamer und verstehe besser. Ich gehe gern in die Kirche und zur Beichte, ich bete gern, lieber als vorher.
6. Mein Leben hat sich geändert. Ich will Priester werden. Ich habe beschlossen, diesen Weg zu gehen. Ich bete mehr.

Wirkt die Mutter Gottes Wunder? Hat sie Leute geheilt?

1. Es gibt viele Heilungen: durch die Fürbitte der Mutter Gottes.
2. Ja.
3. Sie bewirkt Heilungen.
4. Ja.
5. Ja.
6. Ja.

Kennst du einige dieser Leute, die geheilt worden sind?

1. Ja. Ich kenne viele von ihnen. Sie gehen heute mit uns, und ich sehe sie. Oft kommen sie von weither. Hier in der Nähe wohnt nur der kleine Daniel. Er kommt manchmal.
2. Ich kenne sie. Es sind viele.

3. Ich kenne 20 oder 30 von ihnen, aber ich weiß ihre Namen nicht. Ich habe sie vergessen. Das Pfarrbüro schreibt sie auf.
4. Es gibt viele. Mich zum Beispiel! Ich kenne auch andere, aber ich weiß die Namen nicht, nur Daniel Šetka aus Vukudol in der Nähe von Mostar. Er war drei Jahre alt und gelähmt. Er war klein und konnte nicht reden und nicht gehen. Hier in der Kirche hat er angefangen zu sprechen und zu gehen.
5. Es waren viele.
6. Ja, es sind viele.

Was verlangt die Mutter Gottes von den Leuten, bevor sie sie heilt?

1. Sie verlangt immer Glauben, Gebet und Fasten.
2. Sie verlangt Gebet, Buße, Bekehrung, Frieden.
3. Sie verlangt vor allem einen festen Glauben.
4. Festen Glauben und das Gebet.
5. Nur festen Glauben, Gebet und Fasten.
6. Gebet, Buße, Glauben.

Hat euch die Mutter Gottes empfohlen, in die Messe zu gehen und zu kommunizieren?

1. Ja.
2. Ja.
3. Natürlich. Kommunion und Messe, mit Nachdruck.
4. Nein, nie.
5. Ja.
6. Ja.

Hat euch die Mutter Gottes auch getadelt?

1. Manchmal. Wenn wir etwas getan haben, was nicht in Ordnung ist, tadelt sie uns sofort. Sie sagt uns, daß wir unser Verhalten ändern müssen, daß wir dies oder jenes korrigieren müssen. Manchmal hat mir die Mutter Gottes auch Ratschläge gegeben. In besonderen Situationen, in denen ich keinen Ausweg sah, hat sie mir gesagt, was ich tun sollte.
2. Manchmal, aber nicht oft.

3. Mich nie! Bei mir hat sie nur ein Wort korrigiert, das ich nicht hätte sagen dürfen.
4. Mich hat sie nicht getadelt.
5. Sie sagt, daß ich zu naiv bin und daß ich das korrigieren soll, daß ich zu leichtgläubig bin.
6. Ja.

Bist du die Erscheinungen der Mutter Gottes müde?

1. Ich bin es nie müde geworden.
2. Nein.
3. Überhaupt nicht.
4. Nein.
5. Nein.
6. Nein.

Könntest du schwören, daß alles, was du gesagt hast, wahr ist?

1. Das könnte ich.
2. Das könnte ich.
3. Nicht nur einmal, sondern hundertmal!
4. Natürlich könnte ich das!
5. Das könnte ich freilich!
6. Das könnte ich!

Königin des Friedens

Ich bin die Königin des Friedens. So hat sich die Erscheinung den Sehenden gegenüber bezeichnet. Diese Bezeichnung faßt alle ihre Botschaften zusammen, denn bei näherem Zusehen steht immer der Friede im Zentrum. Die Mutter Gottes ruft auf zum radikalen Frieden: zum Frieden von der Wurzel her, zu Bekehrung, Gebet, Fasten, die den Glauben ausdrücken und den Zugang zum Heil eröffnen. Und auch das Heil ist nichts anderes als Friede: *Shalom.* Es ist der Höhepunkt aller messianischen Verheißungen und des ganzen Heilswerkes Christi.

Pater Petar Ljubičić hatte zu den Sehenden gesagt:

„Fragt sie um ihren Namen. Wir wissen, daß es die Mutter Gottes ist, aber sie kommt in einer bestimmten Absicht und

ohne Zweifel unter einem bestimmten Namen. Welcher Name ist es?"
„Sie hat es uns sagen wollen", gab der Betreffende zur Antwort. „Sie sind ihr mit dieser Frage zuvorgekommen. Sie hat geantwortet: *Ich bin die Königin des Friedens.* Wir waren an dem Tag bei Jakov. Es sind genau ihre Worte."
Pater Zrno aus Chikago hatte gefragt, ob die heilige Jungfrau wie in Lourdes auch etwas über sich selbst geoffenbart hätte. Der Kaplan Pater Tomislav Vlasić konnte diese Frage nicht beantworten und sollte gleich darauf die 18-Uhr-Messe zelebrieren. Da kam gleich nach der Messe der kleine Jakov gelaufen, ohne zu wissen, daß Pater Zrno und Pater Vlasić vorher miteinander gesprochen hatten. Er übergab ihnen einen kleinen Zettel, auf dem zu lesen war: *Zahlreich sind die, die um meinen Namen gefragt haben; ich bin die Königin des Friedens.*
Es war die Antwort der Mutter Gottes für die beiden Priester. Sie wurde am 6. August 1981 gegeben.
Das Wort *Friede* erschien in helleuchtenden Buchstaben in den Himmel geschrieben. Alle, die sich unter freiem Himmel befanden und in die Richtung schauten, konnten es sehen. Ich habe diesbezüglich zahlreiche Personen in Gradnići und Bijakovići befragt und sie haben es mir alle bestätigt. Auch die anderen konnten es sehen. „*Wir haben es gesehen*", bekräftigten sie alle.
Sie alle haben dieses Zeichen gleichzeitig gesehen und es war so eindeutig, daß der Pfarrer Pater Jozo Zovko in der anschließenden Meßfeier darüber sprach.
Heilungen von körperlichen und geistigen Krankheiten, für die die Pilger von Medjugorje Dank sagen, sind ebenfalls ein Zeichen für die Echtheit der Erscheinungen.

Zusammenfassung (von Pater Rupčić)

Das sind im wesentlichen die Ereignisse zum gegenwärtigen Zeitpunkt. Wir haben festgestellt, daß die Sehenden physisch wie psychisch gesund sind, daß sie aufrichtig sind und daß die Ereignisse heilsamen Einfluß auf ihr Glaubensleben genommen haben: Es hat sich auf der Grundlage des Evangeliums vertieft. Die Offenbarungen, die sie empfangen haben, haben prophetischen Charakter, es sind im Namen Gottes an diese unsere Welt gerichtete Worte.

Dieses Prophetentum wird erst nach der Enthüllung der Geheimnisse und nach dem verheißenen, uns noch unbekannten Zeichen klar sein. Zum gegenwärtigen Zeitpunkt ist nur von Bedeutung, daß diese prophetischen Aussagen auf der Gewißheit gründen, daß Gott der Herr der Geschichte und der Herr der Zukunft ist und daß er die Menschen zum Glauben aufruft und zur Bekehrung. Es sind nicht Verheißungen einer glanzvollen Zukunft, sondern wir bleiben auf der Erde und müssen unser Kreuz tragen.

Diese Prophezeiungen befinden sich im Einklang mit der Offenbarung und widersprechen ihr in keinem Punkt.

Es handelt sich ganz offensichtlich um private Offenbarungen, die mit *der Offenbarung* nicht auf eine Ebene zu stellen sind, sondern nur Elemente daraus, die für unsere Zeit wesentlich sind, aktualisieren. An der Art und Weise, wie diese Offenbarungen gegeben werden, ist nichts Automatisches oder Magisches. Die Mutter Gottes erscheint in Medjugorje in ihrem Glanz, als die Magd des Herrn, der Jesus die Menschen unter dem Kreuz empfohlen hat. Sie erfüllt diese Aufgabe, und sie lädt uns ein, aus freien Stücken mit ihr zusammenzuarbeiten und verfügbar zu sein. Sie tritt nicht wie ein Richter an uns heran, sondern sie ermuntert, stärkt, bittet wie eine Mutter: die Mutter aller Menschen.

Sie will nicht die Stelle des Menschen einnehmen oder ihm fertige Verhaltensweisen aufoktroyieren, sondern sie appelliert an seine Freiheit, die unterstützt wird von der Gnade und der Erleuchtung Gottes.

In Medjugorje weckt die Mutter Gottes die Schlafenden, stärkt sie die Schwachen, richtet sie die Entmutigten auf. Sie tröstet die Verzweifelten und führt die Verirrten zurück ins Haus des Vaters. Sie kommt voll Liebe, um Gott in den Menschen unserer Zeit zu dienen.

Wer sind die Sehenden?

1. *Jakov Čolo,* geboren am 3. Juni 1971 in Bijakovići. Sein Vater Ante arbeitet in Sarajevo, seine Mutter Jaka ist am 5. September 1983 in Bijakovići gestorben. Seither lebt Jakov bei seinem Onkel Filip Pavlović, dem Bruder der Verstorbenen (und zugleich Marijas Vater). Er ist der Jüngste der Sehenden, ein guter Schüler, sehr lebhaft, ein Schelm. Er ist begeisterter Fußballer, liebt die Musik und spielt Harmonium. Den Tod seiner Mutter hat er tapfer überwunden, wobei ihm die Besuche der Jungfrau eine Hilfe waren. Er wollte in seinem Dorf bleiben und besucht dort weiter die Schule.

2. *Ivan Dragićević,* geboren am 25. Mai 1965 in Bijakovići, Sohn des Stanko (Stanislaus), Landwirt, und der Zlata. Nach einem gescheiterten Versuch am Kleinen Seminar in Dubrovnik, für das ihm die Dorfschule nicht das entsprechende Rüstzeug mitgegeben hatte, lernt er jetzt weiter, um sich auf den Eintritt bei den Franziskanern vorzubereiten. Ivan ist ruhig und zurückhaltend, er besucht täglich die heilige Messe und kommuniziert regelmäßig. Er ist der älteste von drei Kindern und arbeitet in der elterlichen Landwirtschaft mit. Seine Schüchternheit und seinen schulischen Rückstand lernt er allmählich und in Ruhe – wie eben ein guter Bauer – abzubauen. Er hat Fernkurse belegt und macht in Zagreb seine Prüfungen. Eine tief gläubige Familie.

3. *Mirjana Dragićević,* geboren in Bijakovići am 18. März 1965. Ihr Vater Jozo ist Röntgenassistent in einem Krankenhaus, die Mutter Milena Fabrikarbeiterin. Sie hat einen jüngeren Bruder Miroslav. Beide sind gute Schüler. Sie studiert Agronomie an der Universität von Sarajevo. Ihre Visionen haben am 25. Dezember 1982 aufgehört, doch hat ihr die Jungfrau für ernste Augenblicke Ausnahmen zugesagt, ebenso jedes Jahr für ihren Geburtstag: 1983 ist dies bereits eingetroffen. Sie betet und kommuniziert weiterhin regelmäßig und verbringt jedes Jahr ihre Ferien in Bijakovići.

4. *Ivanka Ivanković,* geboren in Bijakovići am 21. April 1966. Ihr Vater Ivan arbeitet in Westdeutschland, ihre Mutter Jagoda ist im Mai 1981, einen Monat vor der ersten Erscheinung, gestorben. Ivanka wohnt mit ihrer Familie in Mostar und besucht dort wie ihr älterer Bruder Martin und auch ihre Schwester Darija die Oberschule. Die Familie hat noch einen ererbten Besitz in Bijakovići, verbringt die Ferien im Heimatdorf und bebaut dann ihr Land. Ivanka kommuniziert regelmäßig. Sie geht ihrer betagten Großmutter Iva, die sich seit dem Tod der Mutter um den Haushalt kümmert, viel an die Hand. Sie ist die einzige der Sehenden, die vorhat zu heiraten.

5. *Vicka* (weibliche Form zu lat. Vitus) *Ivanković,* geboren am 3. Juli 1964 in Bijakovići, Tochter des Pero (Peter), der seit fünfzehn Jahren in Westdeutschland arbeitet, um seine zahlreiche Familie zu erhalten, und seiner Frau Zlata. Acht Kinder. Die älteren Brüder arbeiten in der eigenen Landwirtschaft und bauen Wein und Tabak an. Die Großmutter, die ebenfalls Vicka heißt, ist mit 88 Jahren noch sehr rüstig. Ihre ältere Schwester Mirjana hat ein Diplom in Pharmazie und ist jetzt verheiratet. Ihre zweite Schwester hat die Handelsschule abgeschlossen, ist berufstätig und ebenfalls verheiratet. Die jüngeren Geschwister besuchen noch die Volksschule. Die Familie ist gläubig, es sind praktizierende Christen, der Vater ist beispielgebend. Vicka besucht noch die Textilschule in Mostar. Sie beschäftigt sich viel mit dem kleinen mutterlosen Jakov und bereitet sich auf den Eintritt ins Kloster vor.

6. *Marija Pavlović,* geboren in Bijakovići am 1. April 1965, Tochter des Filip, Landwirt, und der Iva. Sechs Kinder. Die drei Brüder Pero, Andrija und Ante arbeiten in Westdeutschland. Ihre Schwester Ruzica ist bereits verheiratet. Ihre jüngere Schwester Milka besucht noch die Volksschule in Bijakovići. Marija macht ihre Friseurlehre in Mostar fertig. Sie ist ruhig und tatkräftig und hat beschlossen, ins Kloster zu gehen; wann, weiß sie noch nicht, da sie die Erscheinungen in Atem halten.

Zur Erinnerung
Ivan Ivanković, geboren am 3. Januar 1960 in Bijakovići, Sohn des Jozo und der Zdravka Sivric, sah nur die Erscheinung vom 24. Juni. Er ist Dreher in einer Fabrik.
Milka Pavlović, geboren am 3. Januar 1968 in Bijakovići, die Schwester von Marija, hat nur am ersten Tag, am 24. Juni 1981, gesehen. Ihre Mutter verbot ihr, am folgenden Tag mitzugehen. Seither hatte sie keine Vision mehr. Sie erinnert sich, mit einem Hauch von Sehnsucht, aber ohne Bitterkeit.
Ivanka und Vicka sind Geschwisterkinder, ebenso Marija und Jakov.

(Die vollständige Ausgabe der Untersuchungen von Pater Rupčić über die Erscheinungen Mariens in Medjugorje sind im Miriam Verlag unter dem Titel „Erscheinungen Unserer Lieben Frau zu Medjugorje" erschienen.)

3.
Die weiteren Erscheinungen

Juli 1981 – Anfang Januar 1984

Das von Pater Rupčić veröffentlichte Buch, das im vorhergehenden Kapitel übersetzt und bearbeitet wiedergegeben wurde, beschränkt sich auf die sieben ersten Erscheinungen und auf eine allgemein gehaltene Beschreibung der nachfolgenden Ereignisse.

Zum Zeitpunkt der Niederschrift dieses Buches (Januar 1984) dauerten die Erscheinungen noch an. Eine Reise nach Medjugorje zu Weihnachten 1983 (vom 23. bis zum 27. Dezember) hat es möglich gemacht, die jüngsten Entwicklungen aufzuzeichnen. Die Darstellung wurde durch Briefwechsel bis zuletzt vervollständigt.

Folgende Punkte möchte ich in großen Linien darlegen (denn eine reine Aufzählung läßt dieses gewaltige und noch nicht abgeschlossene Phänomen nicht zu):

1. Die Dynamik des Geschehnisses
2. Die Entwicklung der Charismen
3. Die Botschaft
4. Augenzeugenbericht von den drei Erscheinungen (am 24., 25. und 26. Dezember 1983)

1. Charakter und geistige Dynamik des Ereignisses

Was in Medjugorje, wo ich am 24. Dezember 1983 ankam, betroffen macht, ist die einfache und tiefe Inbrunst, mit der diese bäuerliche Gemeinde in einem atheistischen Land die Begegnung mit der Mutter Gottes und ihrer Botschaft erlebt. Bekehrung, Versöhnung, Gebet, Fasten sind hier keine leeren

Worte. Die Beichtenden kommen oft von weit her, nach 20, 30, 40 Jahren.

Die Entwicklung, deren Fortsetzung in der Folge aufgezeichnet werden soll, spricht eine beredte Sprache.

Schon seit Ende Juni ist, wie wir gesehen haben, die Polizei da. Am 27. und 29. Juni werden die Sehenden verhört. Am 30. Juni fühlt sich der Pfarrer, der sich in der Kirche aufhält, plötzlich veranlaßt, hinauszugehen, um „die Sehenden zu schützen". Er trifft sie in einer Auseinandersetzung mit der Polizei und kurz vor einem dritten Verhör an. Da verfällt er auf ein legales Mittel, um die Kinder zu verteidigen. Nach dem Gesetz hat die Polizei nicht das Recht, Minderjährige ohne Erlaubnis ihrer Eltern zu verhören. So erheben die Eltern Einspruch, und die Verhöre haben auf legalem Weg ein Ende. Schon Ende Juni haben die Kinder wegen der Schwierigkeiten mit der Polizei die Jungfrau gefragt, ob sie nicht in der Kirche erscheinen könnte. Es ist der einzige Ort, wo die Ausübung der Religion gestattet ist. Der Zugang zum Hügel wird behindert und am 13. Juli polizeilich gesperrt und verboten. Die Erscheinungen wechseln hinüber in die Zurückgezogenheit der Häuser, und die Kinder haben sie manchmal einzeln, gewöhnlich aber alle miteinander beim einen oder anderen zu Hause. Wo, das bleibt ein Geheimnis, um die Bewohner nicht in Schwierigkeiten zu bringen, denn auf religiösem Gebiet sind Repressalien kein leeres Wort. Die Religionsausübung ist in diesem Land streng auf die Kirche beschränkt, wo sie leicht zu überwachen ist. Alles, was darüber hinausgeht, wird verfolgt.

In jenen ersten Julitagen stellen die Sehenden die Frage:

„Wie lange noch wirst du erscheinen?"

Die Jungfrau lächelt:

„Seid ihr es schon müde, mich zu sehen?"

Die Kinder begreifen, daß diese Antwort eine lange Dauer verheißt.

Der Pfarrer Jozo Zovko ist noch immer nicht überzeugt. Er hat eine kritische Bildung genossen. Während der ersten Erscheinung war er auf einer Fortbildungstagung in Zagreb. Und überhaupt ist er mißtrauisch gegenüber übernatürlichen und irrationalen, materiell nicht nachprüfbaren Phänomenen, die

auch durch die Subjektivität erklärt werden können. Er hält mit seiner Skepsis nicht hinter dem Berg und zeigt den Weg zurück auf sicheren Boden, indem er immer wieder sagt:
„Wesentlich sind der Glaube und die Sakramente."
Seine Seelsorge gründet sich energisch auf dieses Wesentliche. Da die Erscheinungen sich in den Bereich des Vertraulichen zurückgezogen haben und seine Gemeinde sehr zum Gebet hindrängt, hat er seit dem 2. Juli die tägliche Messe eingeführt. Sie wird nach der Erscheinung gefeiert, von der die Sehenden ganz unbefangen zurückkommen. Der Zustrom zu diesen Messen ist groß, das Gebet intensiv. So führt das außergewöhnliche Übernatürliche zu den Sakramenten hin. Die Jungfrau führt hin zur Eucharistie, und der Pfarrer gerät durch die große Anzahl von Bekehrungen und Beichten allmählich in Bedrängnis.
Da kommt der Himmel diesem Mann Gottes mit seiner nüchternen und kritischen Intellektualität entgegen. An einem Sommerabend des Jahres 1981 um 18.30 Uhr haben die Sehenden direkt in der Kirche eine schweigende Erscheinung. Und auf einmal sieht auch er. Er ist wie vor den Kopf geschlagen. Nie hätte er gedacht, daß ihm das passieren könnte, mit seinem gesunden Menschenverstand, mit seinem kühlen Kopf.
Er ist ein anderer Mensch geworden. Seine gewissenhafte und langweilige Art zu predigen wird von neuem Geist durchweht. Es ist wie ein Feuer, das von biblischen Bildern genährt ist. Sie kommen diesem bäuerlichen Volk entgegen, das er so gut kennt in all seinen Grenzen und Schwächen. Er hat sie gepackt, im Glauben und im Gewissen.
Aber die Inspiration lockt ihn auf gefährlichen Boden. Eines Tages predigt er über den Zug durch die Wüste, jene 40 Jahre also, die das Volk Gottes zwischen der ägyptischen Gefangenschaft und dem Land der Verheißung zugebracht hat. Für seine Zuhörer spricht er eine beredte Sprache. Aber die Polizei hört mit. „40 Jahre" hat er gesagt! Der diensthabende Polizist weiß nicht so recht, ob das in der Bibel steht. Für ihn liegt auf der Hand, daß es die 40 Jahre marxistisches Regime in Jugoslawien sein sollen. Folglich ist die Rede subversiv. Die Polizei kommt

in den Pfarrhof. Am 17. August 1981 wird Pater Jozo verhaftet und zu dreieinhalb Jahren Gefängnis verurteilt. Die Tageszeitung *Yu Novosti (Die Nachrichten)* beschuldigt ihn in ihrer Ausgabe vom 21. Oktober 1981, die heftige nationalistische Polemik der Ustascha „am Ort des Verbrechens" aufs neue entfachen zu wollen.[7] 40.000 Protestbriefe, die im Lauf des Herbstes den Präsidenten der Republik aus Italien erreichen, setzen eine Verringerung der Strafe auf zweieinhalb, dann auf eineinhalb Jahre durch, und Pater Jozo kommt im Sommer 1983 frei.

Die Bürde der Pfarrei ruht nach der Verhaftung Jozos zur Gänze auf den Schultern seines Mitbruders Pater Zrinko Čuvalo, der ebenfalls Franziskaner ist und anfangs ähnliche Zurückhaltung geübt hat. P. Čuvalo ist bis zum 20. August 1982 Pfarrer. Es geht ihm wie jenem General einer übereifrigen Truppe, der gesagt hat: „Ich bin ihr Anführer, also muß ich ihnen nach." Allmählich überzeugen ihn die Früchte der Gnade. Seine Seelsorge ist nach wie vor geduldig, mutig und nüchtern. Aber die Leute sind zu allem bereit. Die Intensität des kollektiven Aufbruchs verleiht der Bewegung Kohärenz. Vom 14. Januar 1982 an wird die tägliche Erscheinung ohne alles Aufsehen in die Kirche verlegt, und zwar nicht in das große Schiff, sondern in einen kleinen Raum, der gegenüber der Sakristei auf der anderen Seite des Chores liegt. Die Pfarrgemeinde ist dabei und betet den Rosenkranz, der gegen 17.20 Uhr beginnt. Kurz vor 18 Uhr steigen die Sehenden die Treppe zu dem zurückgezogenen Ort der Erscheinungen, rechts vom Altar, hinauf. Ungefähr zehn Personen dürfen jeden Tag mit hinein: Leute, die von weither gekommen sind, solche, die studienhalber da sind, und Leute, die die Sehenden gebeten haben, eine besondere Frage oder Bitte zu übermitteln. Wenn die Erscheinung zu Ende ist, beten die Sehenden hinter dem Altar den Rosenkranz zusammen mit der Gemeinde fertig.

Es ist kein gefühlsseliges Beten. Da verdreht keiner die Augen, da senkt keiner den Kopf, da ist keine oberflächliche Rührung. Es ist das Gebet der Bauern, das in der Gemeinde weiterlebt, rein und hart wie die Felsen in den Bergen, wo die Erscheinungen ihren Anfang genommen haben. Die Stimmen sind rauh, ohne Intonation, sie stoßen das Gebet in starken, klar getrennten, fast abgehackten Silben hervor. Ein Gebet, das aus der Erde, der Scholle und wie aus einem Felsen zum Himmel steigt. Nicht wie Rauch, sondern wie eine Flamme, ohne Schnörkel, ohne Überschwang, ohne falsches Pathos. Es ist eindrucksvoll und packend, nicht auf der Ebene des Gefühls, sondern in einem tieferen Bereich des Seins: dort, wo der Mensch entdeckt, daß der Schöpfergott in ihm wohnt, der ihn zum *homo faber* macht, zum Tier, das zum Denken fähig ist. Der Leib des Tieres, sein im monotonen Gebet der Kirche gebändigter Schrei kommt ins Spiel und gibt nicht nach, obwohl es unbequem ist (denn meistens bleibt die Hälfte der Leute stehen, und das gut zwei Stunden lang). Die Kirche ist im Winter ungeheizt und kalt, aber wie in einem Stall wird es durch die dichtgedrängten Leiber wärmer. Schlimmer ist es im Sommer, wenn die herrschende Hitze durch die Menge noch drückender wird.

Die Wallfahrt entwickelt sich unter allereinfachsten Bedingungen. Das Dorf liegt abseits von allen öffentlichen Verkehrsmitteln, es führt in der Nähe keine größere Eisenbahnlinie oder Straße vorbei. Man erreicht es über eine Brücke, die nicht ungefährlich ist, weil das Geländer in den Bach gestürzt ist. Die von geistlichen Schwestern geführte Schule wurde auf Anordnung der Regierung abgerissen, da Privatschulen gesetzlich verboten sind. Die Schwestern haben damit ihre Unterkunft eingebüßt und leben nun auf engstem Raum im ersten Stock des Pfarrhauses, während die Patres unter ebenso beengten Verhältnissen im Erdgeschoß wohnen. Ich mußte im Hotel in Čitluk (ca. 4 km entfernt) übernachten. Um den Strapazen dieser intensiven Nachforschungen gewachsen zu sein, stellte mir P. Tomislav mangels einer anderen Lösung für eine kurze Siesta sein eigenes Bett zur Verfügung, während er sich zum Gebet oder zur Arbeit hinsetzte. Die Ruinen der Schule dürfen auch nicht eingeebnet und planiert werden, obwohl das dringend nötig wäre, um für Autos und Menschen Platz zu schaffen. Solche behördlichen Schikanen werden geduldig hingenommen, und ich habe davon, wie auch von manchen anderen Dingen nur auf Anfrage und durch eigene Beobach-

Abb. 1: Kirche in Medjugorje

Abb. 2: Auf dem Berg Podbro
Abb. 3: P. Tomislav Vlasić, Vicka Ivanković, René Laurentin (v. l. n. r.)

Abb. 4: Marienstatue in der Kirche von Medjugorje

Abb. 5: Die Seher Marija, Ivanka, Mirjana, Vicka, Jakov (v. l. n. r.)
Abb. 6: Beichte im Freien

Abb. 7: Pilger vor der Kirche
Abb. 8: Pilger warten auf die Beichte

Abb. 9: Marija und P. Jozo Žovko
Abb. 10: Ordensfrauen pilgern zur Kirche

Abb. 11: Die Seher Vicka, Jakov, Ivan (v. l. n. r.)
Abb. 12: Die Seher Vicka, Jakov, Marija, Ivan (v. l. n. r.)

Abb. 13: Jelena

tung erfahren. Marias Aufruf zur Buße macht die Armut leicht. Was zählt und einigt, ist über alle Unbequemlichkeit hinweg das Gebet.

2. Die Charismen

Was ich in Medjugorje mit eigenen Augen gesehen habe – nicht mit den Augen eines Sehenden, sondern mit den Augen des Theologen, der sich in Demut um die Auswertung des Sichtbaren müht –, ist die kohärente Entwicklung einer lebendigen Glaubensgemeinschaft, der verschiedene Charismen Leben verleihen. Ich will in einem zweiten Abschnitt näher auf die Entwicklung dieser Charismen eingehen.

Die Sehenden

Alles hat in Medjugorje mit den Erscheinungen begonnen. Sie wurden durch das Charisma des Zeugnisses verbreitet, das die Sehenden vor ihren Seelsorgern, ihrer Familie, vor der Pfarrgemeinde, den Besuchern, der Polizei etc. abgelegt haben. Ihr Zeugnis ist schlicht, freudig, sicher, ohne Überbetonung und ohne Übertreibung. Sie haben gesehen und sie sehen. Sie sind glücklich. Ihr Leben wächst mit Gott. Es ist lichterfüllt, und das Zeugnis des Wortes ist nichts als ein Überströmen ihrer dauernden Seinsweise, wobei sie sich im Temperament stark unterscheiden.

– Vicka ist ganz und gar extrovertiert. Ihr Gesicht wird zu Beginn jeder Erscheinung von einem strahlenden Lächeln erhellt, während sich ihre Lippen lebhaft bewegen und unhörbare Worte hervorsprudeln.

– Ivan ist ernst, fast schwerfällig und eher introvertiert. Ich bin sicher, daß er darunter leidet. Aber er ist so geduldig und ruhig, daß er dieses Problem (das im wesentlichen eigentlich schon gelöst ist) bewältigen wird. Diejenigen, die seine schwachen Leistungen im Seminar von Dubrovnik, wo er einen ersten Versuch gemacht hatte, belächelt haben, schätzen doch seine Höflichkeit, seine Frömmigkeit und Geradheit, auch wenn sie selbst nicht an diese Erscheinungen glauben. Ivan hat gewisse Schwierigkeiten, aus sich herauszugehen, sich anzupassen, aber die grundlegende Entspanntheit seines Wesens ist stärker als die Hemmungen an der Oberfläche. Er zeigt keinerlei Anzeichen von Verkrampfung, nicht den geringsten Tick in seinem Verhalten. Er war ein Einzelgänger, aber er ist gesellig geworden. Er war ängstlich, aber er hat Ruhe und Sicherheit gewonnen. Auch er ist entwaffnend in seiner Zurückhaltung und Einfachheit.

Die Sehenden haben jeder sein eigenes Temperament. Marija ist zurückhaltend, aufnahmebereit, kommunikativ. Der kleine Jakov Čolo strotzt von Kraft und Lebenslust. Er ist leidenschaftlicher Fußballer, spielt aber auch gern Harmonium. Er ist durch und durch gesund und ausgeglichen.

Jeder der Sehenden spricht auf seine Weise mit der Jungfrau, jeder hat seinen eigenen Weg und seine eigene Antenne, seinen je verschiedenen Auftrag.

Vicka empfängt prophetische Botschaften über die Zukunft der Welt, die auf ihren Untergang zusteuert, und über die Macht des Gebetes, das den Lauf der Dinge verändern kann.

Mirjana empfängt Erleuchtungen über den Zustand der Kirche, dazu Gebetsmeinungen und -motive. Sie ist in der Enthüllung der Geheimnisse den anderen voraus. Sie hebt besonders die drohenden Strafen hervor.

Marija ist in besonderer Weise mit den Mitteilungen betraut, die an Pilger, Priester, den Bischof und den Papst gerichtet sind. Sie hat dem Papst bereits zwei Botschaften übermittelt: die eine, um ihn in seinem Einsatz für den Frieden zu bestärken, die andere, um die Dringlichkeit der Drohungen zu unterstreichen, die über der Welt lasten.

Ivanka, die Jüngste der Sehenden, und die beiden Jungen spielen eine weniger profilierte Rolle, doch empfangen sie dieselben Offenbarungen und beteiligen sich an der Übermittlung der Botschaften, wobei die Antworten der Jungfrau nicht dazu ermuntern, viele Fragen zu stellen.

„Warum so viele Fragen? Die Antwort steht im Evangelium", sagte sie mehr als einmal in verschiedener Form.

Eigenartig berührt hat mich die Klarheit des Blicks. Doch unterscheiden sich die Sehenden darin nicht so sehr von der restlichen Bevölkerung. Dieser helle Blick ist dort überaus

häufig, auch bei denen, die nicht sehen; er machte mich betroffen, wenn ich dem Volk zugewandt die Messe feierte und die Kommunion austeilte. Viele von ihnen erinnern mich an jenen Pfarrbewohner von Ars, der erklärte, wie er zu Gott betet:
„Er schaut mich an, und ich schaue ihn an."
Diese Klarheit des Blicks hat mich auch in meiner Unterhaltung mit Marija angerührt. Ein Mädchen wie alle anderen. Sie macht eine Friseurlehre. Aber die ungebändigten Seiten ihres Wesens (die sie sicher hat, so wie alle anderen auch) sind eingefangen, in eine neue Richtung gelenkt, verklärt durch die Liebe. Ich war angesichts einer solchen Einfachheit entwaffnet. Während des Gesprächs, das ich mit ihr führen konnte, hatte ich keine Fragen mehr, denn sie selbst war die Antwort.
„Was ist das Wichtigste von allem, was du empfangen hast?"
„Die Botschaft: Versöhnung, Gebet, Buße. Alle Geheimnisse drängen mich zu beten."
Das Wort *Fasten* ist damals nicht gefallen, aber ich habe erfahren, daß sie sich nicht damit begnügt, zweimal in der Woche – mittwochs und freitags – zu fasten, sondern das Bedürfnis hatte, auch noch am Samstag, wenn auch weniger streng, zu fasten. Zu Wasser und Brot kommen an diesem Tag noch ein paar Kartoffeln. Ich höre es mit Erleichterung, denn in ihrem Alter würde ich Mangelerscheinungen befürchten. Das Fasten hat seinen Rausch und seine Tücken. Aber Marija ist nicht berauscht.
„Es sieht so aus, als würde dir das Fasten gut tun. In welcher Weise?"
„Freude und totale Hingabe, noch intensiveres Gebet an den Fasttagen."
„Aber werden die Geheimnisse verborgen bleiben wie die Geheimnisse der Bernadette?"
„Nein, sie sollen allen geoffenbart werden."
„Was ist in dir anders geworden durch die Erscheinungen?"
„Alles."
„Bist du jetzt glücklicher?"
„Ich glaube, daß wir die glücklichsten Menschen auf dieser Welt sind."

„Warst du vorher nicht glücklich, oder weniger glücklich?" (Wieder einmal vertiefen sich ihre Grübchen zu einem verhaltenen Lächeln.)
„... weniger glücklich."
Die Charismen der Sehenden, die sich fortschreitend entwickelt haben – Erscheinungen, Zeugnis, Gebet, Freude und Fasten –, sind nicht etwa eine Art Mustersammlung. Sie sind vielmehr ein lebendiges Ganzes, sie sind die organische Manifestation des Geschenkes Gottes; denn Charismen sind ganz einfach Gnadengaben für den Aufbau der Gemeinde, zuerst einmal jedoch für den Gläubigen, der diese Charismen erlebt. Man sollte sich nicht an die Distinktionen einer allzu analytischen Theologie halten, die besagen: Die Charismen werden zum Aufbau der Gemeinde verliehen und nicht für den, der sie ausübt. Denn wenn sie die Gemeinde aufbauen, dann gewöhnlich dadurch, daß sie den Charismatiker selbst von innen her aufbauen: *Wer verzückt redet, nützt sich selbst,* schreibt der heilige Paulus in 1 Kor 14,4 (ein Vers, der in der klassischen Theologie allzusehr in Vergessenheit geraten ist). Und eben das ist bei den Sehenden von Medjugorje zu beobachten. Wenn ihr Zeugnis trägt, so deshalb, weil das, was sie *sind,* über das, was sie *tun,* hinausgeht.
Ich spüre, daß da etwas größer ist als ich, sich sperrt gegen meine Untersuchungsbeamtenmentalität. Und ich verwünsche diese Aufgabe (ist sie ein Charisma?), die es mir zur Pflicht macht, Fragen zu stellen, zu kritisieren, zu fotografieren und diese Leute, deren Leben so erfüllt ist, bis hinter ihre Verteidigungslinien zu verfolgen, nur um die von meinem Historikergewissen geforderten detaillierten Auskünfte zu erhalten. Das geht so weit, daß ich mich frage, ob die Archive nicht wirklich der Mülleimer des Lebens sind.
Die Charismen der Sehenden entwickeln sich in der Richtung zunehmender Diskretion und Verinnerlichung. Bei den ersten Erscheinungen waren die Kinder angsterfüllt und verstört, manchmal brachen sie in Tränen aus. Diese Gefühlsausbrüche sind vorbei. Gleichzeitig sind die Erscheinungen kürzer geworden. Die ersten Erscheinungen dauerten für gewöhnlich zwischen zehn Minuten und einer Viertelstunde, die längste

ca. vierzig Minuten. Die Erscheinungen, denen ich selbst zwischen dem 23. und dem 26. Dezember 1983 beigewohnt habe, dauerten ca. zwei Minuten.
Auch die Sehergabe als solche ist dazu berufen, überwunden zu werden. Bei Mirjana Dragićević ist es bereits soweit. Sie war den anderen in der Enthüllung der Geheimnisse voraus und empfing das letzte Geheimnis am 25. Dezember 1982. Dann waren die Erscheinungen für sie zu Ende: Die Jungfrau forderte sie auf, zum reinen Glauben zurückzukehren. Mirjana fühlte sich innerlich ausgehöhlt und völlig deprimiert. Doch sie gab nicht auf. Inständig betete sie darum, die Mutter Gottes wiederzusehen, doch ordnete sie dieses Verlangen, das sie im Innersten peinigte, dem Willen der Jungfrau unter. Nach etwa zehn Tagen gesundete sie – auf demselben erdigen, steinigen Boden wie die Bauern, mit denen sie nun seit achtzehn Monaten betet.
So zeigt Mirjana den anderen den Weg, auf dem auch sie bald zum normalen Status des Glaubens im Dunkeln werden zurückkehren müssen.

Eine neue Generation von Charismen

Doch hat man eben dadurch miterlebt, wie zum erstenmal ein Charisma durch ein anderes abgelöst wurde. Es sieht aus, als würde zur Vorbereitung kommender Ereignisse eine neue Generation geistlicher Gaben heranwachsen, die innerlicher und diskreter sind.
Im Frühjahr 1982 hat sich unter den Burschen spontan eine Gebetsgruppe gebildet. Trotz der langen Gebetszeiten im täglichen Gottesdienst (der Rosenkranz mit anschließender heiliger Messe dauert von 17.20 Uhr bis 19 Uhr) kommen sie jeden Dienstagabend um 21 Uhr zum Gebet zusammen. Die Geistlichen erfuhren erst nach einiger Zeit von dieser Initiative. Die Gruppe hat sich am 24. Juni 1982, dem Jahrestag der ersten Erscheinung, konstituiert. Sie zeugt von hohem geistlichen Niveau.
Zwei knapp zwölfjährige Mädchen, Jelena Vasilj (geboren am 14. Mai 1972) und Marijana Vasilj (zwar mit demselben Familiennamen, aber nicht verwandt, geboren am 5. Oktober

1972), wurden mit einem Charisma beschenkt, das dem der Sehenden ähnlich, aber innerlicher ist. Sie sehen die Jungfrau nicht, aber sie nehmen sie „mit dem Herzen" wahr . Es ist für sie und für die anderen eine Quelle der Erleuchtung und der Mitteilungen. Dieses neue Charisma erinnert an die Entwicklung von Catherine Labouré. Nach einer kurzen Phase der Erscheinungen in der Rue du Bac (sie blieben auf das Jahr 1830 beschränkt) hatte ihr die Jungfrau gesagt:

„Du wirst mich nicht mehr sehen, aber du wirst mich in deinen Gebeten hören."

Diese Entwicklung scheint sich in Medjugorje zu wiederholen, hier jedoch im Rahmen einer Gemeinschaft, in der die neuen Charismen anderen verliehen werden.

Diese Charismen unterscheiden sich ganz deutlich von den vorhergehenden. Jelena hat sich nicht der Gruppe der Sehenden angeschlossen, doch war sie wie sie in diesem gnadenhaften Aufbruch engagiert, in dem auch ihre Botschaften eine Rolle spielen. Sie hatte daher das legitime Verlangen, die Geheimnisse und das abschließende Zeichen, dessen Zeitpunkt die Sehenden kennen, zu erfahren. Sie hat darum gebeten, doch sie erhielt von der Mutter Gottes auf ihr Gebet die folgende Antwort:

„Verzeih, aber diese Gabe ist für die anderen und nicht die deine. Was die Sehenden gesagt haben, wird eintreten. Deine Aufgabe ist es lediglich, wie die anderen zu glauben."

So bewahrte die Jungfrau Jelenas Charisma in seiner Eigenart. In den Schwierigkeiten, die nicht ausbleiben, gibt die Mutter Gottes den folgenden Rat:

„Verteidigt euch nicht, betet noch mehr."

Jelena versucht nicht, sich in den Vordergrund zu spielen. Wenn man sie befragt, antwortet sie manchmal im Namen der Mutter Gottes, bei der sie Erleuchtung sucht:

„Warum so viele Fragen, es steht alles im Evangelium"; und weiter: „Lest das Evangelium, und ihr werdet alles begreifen."

Ich frage sie: „Was will die Jungfrau? Wie lautet ihre Botschaft?"

Sie bedeckt mit den Händen ihre blauen Augen, um sich zu sammeln. Sie sitzt dabei auf einem schäbigen Sofa in ihrem

bescheidenen Zuhause, sie trägt eine Strickjacke und Blue jeans. Am Ende ihres Gebetes sagt sie nur: „Den Frieden. Und daß dafür der Heilige Geist auf die Erde herabkomme."
„Man hat davon gesprochen, daß diese Botschaft dringend ist."
„Das soll niemanden beunruhigen. Verstehen Sie recht, der Friede muß aus uns selbst kommen. Wir müssen in uns selbst Frieden schaffen. Dann wird man uns glauben. Machen wir Frieden in unserem Herzen."
Im Hinblick auf die Spannungen mit dem Bischof, die allen Sorge bereiten, stelle ich eine verfängliche Frage: „Morgen besuche ich den Bischof. Hast du mir von der Jungfrau etwas mitzuteilen?"
Sie sammelt sich erneut:
„Nichts. Die Mutter Gottes wünscht den Frieden."
Angesichts der Schwierigkeiten, an denen es nicht mangelt, übersteigen die Worte der Weisheit, die sie empfängt, ihre kindlichen Fähigkeiten, auch wenn sie die kindliche Einfachheit beibehalten:
„Betet, freut euch und habt den Frieden. Wenn Gott ein Werk beginnt, kann es niemand aufhalten."
Ich stelle ihr eine Frage zum Ökumenismus (er ist Gegenstand einer Botschaft, an der herumkritisiert worden war). Sie versteht das Wort nicht und kommt wieder auf das Wesentliche, auf das, was die Mutter Gottes fordert:
„Heute sollt ihr vor allem euer Herz bereiten, denn morgen wird Jesus geboren (es ist der Vorabend von Weihnachten). Betet, betet, und alles wird klar sein."
Gegenüber diesem einfachen, intelligenten Mädchen, bei dem alles aus einem tiefen inneren Leben entspringt, komme ich mir unbeholfen und unterlegen vor. Sie konzentriert sich ohne Anspannung. Ihre Worte haben nichts Feierliches oder Orakelhaftes. Es ist der Ton eines Kindes in ihrem Alter. Sie hat den unverkrampften Stil ihrer Generation. Sie verleiht keinem Wort besonderen Nachdruck und macht alles locker und weich, in einem gesunden Gleichgewicht von Körper und Geist. Als ich sie am folgenden Tag fotografieren will, erlischt sie gleichsam vor der Kamera. Die Lider senken sich über ihre

blauen Augen, der Kopf ist leicht nach vorne geneigt, höflich und bescheiden steht sie zur Verfügung, aber eigentlich ist sie gar nicht mehr da. Mit vollkommener Geduld wartet sie, bis es vorbei ist. Ich bitte den zunächststehenden Geistlichen, mit ihr zu reden, damit sie durch einen menschlichen Kontakt wieder Leben gewinnt.

Jelena hat diese Gabe der inneren Erleuchtung am 15. Dezember 1982 empfangen ... zehn Tage bevor Mirjana aufhört zu sehen. Eine geheimnisvolle Ablöse.

Jelena hat keinerlei mystische oder gar hochtrabende Allüren. Am Weihnachtstag konnte ich sie während der ganzen Messe beobachten, denn sie saß mit den anderen Kindern in der ersten Reihe vor der Krippe, die direkt vor dem Altar aufgebaut war. Sie betete (das Beten ist bei ihr übrigens ein Zustand), aber mit der Zerstreutheit, die Kindern eigen ist. Nichts entging ihrer Aufmerksamkeit, sie wandte sich manchmal nach hinten um oder tauschte ein kurzes Wort und ein Lächeln mit ihrer Nachbarin, wenn die lange heilige Handlung durch irgendein kaum wahrnehmbares Vorkommnis unterbrochen wurde. Sie kümmerte sich um ihren Bruder, einen blonden Knirps von zwei oder drei Jahren, für den dieser Gottesdienst natürlich noch länger dauerte. Er hatte eine kleine Dose mit Hustenbonbons, wie mir schien, deren Deckel festsaß und sich nicht öffnen ließ. Sie versuchte es mit Geschick und Ausdauer, bis es ihr gelang, was ihr ein gewinnendes Lächeln entlockte. Der kleine Bruder war ebenfalls zufrieden, aber eben wie ein Kind, für das alles, was kommt, selbstverständlich ist. Danach verschwand er und setzte sich auf die Altarstufe vor der Krippe. Sie streichelte sanft seine Haare, die darüber hervorschauten, und nahm ihn in die Arme – ganz und gar mütterlicher Instinkt, entspannt und glücklich, mit einem unbeschwerten Lächeln. Gebet und Mystik entziehen sie nicht den elementaren Gegebenheiten der Realität. Ihre Offenheit nach allen Richtungen wird durch die Konzentration ihres Gebetes nicht geschmälert.

Das sind einige Zweige in dem organisch gewachsenen Geäst von Medjugorje. Doch der Baum ist damit keineswegs erschöpft.

3. Die Worte der Jungfrau

Ein Buch über Medjugorje muß natürlich die Worte der Jungfrau anführen, die die Sehenden vernommen haben. Zusammen mit der Erscheinung selbst ist das für sie das Wichtigste. Auch ist es der mitteilbare Teil der Botschaft.
Die Aufgabe ist nicht einfach, denn die Worte der Jungfrau sind zahlreich und sie sind nicht systematisch festgehalten worden. Das erste Register der Pfarre, in dem die Ereignisse verzeichnet worden waren, wurde konfisziert. Viele Worte sind wiederholt worden, ohne daß jemand sich die Mühe macht, sie zu notieren. Diese mangelnde Vollständigkeit ist nichts Besonderes. Auch in den Evangelien haben wir nur eine Auswahl der Worte Jesu, und sie sind auch nicht datiert. Auch in Lourdes kümmerte man sich Jahre hindurch kaum um die Chronologie. Bernadette hatte alle Worte der Jungfrau unter dem 18. Februar zusammengefaßt, und es bedurfte einer beträchtlichen Arbeit, bis jedes Wort richtig datiert war.
Im Stadium dieser Erstinformation über Medjugorje schien es mir zweckmäßig, die signifikanten Worte unter ihrem Datum zusammenzustellen und dann erst die Gesamtbedeutung, so wie sie denen, die diese Botschaft erleben, von innen her aufgeht, herauszuarbeiten.
Es wird notgedrungen eine Auswahl sein müssen, denn die Worte in Medjugorje waren zahlreich. Man kann dabei drei Gruppen unterscheiden:

a) Unterweisung und vertrautes Gespräch

Am zahlreichsten sind die Worte des täglichen Gesprächs. Es ist ein Dialog voller Zuneigung, dessen Bedeutung vor allem im persönlichen Bereich liegt, wie bei jedem Gespräch zwischen Mutter und Kindern. Aber es ist auch eine Unterweisung zur Vertiefung ihres Glaubens. Wir müssen auf diesen besonderen Bereich nicht näher eingehen, da er zumeist die persönliche Angelegenheit der Sehenden bleibt.

b) Die Geheimnisse

Über die zehn Geheimnisse können wir fast nichts aussagen. Die Sehenden behalten sie für sich und bezeichnen sie untereinander mit der jeweiligen Zahl (also 1, 2, 3 etc.). Wie schon erwähnt, hat Mirjana das letzte Geheimnis am 25. Dezember 1982 empfangen. Dieses letzte und auch das vorletzte Geheimnis handelt von den Strafen für die Sünden der Welt. Die Sehenden kennen das Datum, zu dem diese Geheimnisse enthüllt werden sollen; drei Tage später wird nach ihrer Aussage das Zeichen folgen, das für die, die nicht glauben, auf dem Berg zurückgelassen wird: ein bleibendes Zeichen. Mehr weiß man nicht.

c) Die Worte der Botschaft

Die Jungfrau sagt mit Nachdruck, wie dringend es ist, daran zu glauben: *„Viele werden euch nicht glauben, und viele eifrige Gläubige werden lau werden. Ihr aber sollt fest bleiben und die Leute zum inständigen Gebet, zur Buße und zur Bekehrung anhalten. Am Ende werdet ihr ganz glücklich sein."*

Und weiter: *„Ihr sollt ein Zeichen sein."*

Wir beschränken uns hier auf die genau datierten Worte, die die *Botschaft* betreffen.

Die erste Erscheinung (am 24. Juni auf dem Podbrdo) war schweigend. Am 25. Juni (18.30 Uhr) fragte Mirjana Dragićević: „Laß uns einige Zeichen, um die Menschen zu überzeugen. Sie sagen, wir stünden unter Drogeneinfluß!"

Die Mutter Gottes gab keine Antwort, sondern begann, mit den Sehenden sieben *Vaterunser,* sieben *Ehre sei dem Vater* und das Glaubensbekenntnis zu beten.

Es gab eine lokale Tradition, sieben *Vaterunser, Gegrüßet seist du, Maria* und *Ehre sei dem Vater* zu beten, doch das zusätzliche Glaubensbekenntnis stammt von der Mutter Gottes, wurde mir gesagt.

Dann stimmte sie ein Lied an, das die Kinder kannten: „Komm, Herr, komm!" Es ist das paulinische *Maran atha* (1 Kor 16,22).

Am dritten Tag (26. Juni) sagte die Mutter Gottes zu den Sehenden: *„Ich bin die selige Jungfrau Maria."* Denn sie fürchteten, der Satan könnte ihnen in Gestalt eines Lichtengels gegenübergetreten sein.

Am vierten Tag (27. Juni) sagte Maria zu Marija Pavlović: *„Friede, Friede ... nur Friede. Die Menschen müssen sich mit Gott* *und mit dem Nächsten versöhnen. Dazu braucht es Glauben, Gebet, Fasten und Beichte."*

Marija Pavlović hörte diese Worte nach der Erscheinung, als sie schon im Fortgehen war. Während dieser Erscheinung hielt die Jungfrau ein großes graues Kreuz in der Hand, ohne Gekreuzigten an dem Balken. Sie hat diese Botschaft an den daraufffolgenden Tagen mehrmals wiederholt.

Am 28. oder 29. Juni fragten die Sehenden: „Wie sollen wir beten?"

Die Mutter Gottes antwortete:

„Betet weiterhin sieben Vaterunser, *sieben* Gegrüßet seist du, Maria, *sieben* Ehre sei dem Vater *und das Glaubensbekenntnis."*

Vicka Ivanković hatte diese Gebetsform von ihrer Großmutter gelernt (allerdings ohne das Glaubensbekenntnis, wie es scheint). Die Mutter Gottes bestärkte die Sehenden, in dieser Weise zu beten. An jenem Tag redete sie sie zum erstenmal mit *„meine Engel"* oder *„meine Kinder"* an.

Ob der Anstoß zum Fasten von der Jungfrau kommt, ist ungewiß. Man scheint sehr bald damit begonnen zu haben und knüpfte damit an die franziskanische Tradition der Pfarre an, die durch die Erscheinung wieder lebendig wurde. Und nachdem sie gespürt hatten, wie wohltuend diese Erfahrung war, fragten sie die Jungfrau:

„Wie sollen wir am besten fasten?"

„Bei Wasser und Brot."

So machten sie es sich zur Gewohnheit, am Mittwoch und am Freitag zu fasten, wobei manche (besonders Vicka und Marija) zusätzlich auch am Samstag fasten sowie an neun aufeinanderfolgenden Tagen vor dem Fest Mariä Empfängnis am 8. Dezember.

Anfang Juli 1981 überbringen die Sehenden den Priestern und Ordensfrauen die folgende Botschaft:

„Ihr sollt fest sein im Glauben und über dem Glauben des Volkes wachen."

Am 6. August erschien wie von unsichtbarer Hand geschrieben am Horizont die Friedensbotschaft: *„MIR"* („Friede").

Dieses Zeichen wiederholte sich mehrere Male. Viele bezeugen, daß sie es gesehen haben.

Ende August 1981 sagte die Jungfrau bei einer Erscheinung im Dorf Bijakovići: *„Ich bin die Königin des Friedens."*
Sie äußert den Wunsch, daß der 25. Juni (der Tag der zweiten Erscheinung, die zugleich die erste Erscheinung für die sechs Sehenden der endgültig konstituierten Gruppe war) als das Fest der Königin des Friedens begangen werden soll. Eine Koinzidenz: Der 25. Juni ist auch der Jahrestag der letzten Erscheinung der Mutter Gottes in Marienfried (Pfarrei Pfaffenhofen bei Ulm).
Am 7. August veranlaßte sie die Sehenden, gegen 2 Uhr früh auf den Berg zu kommen und dafür zu beten, *daß man Buße tue für die Sünder* (ein Echo der Botschaft von Lourdes). Sie hat versprochen, ein Zeichen zu geben, damit die Welt glaubt.
Etwas später (vermutlich am 4. September) sagte sie genauer, daß dieses Zeichen am Ende der Erscheinungen eintreffen würde. Ende September gab sie allen (bis auf Marija Pavlović) unter dem Siegel des Geheimnisses den Zeitpunkt dafür an.
Im Oktober 1981 soll die Jungfrau auf drei Fragen, die ein Priester aus Mostar an Marija Pavlović gerichtet hatte, folgendermaßen geantwortet haben:
Über Polen: *„Es wird bald große Konflikte geben, aber die Gerechten werden siegen."*
Über die Länder des Ostens: *„Rußland ist das Volk, in dem Gott am meisten verherrlicht werden wird. Der Westen hat den Fortschritt in Kultur und Technik gebracht, aber ohne Gott, so als wäre er sein eigener Schöpfer"* (was dann noch über den Westen folgte, scheint in den Bereich der Geheimnisse zu gehören).
Die Jungfrau hatte schon früher von Bekehrung gesprochen.
Am 7. Dezember 1981, am Vorabend des Festes der Unbefleckten Empfängnis, sagte sie: *„Viele sind auf dem Weg der Bekehrung, aber nicht alle."*
Dieses Thema sollte in der Folge häufig wiederkehren.
Am Fest der Unbefleckten Empfängnis, am 8. Dezember 1981, erwarteten die Sehenden, die Mutter Gottes wie an anderen Festen voller Freude anzutreffen. Aber sie sahen sie auf den Knien liegen und Christus anflehen. Ihre Worte waren im wesentlichen: *„Mein vielgeliebter Sohn, ich bitte dich, vergib der Welt die schweren Sünden, durch die sie dich beleidigt."*

Am 21. Juli 1982 hören die sechs Sehenden das folgende Wort: *„Fasten und Gebet können sogar den Krieg verhindern."*
Am 6. August 1982 empfiehlt die Jungfrau die allmonatliche Beichte. Diese Botschaft ist in der ganzen Pfarre zur Praxis geworden. Es wird ein Triduum zu Beginn jeden Monats im Rahmen der täglichen Liturgie eingeführt, und zwar am Freitag, Samstag und Sonntag, mit vorausgehender Anbetung am Donnerstag. An diesem Tag werden etwa dreißig Beichtväter aufgeboten, die keine Pause machen.

Im Frühjahr 1983:
„Beeilt euch umzukehren. Wartet nicht auf das angekündigte Zeichen. Für die Ungläubigen ist es dann bereits zu spät für die Umkehr. Ihr, die ihr glaubt, bekehrt euch und vertieft euren Glauben."

Am 20. April 1983 sieht eines der Kinder die Jungfrau in Tränen über die Sünder:
„Ich möchte sie bekehren, aber sie bekehren sich nicht. Betet, betet für sie. Wartet nicht (. . .). Ich brauche euer Gebet und eure Buße."

Am 26. April 1983 (zu einem der Sehenden):
„Das ist das einzige Wort, das ich euch sagen möchte: Bekehrung der ganzen Welt. Ich sage es euch, damit ihr es allen sagt. Ich bitte um nichts anderes als um Bekehrung (. . .). Das ist mein Wunsch: Bekehrt euch (. . .). Laßt alles fahren. Das kommt mit der Bekehrung. Auf Wiedersehen und der Friede sei mit euch."

Juni und Juli 1983 stehen unter dem Zeichen der Mitteilungen Jelenas. Sie gehören einem anderen Bereich an als die der Sehenden. Jelenas Mitteilungen sollen helfen, die Botschaft in die Tat umzusetzen und zu verinnerlichen.

Am 16. Juni 1983 überbringt sie die folgende Mitteilung:
„Ich bin gekommen, um der Welt zu sagen: Gott ist Wahrheit. Er existiert. In ihm ist das wahre Glück und die Fülle des Lebens. Ich bin als die Königin des Friedens gekommen, um der Welt zu sagen, daß der Friede notwendig ist für das Heil der Welt. In Gott ist die wahre Freude, aus der der wahre Friede hervorgeht."

Am 22. Juni 1983:
„Liebt eure Feinde, betet und segnet sie." Es folgen Anweisungen für das Gebet.

Am 28. Juni:
„Betet drei Stunden täglich ... Ihr betet zu wenig, betet wenigstens eine halbe Stunde morgens und abends. Widmet fünf Minuten dem Heiligsten Herzen Jesu, jede Familie ist sein Abbild" (dieses letzte Wort ist vom 2. Juli; vgl. das Tagebuch S. 16).

Diesen Worten waren Ratschläge zu größerer Askese vorausgegangen (16. Juni):
„Sich ganz Gott anheimgeben. Den ungeordneten Leidenschaften entsagen. Die Angst abschütteln und sich hingeben; wer sich aufzugeben vermag, der kennt kein Hindernis mehr und keine Angst."

Am 4. Juli richtet sich die Botschaft an die ganze Pfarrgemeinde. Sie befaßt sich mit dem Geist des Gebetes und mit seiner Art und Weise:
„Ihr habt begonnen, drei Stunden zu beten. Aber ihr schaut auf die Uhr und denkt an eure Arbeit. Sorgt euch um das, was allein notwendig ist. Laßt euch in der Tiefe vom Heiligen Geist führen. Dann wird auch die Arbeit gut vonstatten gehen. Laßt euch Zeit. Laßt euch führen, und ihr werdet sehen, daß alles zu einem guten Ende kommt."

Ungefähr zum selben Zeitpunkt ergeht im Zusammenhang mit den Spannungen, die sich von seiten des Bischofs abzeichnen, die erneute Aufforderung:
„Fastet zweimal in der Woche auf die Meinung des Bischofs, denn er trägt eine schwere Bürde. Wenn es nötig ist, werde ich euch um einen weiteren Fasttag bitten. Betet jeden Tag für den Bischof."

Am 26. Juli:
„Seid wachsam. Der gegenwärtige Zeitabschnitt ist gefährlich für euch. Der Satan wird versuchen, euch von diesem Weg abzubringen. Wer sich Gott schenkt, wird Ziel seiner Angriffe sein."

Am 2. August 1983:
„Weiht euch dem Unbefleckten Herzen. Gebt euch völlig hin, ich

werde euch beschützen. Ich werde den Heiligen Geist bitten. Auch ihr sollt ihn bitten."

Am 15. August 1983:
„Der Satan wütet gegen alle, die fasten und sich bekehren." Viele Menschen in der Pfarrei fasten nämlich zweimal in der Woche.

Am 25. August aus Anlaß eines persönlichen Problems:
„Macht euch keine Sorgen. Der Friede soll eure Herzen vereinen. Die Beunruhigung kommt nur vom Satan."

Zu Schulbeginn sagt sie zu den Sehenden, die wieder in die säkulare Umwelt der Stadt und der Schule zurückkehren:
„Gebt acht, daß ihr den Geist des Gebetes nicht geringschätzt."

Am 20. Oktober 1983 für die neugegründete Gebetsgruppe der Jugend:
„Die Jungfrau bittet euch, daß ihr euch für vier Jahre verpflichtet. Es ist jetzt noch nicht der rechte Zeitpunkt, euren Beruf zu wählen. Wichtig ist, daß ihr euch zuerst ganz ins Gebet versenkt. Dann werdet ihr die richtige Entscheidung treffen."
Und am selben Tag für die ganze Pfarre:
„Alle Familien sollen sich täglich dem Heiligsten Herzen Jesu weihen. Ich freue mich, wenn die ganze Familie jeden Morgen zusammenkommt, um eine halbe Stunde zu beten."

Am 21. Oktober:
„Am wichtigsten ist es, den Heiligen Geist herabzuflehen. Wenn man ihn hat, dann hat man alles. Die Leute irren sich, wenn sie sich mit ihren Bitten ausschließlich an die Heiligen wenden."
Da es geheißen hat, daß in dem Geheimnis Strafen und Katastrophen angekündigt sind, die nicht abgewendet, sondern lediglich abgemildert werden können, befragt Jelena die Jungfrau über diese dramatische Entwicklung. Sie erhält die folgende Antwort: *„Das kommt von den falschen Propheten, die sagen: ‚An dem und dem Tag, zu dem und dem Zeitpunkt wird die Katastrophe hereinbrechen.' Ich habe immer gesagt: ‚Das Unheil (die Strafe) wird kommen, wenn die Welt sich nicht bekehrt'. Ruft die Leute zur Bekehrung, von eurer Bekehrung hängt alles ab."*
Ab dem 15. Dezember 1983 empfängt Jelena Unterweisungen über den Glauben, die sie schriftlich festhält.

Zusammenfassung der Botschaft und ihre Bedeutung

Ich habe es für richtig gehalten, auch diese pädagogischen Ergänzungen der Botschaft anzuführen. Sie werden von den Geistlichen gesammelt und angewendet, um diesen Aufbruch zu Gebet und Fasten seelsorglich zu vertiefen.

Diese und andere Worte kreisen ständig um dasselbe Thema und spielen es in allen Varianten durch. Daß diese Worte eine Einheit darstellen, die alles übrige trägt, ist den Sehenden wie den Priestern und Gläubigen von Medjugorje in aller Einfachheit und zugleich Tiefe bewußt.

a) *Es ist eine Botschaft des Friedens:* Maria, „die Königin des Friedens", richtet sie an eine Welt der Gewalt, die immer mehr Mittel anhäuft, um sich selbst zu zerstören. Diese Bedrohung wird in Beziehung zur Sünde gebracht, denn sie wird von der Sünde verursacht. Von den einzelnen Sehenden werden dabei unterschiedliche Akzente gesetzt: Die einen sehen mehr die Bedrohung, die anderen mehr die Wege, die aufgezeigt werden, um ihr zu entrinnen. Nicht so sehr die Katastrophe selbst wird hervorgehoben, als vielmehr, was dabei ernstlich auf dem Spiel steht. Die Lösung wird nicht wie ein *deus ex machina* präsentiert, sondern als Frucht der Bekehrung und des Gebets. Und eben das ist die andere Seite der Botschaft, die mit dem ersten Aspekt eng verknüpft ist.

b) Dieser zweite Aspekt der Botschaft hängt an den folgenden Schlüsselwörtern: Bekehrung, Gebet, Fasten.

– *Bekehrung:* Sie wird konkretisiert in der Aufforderung zur häufigen, monatlichen Beichte. Das ist nicht so sehr ein Wort, sondern eine Tat. So erklärt sich auch die tiefgreifende Wandlung in der Pfarrei und in der ganzen Gegend.

– *Gebet:* Es ist das häufigste Wort und geht einher mit einer kompletten Instruktion, die geistliche Bildung und Fortschritt gewährleistet.

– *Fasten:* Dieses Wort verbindet die vorhergehenden Themen, denn das Fasten ist eine Quelle der Gewaltlosigkeit und des Friedens. Richtig verstanden ist es Reinigung, Befriedung, Integration der lebendigen Kräfte. Das richtig verstandene Fasten macht bereit zum Gebet. Es schafft verfügbare Zeit, vor allem aber mobilisiert und sammelt es die in der Tiefe liegenden Kräfte. Es ist ein asketischer Entschluß, der auf Gott setzt.

Es handelt sich also um eine Botschaft des Friedens, die im Inneren des Menschen Frucht bringen soll. Der Friede nimmt dadurch seinen Anfang, daß jeder einzelne zu Gott zurückkehrt und dadurch in seinem Inneren Frieden schafft. Dieser innere Frieden ist die tiefste Wurzel allen Friedens zwischen Menschen, in der Gemeinschaft. Im kleinen Maßstab ist es die in sich einige Gruppe der Sehenden, die Pfarrgemeinde, die Familie, die Dorfgemeinschaft, und in immer größeren konzentrischen Kreisen die Kirche in Kroatien, in Jugoslawien, die universale Kirche und schließlich unsere Welt, die voller Gewalt ist und ihre besten Kräfte daran verschwendet, sich ihren eigenen Untergang zu bereiten.

Das ist die Botschaft, die in Medjugorje empfangen und gelebt wird, die Botschaft, die von diesem neuen Wallfahrtsort ausgeht. Seine Sendung ist es, die universale Kirche anzusprechen.

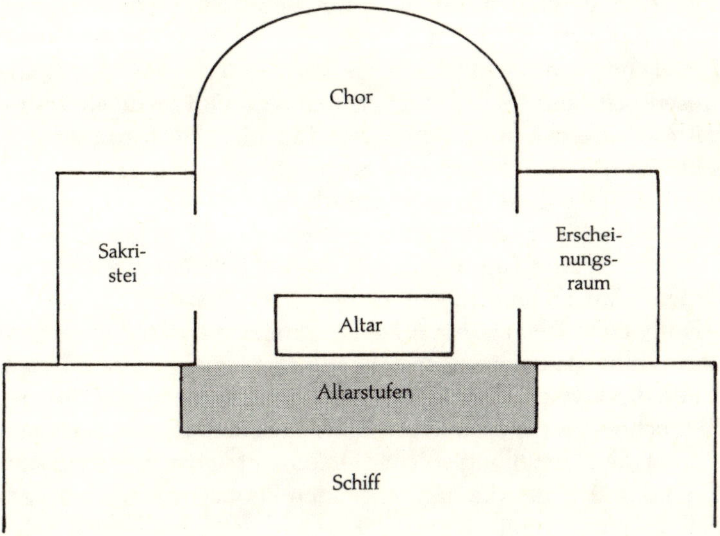

4. Was ich in Medjugorje gesehen habe

Unser Kapitel wäre hier zu Ende gewesen. Doch einige Leser, denen ich mein Manuskript probeweise vorgelegt hatte, haben den Wunsch geäußert, ich möchte an dieser Stelle doch genauer schildern, was ich in Medjugorje während meines Aufenthaltes zu Weihnachten gesehen hätte, vor allem die Ekstase der Sehenden.

Die Ekstase und auch die Begegnung mit den Sehenden sind Teil eines Ganzen, das überhaupt nicht oder doch nur sehr verkürzt zu Papier gebracht werden kann. Jede Erinnerung daran birgt die Gefahr in sich, falsche Töne anzuschlagen. Entweder verfällt man in eine rein äußerliche Beschreibung, die die wesentliche Dimension gar nicht einfängt, oder man versucht, das Unbeschreibliche, also das Jenseits, das ja der Bezugspunkt der Sehenden ist, zu beschreiben. Dann aber haben wir das Risiko, ins Künstliche abzugleiten.

Außerdem haben es mir die äußeren Notwendigkeiten der Untersuchung unmöglich gemacht, in dem Maß, wie ich es eigentlich gewollt hätte, nicht nur Beobachter, sondern auch Teilnehmer zu sein, um das Phänomen auch von innen her im Gebet und im Licht des Glaubens zu erfassen, die beide wesentlich sind. Schon vor meiner Ankunft in Medjugorje hatte ich beschlossen, am ersten Tag nicht zu fotografieren, sondern nur zu schauen und zu beten. Aber ein Priester, mit dem ich über diese Absicht sprach, sagte mir:

„Wenn Sie fotografieren müssen, dann tun Sie es gleich heute. Es ist der einzige Tag, an dem Sie die fünf Sehenden beisammen haben. Danach sind nur mehr drei oder vier da."

Also begann ich schon am 24. Dezember mit den Aufnahmen und wollte dafür am nächsten Tag nicht mehr fotografieren. Aber die kurze Dauer der Erscheinung und die Tücken des Blitzlichtes zwangen mich, weiterzumachen, da ein Buch nun einmal die Herstellung solcher Dokumente erforderlich macht. Eben das aber hat die nun folgenden Beobachtungen zugegebenermaßen beeinträchtigt.

Am 24. Dezember begeben sich die Sehenden wie alle Tage gegen 18 Uhr in den der Sakristei gegenüberliegenden Raum

(wenn man zum Altar schaut, rechts), wo ich mich zusammen mit ca. zehn Personen bereits aufhalte. Die Gemeinde betet indessen den letzten Teil des *Rosenkranzes.*
Die Sehenden beten laut mit. Nach kurzer Zeit (etwa der Zeitspanne von zwei *Vaterunser)* geht ein Leuchten über ihre Gesichter, während sie sich mit großer Lebhaftigkeit und völlig gleichzeitig hinknien, jeder auf seine Weise. Ihre Blicke gehen nach oben in dieselbe Richtung. Es ist ein Blick voller Zuneigung und Beglückung, doch der Ausdruck bleibt nüchtern, das Gesicht neutral, aber entspannt und glücklich. Nur Vicka (die Extrovertierte) blüht auf, sie lächelt und nickt immer wieder und sprudelt (unhörbare) Worte hervor, die man auf ihren Lippen erraten kann. Der kleine Jakov legt den Kopf etwas weiter zurück als die anderen, weil er durch seine kleine Gestalt merklich tiefer ist. In seinem Blick äußert sich eine besondere Intensität, fast möchte ich sagen Begierde. Marija lächelt sanft und strahlend. Ivans Gesicht (er ist am stärksten introvertiert) bleibt unverändert, aber es ist ganz klar, daß auch er ganz gebannt ist, überwältigt von dem, was er sieht. Kaum zwei Minuten später wird ihr Gebet wieder hörbar, und zwar mit einer Gleichzeitigkeit, die umso bemerkenswerter ist, als sie beim dritten Wort des *Vaterunser* einsetzen: „. . . im Himmel". Die Jungfrau hat das Gebet begonnen, was man nicht hören konnte. Eine Minute später ist das Gebet zu Ende und sie stehen wieder auf. Das Ende der Erscheinung ruft bei ihnen weder Zeichen von Traurigkeit noch Enttäuschung hervor, sondern sie sind nach wie vor voll Freude und wie überwältigt von Glück. Sie kehren in die Kirche zurück, knien sich hinter dem Altar nieder, wo sie für die Menge unsichtbar sind, da der Altar ziemlich erhöht steht – es sind ca. zehn Stufen. Doch man hört ihre festen, rauhen Stimmen, in denen kein rührseliger Ton mitschwingt. An den Rosenkranz schließt sich die Masse an.
Am 25. 12., dem Weihnachtstag, spielt sich dieselbe Szene ab, allerdings mit nur vier Sehenden. Die fünfte ist wieder an ihren Studienort gefahren.
An diesem Tag macht einer der Franziskaner einige Experimente, um mir die Eigenart der Ekstase vor Augen zu führen. Er

drückt fest auf Vickas Arm. Ihre Konversation und ihr Lächeln werden dadurch in keiner Weise gestört. Dann hebt er den kleinen Jakov auf (er scheint in diesem Zustand ziemlich schwer zu sein); der aber bleibt unverändert versunken und zeigt keinerlei Reaktion.

Nach der Erscheinung fragt der Pater die zwei Sehenden: „Hast du gespürt, daß ich dich aufgehoben habe?" Das Kind verneint überrascht.

An diesem Tag trug die Jungfrau nach Aussage der Kinder nicht ihr graues Kleid, sondern aus Anlaß des Weihnachtsfestes ein goldenes wie schon am 15. August und an anderen Festtagen. Wie bei der ersten Erscheinung hatte sie – auch das eine Ausnahme – das Jesuskind auf dem Arm.

Am 26. Dezember war ich schon vor 5 Uhr früh aufgestanden, um den Erzbischof Franić in Split zu besuchen. Ich verließ das ungeheizte Hotel in Čitluk und mußte geraume Zeit damit zubringen, in Ermangelung eines anderen Instrumentes die dicke Eisschicht, die sich auf der Windschutzscheibe meines Wagens gebildet hatte, mit den Fingernägeln wegzukratzen. Ich war so früh aufgebrochen, weil ich am frühen Nachmittag wieder zurücksein wollte, um noch einige Punkte zu klären und noch einmal mit den Sehenden zusammenzutreffen. Ich befragte sie über ihre Verhöre bei der Polizei. Die Kinder waren äußerst zurückhaltend, und erst einer der Dabeistehenden erzählte mir, daß der für die Untersuchung verantwortliche Beamte sie mit seinem Revolver bedroht hatte.

„Ist das wahr?" fragte ich.

Sie bejahten mit einem Lächeln. Da die Stunde der Abreise heranrückte und die anderen Fragen aus Müdigkeit unterblieben, bat ich, daß mir einer von ihnen gegebenenfalls alles, was richtungweisend für meine über Medjugorje unternommene Arbeit sein könnte, übermitteln möchte. Vicka konnte diese Frage nicht übernehmen, da ihr seit dem 7. Januar die Jungfrau ihre Lebensgeschichte erzählte, wie schon der Maria d'Agreda, der Katharina Emmerich und der Maria Valtorka. Es ist dies Bestandteil der persönlichen Unterweisung, die ihr zuteil wird. Der kleine Jakov wollte keine Frage übernehmen, doch Ivan willigte ein.

Die Erscheinung dauerte etwas länger als an den vorhergehenden Tagen, war aber im übrigen ähnlich in der Abfolge, in der Konvergenz der Blicke, in der vollkommenen Gleichzeitigkeit von Anfang und Ende. An diesem Tag waren sie nur zu dritt: Vicka, Jakov und Ivan.
Es war nun an der Zeit, nach Dubrovnik zu fahren (der Weg ist weit), um am folgenden Tag noch einmal um 5 Uhr früh aufzustehen, um das Flugzeug zu erreichen, das dann übrigens wegen des starken Windes nicht starten konnte. Das kommt an der dalmatinischen Küste öfter vor.
Ich konnte also der an die Erscheinung sich anschließenden Messe am 26. Dezember nicht mehr beiwohnen. Tomislav machte sich gerade zur Meßfeier fertig. Ich ging auf ihn zu, um mich zu verabschieden. Da wurde ich von Ivan überholt. Er brachte die Antwort und Tomislav übergab sie mir:
„Die Mutter Gottes betet für diese Arbeit. Der, der sie unternimmt, soll sie im Geist des Gebetes tun, und er wird darin seine Inspiration finden."
Warum kann ich mich des Gefühls nicht erwehren, daß die Mutter Gottes, für mich zwar unsichtbar, aber allen doch so gegenwärtig, einfach gekommen ist, um einfachen Leuten einfache und kohärente Dinge ins Gedächtnis zu rufen – Dinge, die die Welt vergessen hat und die allein die Welt dem Unglück, das sie selbst gebiert, entreißen können – der Selbstzerstörung, die ihr durch Rastlosigkeit und Materialismus, durch Ideologie und Größenwahn vorgezeichnet ist. Ist es Torheit zu glauben, daß diese Botschaft von einem langfristigen Glück, die den Menschen im Fasten und im Gebet klar geworden ist, Ansteckung und Heilung sein kann?

5. Die verschiedenen Schichten und ihre Harmonie

In der ehrlichen und organischen pastoralen Bewegung von Medjugorje lassen sich drei Faktoren unterscheiden, gleichsam drei Schichten, wenn es gestattet ist, diesen geologischen Ausdruck zu gebrauchen, um etwas zu bezeichnen, was in Wirklichkeit eine lebendige Einheit ist.

a) Die erste Schicht ist die Gebetstradition in einem christlich und bäuerlich geprägten Landstrich, die sich besser als anderswo erhalten hat und mich an die traditionsbewußte Bevölkerung der Vendée zur Zeit meiner Kindheit erinnert. Das Gewissen ist rein, das Gebet schlicht. Die Feste werden in lebendiger und volkstümlicher Form begangen. Zu Weihnachten singt man in jeder Messe ein sehr schönes, langes Lied, bei dem jede Strophe auf den Namen Mariä endet. „Es stammt aus dem 8. Jahrhundert", hatte man sich beeilt, mir zu erklären. Ein so hohes Alter war jedoch nicht sehr wahrscheinlich. Nach einem Hinweis von Erzbischof Franić und einigen anderen stammt das Lied vermutlich aus dem 14. Jahrhundert. Es wird mit rauher und glühender Innigkeit gesungen.
Zur alljährlichen Prozession zu dem großen Betonkreuz, das den Berg Križevac (540 m ü. d. M.) krönt, versammelt sich eine begeisterte Menge. Der Zustrom ist durch die Erscheinungen noch größer geworden: Beim letzten Fest am 11. September 1983 waren es 100.000 Menschen.
In der Kirche beeindrucken mich die Charakterköpfe von Bauern und Bäuerinnen mit den klaren und scharfgeschnittenen Gesichtern. Sie sind besser gekleidet als die Bauern meiner Kindheit. Die Zivilisation hat auch hier Einzug gehalten. Die jungen Leute aus allen Schichten lassen die Hand des Friseurs erkennen, die ihrem Haar Stil und Glanz verleiht. Aber das Gebet bleibt hart und stark wie die Erde und der Fels in ihrer Nachbarschaft, die umso abweisender werden, je höher man ins Gebirge steigt. Es ist eine Grundlage, eine Wurzel. In Medjugorje ist diese Grundlage, die anderswo verschüttet ist, durch die Seelsorge neu belebt worden.
b) Die zweite Schicht: Die Erscheinungen sind unverhofft und mit Macht aufgetreten, zu einem Zeitpunkt, als die Seelsorger in keiner Weise auf diese außergewöhnlichen Zeichen gefaßt waren. Die Seelsorger haben sich sogar dagegen gesträubt, aber der Anstoß des Charismas von oben war stärker in diesem am allerwenigsten vorauszusehenden gnadenhaften Ereignis. Es ist wie ein Frühling, der die alten Formen und die abgenützten Gebräuche wieder mit Leben erfüllt hat.
c) Als letztes kam die charismatische Erneuerung hinzu: Die

Personen, die den Pfarrer und den Kaplan der allerersten Zeit ablösten, standen dieser Bewegung aufgeschlossen gegenüber (Tomislav Vlašić, der im August 1981 nach Jozos Verhaftung nach Medjugorje kam, war in dieser Bewegung persönlich engagiert). Die Geistlichen verstanden es, sich im Umgang mit diesen überraschenden Charismen, die so spontan vor ihnen aufblühten, ihre eigene Erfahrung zunutze zu machen, und sie zogen namhafte Experten auf diesem Gebiet bei: daher auch die 36stündige Sitzung, die Pater Emilien Tardif, Pater Rancourt und Philippe Madre abhielten. Die Sitzung wurde abgebrochen, doch der Strom ging weiter.

Man hat (namentlich in Rom im September 1983) gewisse Befürchtungen über die Gefahren geäußert, die eine Vermischung der ungeschuldeten und unverhofften Gabe der Erscheinungen einerseits und der Seelsorge der charismatischen Erneuerung, die die Charismen erweckt und kultiviert, andererseits mit sich bringen könnte. Denn die Überlagerung zweier Spiritualitäten, auch wenn beide authentisch sind, geht nicht ohne Probleme ab. Es könnte zu einer hybriden Symbiose kommen. Eine andere Gefahr entstehe durch den Verstärkereffekt zwischen einer elementaren Strömung (den Erscheinungen) und einer geistlichen Kultur, die darauf abzielt, Charismen zu erwecken. Ist, wenn diese beiden Strömungen zusammenkommen, der Exzeß nicht schon programmiert? Zweifellos wird man sich vor diesem kumulativen Effekt hüten müssen, wenn die Erscheinungen noch länger dauern. Wahrscheinlicher ist jedoch ein baldiges Ende. Und dann wird das Hauptproblem die ernüchternde Rückkehr in die gewöhnliche Ordnung des Glaubens sein. Die Erfahrung der charismatischen Erneuerung mag dabei helfen und den Übergang von den außergewöhnlichen Charismen zu den gewöhnlichen Charismen des Alltags erleichtern. Denn die Charismen sind keineswegs Wunder, sondern schlichte Gaben für den Aufbau der christlichen Gemeinschaft.

Nach meinem derzeitigen Eindruck vertragen sich die drei Schichten sehr gut miteinander. Es sind nicht drei heterogene Komponenten, sondern sie haben eine organische und lebendige Einheit entwickelt. Zum einen fügen sich die Erscheinungen harmonisch in die volkstümliche Frömmigkeit, wie in Guadalupe und in Lourdes; zum andern habe ich in Irland feststellen können, daß die charismatische Erneuerung zahlreiche verborgene Kräfte eben dieser volkstümlichen Frömmigkeit wachrufen kann. Diese Kohärenz und Harmonie sind ein gutes Vorzeichen.

Welcherart die Diskussionen um die speziellen Probleme, mit denen wir uns im folgenden Kapitel beschäftigen wollen, auch sein mögen, die Hauptsache ist, daß der Schwung dieses Aufbruchs erhalten bleibt und in die richtigen Bahnen gelenkt wird.

4.
Sind die Erscheinungen authentisch?

Bewertung und Unterscheidung

In Erwartung des Urteils der Kirche, dem hier keineswegs vorgegriffen werden soll, ist es geboten, diese Erscheinungen zu bewerten, um herauszufinden, wie groß die Chancen sind, daß sie echt sein können. Diese Überlegung soll nicht etwa einen „Kurz-Schluß" herstellen, sondern sie soll die schwierige Arbeit des örtlichen Bischofs unterstützen, der kraft seines Amtes die Verantwortung für dieses Urteil trägt, ein Urteil, das noch nie leicht gewesen ist.

Nach der Tradition der Kirche sind die außergewöhnlichen Phänomene des Übernatürlichen tatsächlich die Ausnahme gegenüber dem normalen Status des Glaubens, für den nach dem Wort Jesu die Regel gilt: „Selig sind, die nicht sehen und doch glauben!" (Joh 20,29). Der Glaube ist die Erkenntnis einer unsichtbaren Wirklichkeit, wie es im *Hebräerbrief* genauer heißt (Hebr 11,1).

Wenn diese unsichtbare Wirklichkeit sichtbar wird, dann ist das nicht die selige Anschauung, nicht eine absolute Erkenntnis, sondern es ist eine begrenzte Kommunikation vermittels Zeichen, die dazu dient, zu einer bestimmten Zeit und an einem bestimmten Ort einzelne Personen zu unterweisen. Diese Personen werden deswegen aber nicht schon ihrer irdischen Verfaßtheit und ihrer Subjektivität entzogen. Diese Phänomene sind also auf einer schwierigen Grenzlinie zu beurteilen, und die Kirche läßt dabei stets zweifache Vorsicht walten:

a) Kritisches Mißtrauen gegenüber diesen außergewöhnlichen Phänomenen: Die Obrigkeit setzt alles daran, das Für und das Wider abzuwägen, den Anteil des Göttlichen und den Anteil des Menschlichen nicht zu vermischen und die Mehrdeutigkeit und Relativität dieser persönlichen Kommunikationen richtig einzuschätzen.

b) Selbst dort, wo der Ortsbischof ein positives Urteil fällt, verpflichtet die Kirche diesbezüglich niemals zum Glaubensgehorsam. Die Autorität des Lehramtes verlangt rückhaltlose Zustimmung bezüglich der Glaubensdogmen, die durch Gottes eigene Autorität verbürgt sind; bei Erscheinungen jedoch verbürgt sich die Kirche lediglich für deren Wahrscheinlichkeit. Sie beschränkt sich auf die Aussage, daß es ernsthafte Gründe gibt, daran zu glauben, und daß es auch gut sei, daran zu glauben, weil diese Erscheinungen heilsame Früchte bringen etc.:

„Die Zulassung einer privaten Offenbarung durch die Kirche ist nichts anderes als die nach eingehender Prüfung erteilte Erlaubnis, diese Offenbarung zur Unterweisung und zum Wohl der Gläubigen bekannt zu machen. Selbst wenn solche Offenbarungen von der Kirche anerkannt werden, besteht für sie keine katholische Glaubensverpflichtung. Es besteht lediglich eine menschliche Verpflichtung zu glauben, nach den Gesetzen der Klugheit und je nach der Wahrscheinlichkeit solcher Offenbarungen. Die Frömmigkeit darf daran glauben."

So der zukünftige Papst Benedikt XIV.[8]

Er fügt sogar noch hinzu: „Folglich kann man ihnen seine Zustimmung auch verweigern und sich davon abwenden, vorausgesetzt, es geschieht in der gebührenden Bescheidenheit, aus guten Gründen und ohne Überheblichkeit."[9]

Mit anderen Worten, kein Christ ist verpflichtet, an die Erscheinungen von Lourdes und Fatima zu glauben, auch wenn Bischöfe und Päpste ihnen ein Maximum an Anerkennung und Garantien zuteil werden ließen. Es wäre nur leichtfertig und gefährlich, von diesem qualifizierten offiziellen Urteil abzurücken.

Pius X. bekräftigte dies in der Enzyklika *Pascendi:* „Selbst wenn die Kirche solche übernatürlichen Ereignisse anerkennt, verbürgt sich die Obrigkeit nicht für die Wahrheit dieses Ereignisses (z. B. einer Erscheinung). Sie sagt damit einfach, daß sie niemanden daran hindert, dort an übernatürliche Dinge zu glauben, wo nicht schon die menschlichen Motive für den Glauben fehlen."[10]

Diejenigen, die diese Gnade und diese Wohltaten empfangen, haben keine Zweifel. Für sie sind sie eine Gabe des Himmels, und sie empfangen sie eindeutig als Geschenk Gottes. Sie haben den Wunsch, es mit-zu-teilen. Und ich habe dieses Mit-Teilen mit ihnen erlebt.

Aber ich habe auch den Bischof Žanić von Mostar besucht, der für das Urteil in dieser Sache zuständig ist. Er hat mir gegenüber mit Nachdruck wiederholt, was er bereits geschrieben hat: Es gibt Gründe, die dagegen sprechen, es gibt unbewiesene Aussagen, es gibt Heilungen, die dementiert wurden. Folglich müsse man alle Überstürzung und alle unverantwortliche Propaganda vermeiden. Denn wenn das endgültige Urteil der kirchlichen Obrigkeit schließlich doch negativ ausfallen sollte, was werden dann die Gläubigen zu denen sagen, die Gegenargumente zurückgehalten und hemmungslose Propaganda für die Erscheinung gemacht haben? Und weiter sagt der Bischof: Diese Vorbehalte bedeuten keineswegs ein endgültiges Urteil kraft unserer kirchlichen, für die Ereignisse in Medjugorje zuständigen Autorität. Wenn aber die Anhänger dieser Erscheinungen das Recht für sich in Anspruch nehmen, daran zu glauben, so ist es ebenso legitim, Zweifel anzumelden und das Gegenteil zu beweisen, besonders wenn man Anlaß hat, Schaden für den Glauben vorauszusehen und zu befürchten.

Diese Texte, die mir der Bischof bei meinem Besuch in Mostar am Weihnachtstag, dem 25. Dezember 1983, um 19 Uhr im Verlauf einer ca. zweistündigen Unterredung übergab und erläuterte, lagen ganz auf meiner Linie: Dem Urteil der Kirche nicht vorgreifen und die Wahrheit suchen, indem man das *Für* und das *Wider* abwägt, hatte es geheißen. Genau diesen Plan und diesen ersten Entwurf hatte ich für die vorliegende Zusammenfassung gemacht, noch bevor ich nach Jugoslawien gefahren war.

Was ist also das Für und das Wider? Und was soll man davon halten?

Das Wider

Folgende Einwände werden erhoben oder können einem in den Sinn kommen:

Die Erscheinungen sind zu zahlreich

Die Anzahl dieser Erscheinungen ist zu groß. Sie wiederholen sich Tag für Tag und, wie es scheint, mit absoluter Sicherheit seit bald 1000 Tagen.[11] Ist das nicht ein Anzeichen dafür, daß sie nicht zum Bereich des Unverhofften, von oben Geschenkten gehören, sondern auf menschlichen Mechanismen beruhen, die in der Subjektivität oder auch Kollektivität der Sehenden vorgegeben sind?

Es ist richtig, daß Seltenheit und zeitliche Begrenzung der Erscheinungen ein gutes Echtheitsmerkmal sind.

Die Sehenden von Pontmain hatten nur eine Erscheinung (am 17. Januar 1871) und dann keine weiteren mehr. Es war dies ein gutes Merkmal für ihre Echtheit.

Bernadette hatte nicht mehr als achtzehn Erscheinungen, die zwischen fünfzehn Minuten und einer knappen Stunde dauerten, wobei die ersten siebzehn Erscheinungen sich unregelmäßig auf einen Zeitraum von weniger als zwei Monaten verteilten und die letzte am 16. Juli, also drei Monate später, den Charakter eines behutsamen und schweigenden Abschieds hatte. Auch das ist ein gutes Zeichen für ihre Echtheit.

Aber muß man denn dem Himmel länger dauernde Kontakte verbieten? Kann diese längere Dauer Gründe haben? Folgende Gründe bieten sich an: Wir leben in einer Welt, die die Wiederholung liebt. Wir sehen täglich fern. Was nicht wiederholt wird, geht unter. Das macht eine langdauernde Wiederholung der Botschaft sinnvoll.

Die schwierige Lage der Länder des Ostblocks, die anhaltende und planmäßige Machtausübung des Atheismus machen auch eine langdauernde Hilfe und Unterweisung erforderlich. Die lange Dauer mag notwendig sein, um eine für die Friedensbotschaft wenig aufnahmebereite Welt zu sensibilisieren, noch dazu von einem Ostblockland aus, wo die Kommunikation behindert wird.

Zudem wird die große Zahl der Erscheinungen durch ihre außergewöhnlich kurze Dauer kompensiert. Ich hatte von einer Dauer von zehn bis fünfzehn Minuten reden hören und war daher überrascht, daß die Erscheinungen vom 24. bis 26. Dezember kaum zwei Minuten dauerten.
Die Erscheinungen finden nicht mit absoluter Sicherheit statt. Sie sind fünfmal ausgeblieben. Für zwei Sehende waren sie schon am zweiten Tag zu Ende, und für eine der Sehenden (Mirjana), die privilegiert zu sein schien, am 25. Dezember 1982.
Doch wir wollen uns nicht bei dieser Unterschiedlichkeit aufhalten, über die besser erst nach Beendigung der Erscheinungen nachgedacht wird.
Sowohl die Entwicklung dieser Erscheinungen als auch einige überraschende Wendungen sind Anzeichen für ihren Geschenkcharakter. Sie haben unerwartet und je nach den Umständen den Ort gewechselt. Als die Polizei (am 11. Juli 1981) den Zugang zum Hügel gesperrt hatte, fanden die Erscheinungen zu Hause bei den Sehenden, bei den Nachbarn, in der Kirche oder sonstwo statt, für alle gemeinsam oder für jeden einzeln. An manchen Tagen hat der eine oder andere von ihnen die Mutter Gottes bei sich zu Hause gesehen. Der Faktor Gruppe hat keine Bedeutung. Im Lauf der Erscheinungen spricht die Jungfrau bald mit dem einen, bald mit dem anderen Sehenden, dann wiederum mit allen, wobei dieser Wechsel seine eigene Kohärenz hat. Jeder empfängt Ratschläge und Zurechtweisungen, die seine persönliche Lebensführung betreffen. Wenn es sich um einen Tadel handelt, hört ihn nur der Betroffene. Das Wechselspiel zwischen dem Gemeinsamen und dem Individuellen ist elastisch und harmonisch.
Nach den allgemein üblichen Kriterien für die Anerkennung sind dies gewichtige Argumente.

Die Worte sind zu zahlreich

Die Jungfrau sagt viel in Medjugorje, und das spricht dagegen, wie auch schon gegen Garabandal oder San Damiano.
Es ist richtig, daß die lakonische Kürze der Erscheinungen von Lourdes (ein Dutzend kurzer Sätze, zugeschnitten auf das

ungeschulte Gedächtnis der Bernadette) ein positives Argument darstellt. Mehr noch ist es das Schweigen der Jungfrau in Pontmain, wo die Botschaft lautlos Buchstabe für Buchstabe geschrieben erschien und von den Sehenden vor den Augen der Dorfbewohner, die sich in Einwänden und Vermutungen über die Fortsetzung ergingen, entziffert wurde.
Auch in diesem Punkt lassen sich Rechtfertigungen für eine derartige Ausnahme finden. Häufigeres und längerdauerndes Reden kann für die Kirche des Schweigens ein Gewinn sein. Zudem wird man beobachten, daß die Worte der eigentlichen, an die Welt gerichteten Botschaft kurz sind und sich in einem einzigen Wort zusammenfassen lassen: *Friede,* verdeutlicht durch das Wort *Versöhnung,* während drei andere Wörter den Weg nennen, um zu diesem Frieden zu gelangen und ihn von innen her aufzubauen: *Gebet, Bekehrung, Fasten.*
Es ist begreiflich, daß daneben ein ausführlicher Gedankenaustausch zwischen der Jungfrau und den Sehenden stattfindet, so wie zwischen einer Mutter und ihren Kindern. Es ist ein Dialog, in dem die Liebe in beiläufigen Worten, die das Band menschlicher machen, zum Ausdruck kommt; aber es ist auch eine Unterweisung, die sich aus Ratschlägen, Zurechtweisungen und Anregungen zusammensetzt. Dieser Dialog setzt sich fort in Richtlinien für die Gemeinschaft, deren Formung der Jungfrau ganz offensichtlich am Herzen liegt. Und man muß klar zwischen diesen beiden verschiedenartigen Botschaften unterscheiden. Da sind zum einen die Botschaften an die *Sehenden,* die die Worte hören. Und da sind zum andern die Botschaften an die *Charismatiker* der zweiten Generation (Jelena und Marijana), die eher innere Eingebungen und Botschaften als präzise Formulierungen empfangen.
Die verschiedenen Mitteilungen haben weder dasselbe Gesicht noch denselben Charakter. Sie sind den Sehenden entsprechend verschieden. In welchem Maß muß man nun sagen, die Jungfrau paßt sich einem jeden an, so wie sich eine Mutter ihrem Kind anpaßt und anfangs in der Kindersprache mit ihm redet? Und in welchem Maß muß man sagen, daß die übernatürliche Mitteilung den Charakter einer Inspiration hat, die in der inneren Aktivität und in der Sprechweise jedes

Sehenden Gestalt gewinnt? Es ist dies eines der klassischen Probleme, vor die uns Botschaften von oben stellen, auch die biblischen. Die Heilige Schrift ist nicht einfach diktiert, sondern Inspiration Gottes, der den Evangelisten vor allem auf der Ebene des Urteils erleuchtet. Und obwohl Gott als Hauptautor des heiligen Textes die Verantwortung für das Werk übernimmt, drückt ihm der menschliche Verfasser seinen persönlichen Stempel auf: Isaias schreibt ganz anders als Jeremias, Ezechiel nicht wie Daniel und Johannes nicht wie Paulus etc. Der Stil, die Bilder, die Begriffsbildung haben ihre je eigene Prägung. Die Wege der Inkarnation, die in der Bibel zu finden sind, kehren notwendig in den nach-biblischen Kommunikationen wieder: in jenen persönlichen Offenbarungen, in denen Gott sich keineswegs in demselben Maß und auch nicht mit derselben Autorität engagiert wie in der Heiligen Schrift.

Wir haben festgestellt, daß die Botschaften entsprechend den Sehenden variieren. Mirjanas Botschaften haben eher apokalyptischen Charakter. Liegt das in der Botschaft selbst? Oder sollte es der Stempel ihres Charakters und ihrer persönlichen Sensibilität sein?

Man wird eines Tages den verschiedenartigen Charakter der Botschaften auf der Basis des umfangreichen Materials von Medjugorje beurteilen müssen. Auf jeden Fall handelt es sich dabei nicht um zusammenhanglose verbale Ergüsse. Soweit uns diese Worte bekannt sind, fügen sie sich sinnvoll sowohl in die Einfachheit des Alltags als auch in den kohärenten Aufschwung einer gemeinschaftlichen geistlichen Bewegung.

Widersprüche?

Aber finden sich in diesen Worten nicht Widersprüche? Man wird ein so umfangreiches Material erst sorgfältig studieren müssen, und man sollte Varianten oder Reibungspunkte zwischen den einzelnen Botschaften, die unabhängig voneinander interpretiert (d. h. zusammengefaßt oder explizit gemacht) wurden, nicht als „Widersprüche" bezeichnen. Abweichungen sind in diesem Bereich normal und manchmal sogar gute Zeichen für die Echtheit. Das Problem stellt sich auch in den Evangelien. Hat Jesus seine Jünger „ohne Wanderstab"

(Mt 10,10; Lk 9,3) oder „nur mit einem Wanderstab" (Mk 6,8) ausgesandt? Man weiß es nicht. Die Formulierungen widersprechen sich in ihrer konkreten Bedeutung, doch sie wollen dasselbe aussagen: die radikale Armut dessen, der ausgesandt wird.

Ich bin nur bezüglich des zu erwartenden Zeichens auf einen offensichtlichen Gegensatz gestoßen:

– Mirjana zufolge ist die Strafe unvermeidlich und kann durch das Gebet lediglich gemildert werden.

– Aber wir haben gehört, wie Jelena den düsteren Visionen der „Unglückspropheten" widersprach und sagte, Gebet und Bekehrung vermöchten alles und könnten folglich auch diese Bestrafung abwenden.

In allem, was ich gesehen oder gelesen habe, ist dies der einzige Punkt, wo ich einen Widerspruch entdecken konnte. Ich glaube nicht, daß dieser Widerspruch einen grundsätzlichen Einwand darstellt. Er ist lediglich ein Anzeichen dafür, daß die Botschaft in jedem Sehenden auch ein Gutteil Interpretation oder persönlichen Widerhall findet. Verhält es sich nicht in allen Erscheinungen so, die anerkannten miteingeschlossen? In welchem Maß bringen die umfangreichen geheimen Mitteilungen von Fatima, die Lucia Jahrzehnte später niedergeschrieben hat, ihre persönliche Aktivität ins Spiel? Wenn dort ein anderes der Seherkinder überlebt und dieselbe Botschaft nun seinerseits niedergeschrieben hätte, dürfte man nicht mit Fug und Recht annehmen, daß es dann zwar nicht wörtlich, aber doch im wesentlichen dasselbe geschrieben hätte, zugleich aber mit Varianten, über die man lange hätte diskutieren können? Wir begegnen immer wieder diesem selben Faktor, den eine Kritik nicht übergehen darf: Jede Botschaft ist zu einem gewissen Grad relativ. Dies kann entweder durch die Zeichen des Himmels bedingt sein, die in ihrer Dimension auf den Sehenden zugeschnitten sind, oder aber durch die Sensibilität, d. h. also die Subjektivität jedes einzelnen von ihnen.

Es ist kein Zufall, daß die soeben angesprochene Schwierigkeit den apokalyptischen Aspekt der Botschaft betrifft, denn es handelt sich dabei um einen Bereich, in dem es leicht ist, Hypothesen aufzustellen. Haben die Sehenden Grund anzunehmen, daß diese Marienerscheinungen die letzten auf Erden sind und daß sich eben dadurch auch ihre lange Dauer erklärt? Wird Mirjana drei Tage, bevor das erste Zeichen vom Himmel erscheint, so wie sie es vorhersieht, einen Priester informieren? Der Fortgang der Ereignisse wird erweisen, ob derart genaue Aussagen gerechtfertigt waren.

Heute wie in biblischen Zeiten verdient die Sünde der Welt Bestrafung. Der Glaube kann nicht das Gegenteil behaupten, ohne die gesamte Bibel zu verwerfen. Wir neigen heute dazu, diese Strafen nicht als ein gewaltsames, von außen kommendes Eingreifen des gerechten Richters zu interpretieren, sondern als immanente Gerechtigkeit: Die Sünde gebiert ihre eigene Bestrafung. Genau das erleben wir ja auch in der Verkettung von Krieg, Gewalt und Haß, die darauf abzielen, das Leben auf der Welt in naher Zukunft überall dort unmöglich zu machen, wo die persönliche oder die kollektive Sünde überwuchert.

Wenn uns diese Überlegungen dazu einladen, die aufwühlenden und apokalyptischen Aspekte der Aussagen, die mit der Bestrafung in Zusammenhang stehen, zu mildern, so muß dies geschehen, um unser Bewußtsein für die ernstliche Bedrohung zu schärfen, in der das Böse und der Böse, die Sünde und der Versucher zusammenwirken.

Die Lichtphänomene

Was ist von den Phänomenen im kosmischen Bereich zu halten? Man hat am Himmel über den beiden Hügeln und auch in der Sonne Lichterscheinungen und Zeichen beobachtet.

Es ist hier nicht der Ort, im einzelnen auf diese Ereignisse einzugehen. Ihre Darstellung würde einen beträchtlichen Aufwand an kritischer Sichtung bedeuten, und das auf der Basis vollständigeren Materials, als es uns zur Verfügung steht. Wir wollen uns hier damit begnügen, im Anhang einige Augenzeugenberichte über diese ungewöhnlichen Phänomene zu bringen, von denen so viele Bewohner behaupten, sie hätten sie gesehen.[12]

Man kann sich fragen, wieso Gott „Zeichen am Himmel" geben soll, wenn doch Christus sie den Pharisäern verweigert hat (Mk 8,11–12; Mt 12,38–39). Er konnte sie verweigern, weil er es vorzog, durch Heilungen Wunder zu wirken, d. h. menschlichere Zeichen zu setzen, die sein Erbarmen und seine Inkarnation besser verdeutlichten. Er hat sie aber auch verweigert, weil seine Gegner Rechenschaft und Beweise forderten, wie Gott sie nicht gibt. Daran sollten wir denken, wenn wir für die Protokollierung von Wundern oder für den Nachweis von Erscheinungen von Gott Rechenschaft nach unserer Weise fordern.

In diesem Punkt sollte man also Zurückhaltung üben. Aber ist es Gott deshalb auch schon verboten, auf dem Instrument des Lichtes ein bescheidenes Zeichen zu geben? Setzt doch die Bibel mit Vorliebe dieses einfache Symbol des Lichtes ein, wenn sich Gott bzw. Christus offenbart. Warum sollte sich Gott nicht in dieser beredten und den Armen verständlichen Sprache ausdrücken? Erzählt nicht das Evangelium von der Verklärung, kündigt es nicht für die Endzeit Zeichen am Himmel an (Mt 24,29–30 etc.)? Erlebten nicht die Hirten zur Weihnacht die Vorwegnahme dieser Zeichen, die Christus nicht vorwegnehmen wollte, als sie von einem Licht umstrahlt wurden, in dem sie die Herrlichkeit Gottes erkannten? Manchmal haben die Zeichen der Vollendung ihr Vorspiel gerade am Ursprung von Gottes Geschenk.

In Medjugorje haben diese außergewöhnlichen Zeichen Eindruck gemacht, und sie spielten zu Beginn der Ereignisse eine entscheidende Rolle. Sie riefen die Bevölkerung der Pfarre an den Ort der Erscheinungen, was zu Bekehrungen und Beichten Anstoß gab. Man kann diesem Punkt keine schwerwiegenden Einwände entgegensetzen.

In einem weiteren Sinn kann man sich natürlich fragen, ob das Wunderbare in Medjugorje nicht in gewisser Weise angefangen hat zu wuchern. Doch ist dies der geradezu klassische Fall überall dort, wo das außergewöhnliche Übernatürliche hereinbricht. Die Leute, die so lang keinerlei Sinn für das Jenseitige hatten, spürten auf einmal, wie bei ihnen Antennen wach wurden, die dann manchmal allzu empfindlich reagierten. Wir haben dieses Überschäumen in den Anfängen von Lourdes an anderer Stelle analysiert.[13]

Es ist nicht leicht, diese Perioden der Einstimmung auf das

außergewöhnliche Übernatürliche exakt zu analysieren. Inwieweit hat Gott die gewohnten Grenzen durchbrochen? Inwieweit übertreiben die Menschen durch Mutmaßungen und Projektion? Es ist nicht immer einfach, hier genaue Abgrenzungen zu treffen. Zurzeit gilt das beim derzeitigen Stand unserer Ermittlungen auch für Medjugorje, namentlich was die Lichtzeichen betrifft. Sind tatsächlich, wie behauptet worden ist, an den Tagen *vor der ersten Erscheinung* solche Lichtzeichen aufgetreten? Ist das Kreuz auf dem Gipfel des Berges wirklich so und so oft verschwunden, um der Lichtsäule, der Jungfrau, einer Hostie und anderen Formen Platz zu machen? Was soll man von den in der Sonne wahrgenommenen Zeichen halten? Hat man nicht die Zahl der Heilungen ungebührlich vergrößert oder gar vervielfacht, wie der Bischof heute meint? Sind einige Sehende (Vicka und Jakov im Herbst 1981) vor den Augen der Zeugen wirklich entrückt worden, als die Jungfrau ihnen den Himmel bzw. die Hölle zeigte, und sind sie danach von anderswoher zurückgekommen? Bevor man so außergewöhnliche Dinge behauptet, bedarf es einer Dokumentation und Analysen, für die uns noch die Grundlagen fehlen. Wir wollen uns hier mit der Aussage begnügen, daß dieses offensichtliche Wuchern zur Anfangsphase gehört. Sie ist heute überwunden und folglich nur mehr von spekulativem Interesse. Lassen wir das Kapitel offen, ohne den Schlußfolgerungen vorzugreifen.

Eine subversive Provokation

In der marxistischen Presse wurden die Erscheinungen von Medjugorje als politisches Komplott unter religiösem Deckmantel hingestellt. Auf einer Karikatur erscheint die Jungfrau mit einem Maschinengewehr bewaffnet am Himmel, darunter werden die Sehenden von einem konspirativen Priester hingezerrt. In Medjugorje würde die „Ustascha" wieder zum Leben erwachen. So heißt nämlich eine nationalistische kroatische Bewegung, die unter dem Druck der Gegenseite (1929, dann wieder 1941) rechtsextremistisch wurde und ihrerseits zur Gewalt griff. Kardinal Stepinac und die Bischöfe haben ihre Übergriffe nie gebilligt. Die Ustascha ist zum Schreckgespenst geworden, das jedesmal heraufbeschworen wird, wenn die

Kroaten sich für die Menschenrechte oder sonstige freiheitliche Rechte einsetzen. Die Jungfrau (die heutzutage auch in polnischen Zeitungen der Subversion geziehen wird) blieb auch hier natürlich nicht verschont.
Doch wir wollen uns nicht mit Verleumdungen und pittoresken Diffamierungskampagnen aufhalten, die straflos geblieben sind, während zwei Franziskaner noch immer (seit April 1982) im Gefängnis sitzen, weil sie positive Artikel über die Erscheinungen verfaßt hatten.[14]
Es liegt auf der Hand, daß die geistliche Bewegung von Medjugorje ausschließlich religiösen Charakter hat und sich an die strengen Gesetze des Landes hält, die die Ausübung der Religion in die Kirche verbannen.
Auch die ständige polizeiliche Überwachung brachte keine anderen Verstöße an den Tag als die Anspielungen, die in der Bibelpredigt des ersten Pfarrers (Jozo) entdeckt wurden. Und es ist nicht ganz verständlich, im Namen welchen Gesetzes die drei charismatischen Prediger, die am Abend des 23. August 1983 eingetroffen waren, am übernächsten Tag um 13 Uhr verhaftet wurden, nachdem sie in der Kirche von Medjugorje öffentlich für die Kranken gebetet hatten.
Aber sind die Erscheinungen der Jungfrau in einem Land mit offiziell atheistischer Regierung nicht in sich schon Subversion? Stören sie nicht die öffentliche Ordnung und verteidigen sie nicht das Prinzip, demzufolge die Christen in diesen Ländern mehr Freiheit fordern, wobei sie dahingehend argumentieren, daß sie ja die bestehenden Gesetze achten? Sie treten damit in die Fußstapfen der ersten Christen, die es sich zur Tugend machten, nach den Ratschlägen des heiligen Paulus dem heidnischen Kaiser wie Gott selbst zu gehorchen (Röm 13,1; Tit 3,1; 1 Petr 2,13–17).
In der Tat entwickelt sich die Herausforderung von Medjugorje im Rahmen größtmöglichen Gehorsams gegenüber den Gesetzen des Landes. Die Pfarrbewohner haben auf den Zugang zum Erscheinungshügel verzichtet, als er von der Polizei gesperrt wurde. Und als die Jungfrau die Erscheinungen in die Zurückgezogenheit der Häuser, dann der Kirche verlegte, entsprach sie damit einer Bitte der Sehenden. Denn

die Kirche ist genau der Ort, wo das kommunistische Regime – und darin ist es dem Linksliberalismus des 19. Jahrhunderts verpflichtet – noch das Prinzip hochhält, den Gläubigen Freiheit zuzugestehen. Noch dazu finden die Erscheinungen gar nicht in der Kirche selbst statt. Sie werden nicht wie ein Schauspiel vorgeführt, sondern sie spielen sich unauffällig in einem Raum gegenüber der Sakristei ab, der vorher als Rumpelkammer gedient hat.
Wenn man – wie es die Propaganda glauben machen wollte – in der Erscheinung eine Subversion sehen soll, dann ist es die Subversion, die Christus seit den Zeiten des Römischen Reiches stets gebracht hat; stets aber in der Achtung vor der bestehenden Ordnung, zu der sich Paulus ausdrücklich bekannt hat. Es ist die friedliche Subversion des *Magnificat*, die die Armen mit Gaben beschenkt und die Reichen leer ausgehen läßt (Lk 1,51–53).
Kurzum, die Erscheinungen von Medjugorje wahren eine Zurückhaltung und Privatheit im Stil, die ihresgleichen sucht.

Übertreibungen

Hat es in Medjugorje bedauerliche Exzesse der Begeisterung gegeben oder sind solche zu befürchten? Sind so viele Stunden des Gebets, so zahlreiche Fasttage nicht zu viel? Läuft man nicht Gefahr, daß ein so steiler Aufstieg den jähen Fall nach sich zieht, sobald die Geschwindigkeit nachläßt, so wie ein Flugzeug, wenn es zu schnell aufsteigt, eine Bruchlandung macht?
Jede lebendige und begeisterte Gemeinde kennt dieses Problem. Es war auch das Problem des Franz von Assisi. Sein evangelischer Radikalismus in bezug auf Unterkunft und Armut war nicht durchzuhalten. Die Institutionalisierung führte zu den Normen zurück. Grignion de Montfort, der Pfarrer von Ars, Charles de Foucauld (dem keiner seiner Jünger in seiner strengen Lebensführung zu folgen vermochte) stellen vor dasselbe Problem. Angesichts des hohen Grades der Begeisterung habe ich mich mit Besorgnis gefragt, wie weit gewisse charismatische Bewegungen, der *Löwe von Juda* miteingeschlossen, noch gehen würden. In diesem letzten Fall

(wie in einigen anderen auch) wurde ich glücklicherweise beruhigt, weil der hohe Anspruch des Beginns es fertiggebracht hat, dauerhafte Grundlagen zu schaffen, die Ausbildung zu gewährleisten und den Himmel nicht zu versuchen. In Medjugorje verfügt die örtliche Seelsorge, die anspruchsvoll und nüchtern zugleich ist, über alle diese Qualitäten: Sinn für die Realität, Achtung vor der Freiheit, Bedachtnahme auf jeden einzelnen, psychologisches Gespür für die menschlichen Grenzen, profunde Bildung und Offenheit für die Führung durch den Heiligen Geist.

Begeisterung und Inbrunst stellen immer eine Gefahr dar. Aber es lohnt sich, sich darauf einzulassen. Es wäre unmöglich, eine geistige Bewegung von diesem Niveau auf ausgetretenen Pfaden zu führen. Das tägliche Aufmerken auf die Jungfrau und ihre Botschaften einerseits und auf die Lauterkeit der mitmenschlichen Beziehungen andererseits ist geeignet, den schwierigen Übergang zu erleichtern, der mit dem Ende dieser Erscheinungen gegeben sein wird.

Noch von einer anderen Seite her könnten sich Einwände erheben: Die Jungfrau bittet inständig darum, daß man an die Erscheinungen glaube:

„Daß die, die nicht sehen, glauben, als würden sie sehen" (26. Juni).

„Daß die Patres (die Franziskaner) *einen festen Glauben haben"* (am selben Tag).

„Daß sie glauben, als ob sie gesehen hätten" (28. Juni, an die Pilger gerichtet).

Zu den Eltern des kleinen Danijel (29. Juni): *„Sie sollen fest daran glauben, und er wird geheilt werden."*

Anfang Juli zu den Priestern: *„Seid fest im Glauben und wacht über dem Glauben eures Volkes."*

Ist es notwendig, in dieser Weise um den Glauben an die Erscheinungen oder an die Wunder zu bitten, wenn diese doch einem Bereich angehören, wo es jedem freisteht zu glauben? Steht das nicht im Widerspruch zur Aufforderung des Bischofs, das Für und das Wider abzuwägen, sich vor Leichtgläubigkeit, naiver Begeisterung und Propaganda zu hüten?

Dieser offensichtliche Gegensatz ist auf die Ausübung zweier diesbezüglicher Ämter bzw. Gaben in der Kirche zurückzuführen: der Gabe des Glaubens, der ein vom Heiligen Geist inspirierter starker und kühner Aufschwung ist, und der Gabe des Urteils und der kritischen Unterscheidung. Doch der Appell an einen Glauben, der bereit ist, Gottes Licht und die Hoffnung, die Er erweckt, zu ergreifen, ist gerade dem Evangelium zufolge wesentlich. Christus hat diese Bereitschaft gefordert. Und der Glaube, den Er empfiehlt, stellt sich im Evangelium dar als eine Hoffnung, ein konkretes Vertrauen auf Heilung oder auf Gottes Schutz, wodurch die persönliche und gesellschaftliche Existenz verwandelt werden kann. Es ist die Aufgabe der prophetischen Gabe in der Kirche, diesen lebendigen Glauben wiederzuerwecken. Die Erscheinungen haben eine prophetische Funktion.

Spannungen mit der Obrigkeit

Der schwerstwiegende Einwand sei die ablehnende Haltung des Bischofs gegenüber diesen Erscheinungen. Dieser Einwand zirkuliert bis in höchste Kreise, wo ich ihn mehrmals gehört habe, in der folgenden Form:

Die Jungfrau von Medjugorje hat den Bischof getadelt und seine Gegner unterstützt, über die den Regeln entsprechend Sanktionen verhängt worden waren. Eine Erscheinung, die gegen den Bischof spricht und die von ihm verbürgte Ordnung gefährdet, kann nicht die Jungfrau sein. Eine solche Erscheinung ist nichts anderes als Ausdruck von leidenschaftlichen Parteikämpfen.

Versuchen wir, den zugrundeliegenden Sachverhalt zu situieren. Er spiegelt eines der spannungsreichsten Probleme der Kirche in Kroatien wider. Bis 1881 war dieses Volk ausschließlich in der Obhut der Franziskaner. In der vier Jahrhunderte währenden türkischen Verfolgung (1463 – 1878) trugen sie die Last des christlichen Widerstandes bis hin zum Martyrium, und sie erwarben sich dadurch großes Ansehen, das auf tiefgehenden Bindungen beruht. 1881 installierte Leo XIII. die Hierarchie des Weltklerus. Diese Rückkehr zur Normalität verlangte, daß eine bestimmte Anzahl von franziskanischen Pfarreien an Weltpriester übertragen wurde. In den letzten 20 Jahren wurden diese Übertragungen zahlreicher, da die Zahl der

Berufungen zum Weltpriestertum zunahm. Spannungen zeichneten sich dabei besonders in der Diözese von Mostar ab. Mit der Errichtung seiner Bischofskirche in Mostar hat Bischof Žanić – nicht ohne sich vorher mit den franziskanischen Oberen zu verständigen – drei Viertel der Stadt, die bis dahin zur Gänze den Franziskanern anvertraut war, für den Diözesanklerus übernommen. Es gab Proteste, weil die Franziskaner bei den Gläubigen sehr beliebt sind. Zwei junge Franziskaner wurden in dem Konflikt von Mostar vorgeschoben, und sie leisteten offenen Widerstand, während die anderen nur im verborgenen murrten. Es waren die Patres Ivica Vego und Ivan Prusina. Der Bischof bestrafte sie durch Suspendierung und zeigte ihre Widersetzlichkeit dem Generaloberen der Franziskaner an, worauf sie dieser aus dem Orden ausschloß. Diese beiden Franziskaner nun, die es sich zur Gewissenspflicht gemacht hatten, in Mostar bei den ihnen anhängenden Gläubigen zu bleiben, kamen nach Medjugorje, um zu beten. Sie fragten eine der Sehenden (Vicka) um Rat und empfingen von ihr tröstende Worte, die durch Pater Radogost Grafenauer S. J. aus Laibach, einen der Experten des Bischofs, diesem überbracht wurden. Der Bischof prüfte die Texte und brachte sie an die Öffentlichkeit, um warnend auf diesen neuen und subversiven Tatbestand hinzuweisen, der geeignet war, den Enthusiasmus für Medjugorje zu dämpfen oder sogar die Echtheit der Erscheinungen anzuzweifeln. Dem auf diesem Wege weitergegebenen Material zufolge präsentieren sich die acht Texte als Auszüge aus einem „Tagebuch", das von Vicka unter den Daten 19. Dezember 1981, 3., 11. und 20. Januar, 16. und 26. April, Ende August und 29. September 1982 geführt wurde. Leitgedanke war folgender: Die beiden Franziskaner sind nicht schuldig, der Bischof kann sie nicht leiden, er ist zu streng mit ihnen verfahren. Ursache der Verwirrung sind die von ihm getroffenen Maßnahmen. Die Franziskaner können in Mostar bleiben (das zu verlassen man sie aufgefordert hatte). Man muß für sie beten.

Ivans „Tagebuch"?

„Ivans Tagebuch", so überschreibt M. Ljubić ein Kapitel in seinem Buch über die Erscheinungen in Medjugorje. Der übliche Gebrauch dieses Wortes erklärt, warum das sogenannte „Tagebuch" Vickas so große Verwirrung gestiftet hat. Worum geht es bei Ivan?

Ende August 1981 trat er ins Seminar von Dubrovnik ein. Es war das erstemal, daß er von zu Hause weg war, und es kam ihn hart an. So schickte er den anderen Sehenden, die in Medjugorje geblieben waren, kleine Mitteilungen, um sie teilhaben zu lassen an dem, was er bei der täglichen Erscheinung empfing. Hier einige Auszüge daraus:

29. August 1981: Ich habe sie gefragt, wie es in unserem Dorf zu Hause geht. Sie hat lächelnd gesagt:

„Meine Engel tun brav Buße."

Ich habe sie gefragt, ob sie euch in der Schule nicht helfen will. Sie hat geantwortet:

„Gottes Hilfe ist überall."

30. August 1981: „Wie geht es im Dorf?" fragt Ivan neuerlich, vom Heimweh geplagt.

„Meine Engel tun brav Buße, immer und überall."

Ich habe sie gefragt, wie das im Seminar wohl weitergehen sollte (Ivan fühlt sich dort gar nicht wohl).

„Ihr müßt keine Angst haben. Ich bin immer und überall bei euch."

4. September 1981: Ich habe sie über das Zeichen befragt (das für das Ende der Erscheinungen verheißen war). Sie hat nur gelächelt und gesagt:

„Meine Kinder, wie ungeduldig ihr seid!"

Dann ist sie mit dem üblichen Gruß verschwunden:

„Geht im Frieden Gottes, meine Engel, der Segen Gottes begleite euch. Amen! Amen!"

5. September 1981: Sie ist gekommen, während ich das Vaterunser betete. Sie hat mit mir zusammen gebetet.

12. September 1981: Sie hat mir im Fortgehen gesagt:

„Das Zeichen wird kommen, wenn es Zeit ist. Geh im Frieden Gottes."

Vickas Tagebücher:
Es sind vier:
1. Notizbuch vom Juli 1981.
2. Tagebuch vom 12. Oktober bis zum 13. Dezember 1981 (eine halbe Seite pro Tag).
3. Ein Heft, das Pater J. Bubalo Vicka gegeben hat; sie sollte für die Zeit seiner Untersuchung jede Erscheinung darin vermerken.
4. Drei großformatige Hefte. Vicka notiert darin das Leben der Jungfrau, das diese ihr seit Ende 1983 Tag für Tag erzählt.
In keinem dieser Dokumente ist vom Bischof die Rede. Das vierte bleibt geheim, und Vicka wird es nicht veröffentlichen, bevor nicht die Mutter Gottes ihr die Erlaubnis dazu gegeben hat.

Diese Geschichte ist auf mehreren Ebenen sehr verwickelt.
Im Januar 1983 wurde Pater Grafenauer S. J. in das Bistum Mostar geholt, um „die Affäre mit den Franziskanern in ihrem Zusammenhang mit den Erscheinungen" zu untersuchen. Pater Grafenauer glaubte nicht an die Erscheinungen, änderte seine Haltung jedoch, nachdem er in Medjugorje gewesen war; und im Übereifer dieser Entdeckung überbrachte er dem Bischof die Botschaften, „die die Jungfrau für ihn bestimmt hatte". Der Bischof fürchtete um die Würde seines Amtes und brach mit ihm. Seine Haltung gegenüber Medjugorje wurde total ablehnend.
Aber wie sind diese Botschaften einzuschätzen, und was ist ihr Grundtenor? Der Bischof ist überzeugt, daß P. Grafenauer sie Vickas „Tagebuch" entnommen habe. Aber P. Grafenauer hat allen, die ihn befragten, wiederholt beteuert:
Noch einmal, ich habe kein Tagebuch zu Gesicht bekommen. Ich habe nur fünf Schriftstücke gesehen: Vier stammen von Vicka und eines von Mirjana. Die vier von Vicka waren von den beiden (vom Bischof suspendierten) Franziskanern in die Maschine geschrieben worden.
In diesem Punkt liegt ein schwerwiegendes Mißverständnis vor, das immer undurchdringlicher wird. Der Bischof hat die Franziskaner von Medjugorje wiederholt aufgefordert, ihm

dieses Tagebuch zu übergeben, in dem nach seiner Auffassung die ihn betreffenden kritischen Botschaften enthalten sind. Er kam am 9. Februar 1983 und bat darum. Er hat es am darauffolgenden 12. April in einem offiziellen Brief angefordert, dann noch einmal am 16. Mai (wozu noch ein Brief an Vicka vom 17. Mai kommt). Am 3. Oktober 1983 berief er den Pfarrer von Medjugorje Tomislav Pervan zu sich, und am 16. November begab er sich erneut in die Pfarrei, um noch einmal die Herausgabe des berüchtigten Tagebuchs zu verlangen. Tomislav Vlašić versicherte erneut, daß es dieses Tagebuch nicht gebe. Da ihm der Bischof nicht glaubte, legte Tomislav einen Eid auf das Kruzifix ab, wurde jedoch vom Bischof der Lüge und des Meineids bezichtigt. Die Szene wiederholte sich am 14. Dezember 1983. Und in Ermangelung dieses Phantom-Tagebuchs meinte Tomislav Vlašić, drei Sehenden (Ivan, Jakov und Marija) sowie Jelena eine Frage stellen zu sollen, die nie hätte gestellt werden dürfen, weil die Sehenden weder berufen noch geeignet sind, ihrem Bischof über sein Verhalten in einer derartigen Angelegenheit Botschaften zu übermitteln. Sie bestätigten die Botschaft, wenn auch nuancierter. Doch die Polarisierung nahm zu. Die Antwort der Franziskaner an den Bischof räumte ihm ein, daß diese den Bischof betreffenden Botschaften den Angelpunkt für das Verständnis und die Annahme der Erscheinungen von Medjugorje darstellen würden.

Dies ist die erste Illusion, die es zu zerstören gilt. Die Affäre mit den Franziskanern und die Erscheinungen von Medjugorje sind zwei ganz verschiedene Angelegenheiten. Ihre Verknüpfung ist unnatürlich und unheilvoll. Es wäre wichtig, sie mit allen Mitteln zu beenden. Dieser vermeintliche Angelpunkt muß wieder an seinen untergeordneten Platz verwiesen werden, und die beiden so verschiedenartigen Probleme sind jedes für sich zu bereinigen.

So könnte die auf beiden Seiten herrschende Angst weichen, was wiederum der Seelsorge zugute käme, die ein demütiges gegenseitiges Verständnis zwischen dem Bischof und den Priestern erfordert, wenn man bedenkt, welchen anspruchsvollen Dienst diese zu erfüllen haben.

Was Vickas Tagebuch betrifft, so ist das Problem im Grunde einfach. Sie hat tatsächlich vier Tagebücher geschrieben,[15] doch enthält keines dieser Tagebücher irgendwelche Äußerungen, die gegen den Bischof gerichtet wären.
Richtig ist allerdings, daß Vicka den beiden jungen Franziskanern, mit denen sie intensiven Gedankenaustausch pflegte, positive Worte mitgegeben hat und daß sie versichert, daß die Reaktion des Bischofs besorgt und überstürzt gewesen sei.
Aber es ist sehr schwer, diese Botschaften richtig einzuschätzen. Ihr negativer Charakter wurde bei der Weitergabe immer stärker unterstrichen: von Vicka zu den beiden Franziskanern, die sie in die Maschine geschrieben haben, und dann zum Bischof, der dazu neigt, sie härter zu formulieren, um zu beweisen, daß sie unmöglich von der Jungfrau stammen können. Die Worte Vickas sind „mit Sicherheit nicht der Wortlaut der Mutter Gottes", sagte P. Grafenauer, der sie überbracht hat (Brief vom 4. Februar 1984).
Vor allem aber wurden diese Botschaften unter Bedingungen empfangen, die es nahelegen, sie zu relativieren:
– Die Sehenden hatten Mitleid mit den jungen Franziskanermönchen, die in Schwierigkeiten geraten waren, und sie waren daher geneigt, ihnen in günstigem Sinn zu antworten. Der Konflikt scheint auf allen Ebenen, d. h. beim Empfang wie bei der Weitergabe der Botschaft, wie ein verzerrendes Prisma gewirkt zu haben.
– Die Geschichte der Mystik zeigt auf, welchen Niederschlag leidenschaftliche Debatten in den Aussprüchen der Heiligen gefunden haben. Die heilige Katharina von Siena meinte zu hören, daß die Jungfrau ihr sagte, sie sei bei ihrer Empfängnis keineswegs ohne Makel der Erbsünde gewesen. Der Fall ist von Benedikt XIV. und A. Poulain diskutiert worden.[16]
Wenn Gott solche Ausfälle zugelassen hat, sagte R. Garrigou-Lagrange, dann nur deshalb, damit man zwischen den privaten Offenbarungen und der biblischen Offenbarung, die allein absolut und unfehlbar ist, unterscheidet.
Dieses wohlbekannte Kapitel mystischer Theologie hatte auch Erzbischof Franić im Auge, als er zu Bischof Žanić im Hinblick auf die inkriminierten Aussprüche sagte:

Dieser Sachverhalt müßte genauer untersucht werden, und selbst wenn feststünde, daß die Aussprüche eine Aufforderung zum Ungehorsam enthalten haben (was man der Jungfrau eigentlich nicht zutrauen kann), so würde auch ein so schwerwiegender Irrtum nicht notwendig die Substanz von Medjugorje berühren.[17]
Dieses unerfreuliche Intermezzo, das von offensichtlichen Versuchungen gespeist wird, droht Medjugorje wie ein Krebsgeschwür zu verseuchen. Es muß ein Ende haben, denn es ist ein Unheil für den Bischof und für die Franziskaner. Und auch für die Mutter Gottes. Ihre Botschaft heißt *Versöhnung*, und Versöhnung war im Dorf und weit darüber hinaus kein leeres Wort. Medjugorje wird nicht glaubwürdig sein, bevor nicht die Erscheinungen den Bischof und die Franziskaner miteinander versöhnt haben.
Jeder Konflikt zwischen der Autorität des Bischofs und einer authentischen charismatischen Bewegung schadet der einen wie der anderen Seite, haben wir gesagt. In diesen Spannungen zwischen der offiziellen Obrigkeit und den „Charismen", die sich auf einen direkten Draht zum Himmel berufen, ziehen die charismatischen Bewegungen stets den kürzeren. Und wenn sie sich im Namen der Erleuchtung, die sie empfangen haben, auf einen Kampf einlassen, kommt es häufig zu einer Radikalisierung, zur Verengung des Horizonts und damit zu einer Beeinträchtigung ihrer spezifischen Qualitäten. Nicht immer ist der Mißerfolg charismatischer Bewegungen im Lauf der Geschichte auf die Tatsache zurückzuführen, daß sie schon in ihren Anfängen verfehlt waren; häufig wurden sie erst durch den Konflikt aus der Bahn geworfen oder pervertiert. Wenn dieser Fall eintritt, dann beraubt sich die Obrigkeit der lebendigen Kräfte, die eine solche Bewegung in sich birgt; die Bewegung ihrerseits aber verfällt, sobald sie nicht mehr den Halt und die notwendige Kontrolle durch die Obrigkeit erfährt.
Für solche Konflikte gibt es nur eine christliche Lösung (die Geschichte bestätigt es): Beide Teile müssen ihre Verwundungen vergessen, um dem anderen in Liebe zu begegnen, mit keinem anderen Beweggrund, als Gott und seinem Werk zu dienen.

Im andern Fall wird die Autorität autoritär und steril, und die charismatische Gemeinschaft steuert in all ihrer Begeisterung nur dem Verderben entgegen.
Vielleicht sind es diese beiden Versuchungen, die im Fall Savonarola in einem Höchstmaß gewütet haben. Papst Alexander VI. (eine wenig erbauliche Gestalt) hatte sich seiner dadurch entledigt, daß er ihn auf dem Scheiterhaufen verbrennen ließ – was weder vom Evangelium her noch vom menschlichen Empfinden zu rechtfertigen war. Aber ist es nicht traurig, daß der Eiferer Savonarola es in seinem erbarmungslosen Kampf für die Heiligkeit der Kirche nicht verstanden hat, den Weg zum Herzen seiner Gegner zu finden, so wie es Franz von Assisi mit allen Wölfen von Gubbio, den Menschen wie den Tieren, gelungen ist? Das ist auch der Grund, warum ein Heiligsprechungsprozeß für Savonarola, wie er von manchen nicht ganz ohne Grund angestrebt wird, nie positiv ausgehen können wird, so gerecht seine Sache auch gewesen sein mag. Denn dazu müßte sich in Savonarola auf jeden Fall eine Demut nachweisen lassen, die der Demut der Johanna von Orléans vergleichbar wäre, auch einer Charismatikerin, die auf dem Scheiterhaufen starb und heiliggesprochen wurde.
Grignion de Montfort ist in dieser Hinsicht ein leuchtendes Beispiel. Er sagte Gott und seinen Feinden – oft waren es Bischöfe –, die an seiner Einzigartigkeit und seinem evangelischen Radikalismus Anstoß nahmen, Dank für alles, was sie ihm antaten.
Ebenso beispielhaft ist die Demut der Catherine Labouré: Wenn ihre Oberin, Schwester Dufès, sie verletzt hatte, kämpfte sie nicht, ja, sie zog sich in ihrer Verletztheit nicht einmal zurück, sondern sie ging erst recht – sehr bald, nachdem sie gekränkt worden war – zu ihrer Oberin, um demütig irgendeine „Erlaubnis" (die zumeist mehr oder minder überflüssig war) zu erbitten. So stellte sie die normalen und geordneten Beziehungen wieder her und bewies sich selbst und ihrer Oberin, daß sie ihr nichts nachtrug und sich nicht widersetzte. Es kostete sie einiges, denn es fehlte ihr durchaus nicht jener bäuerliche Stolz, der in vornehmer und manchmal auch durchaus lobenswerter Weise hart macht gegenüber dem

Gegner. Catherine Labouré ging auf diesem Weg so weit, daß sie gerade diese Oberin mit ihrer verletzenden Art zur Vertrauten ihrer intimsten Geheimnisse erwählte. Damit war das Eis gebrochen, und Schwester Dufès stellte sich hundertprozentig hinter Schwester Catherine. Es gibt in der Kirche keine andere Lösung als die der vollkommenen Liebe.
Man kann nur wünschen, daß in Medjugorje beide Seiten diesen Weg einschlagen. Es wird nicht leicht sein, denn zurzeit ist der Dialog durch Verletzungen und Mißtrauen unterbrochen. Der Bischof fühlte sich in seinem Amt und in seiner Autorität angegriffen und ist es sich schuldig, sie zu verteidigen. Aber auch die Franziskaner haben manches einstecken müssen, namentlich als ihre aufrichtige und unter Eid abgegebene Antwort keinen Glauben fand.
Sollte der Konflikt sich zuspitzen, würde dadurch schwerer Schaden angerichtet. Der Bischof hatte sich großes Ansehen und Rückhalt in der Bevölkerung erworben, als er die Erscheinungen gegen die verleumderischen Angriffe des Atheismus verteidigte. Er würde nun seinen Kredit verspielen und den Anschein erwecken, als unterstütze er die Gegner der Kirche. Sollte er eines Tages die Erscheinungen verurteilen, so würden die gegenwärtigen Seelsorger der Pfarre wie ihre Vorgänger verhaftet werden, ebenso die Sehenden. Gleichzeitig würden sie dadurch aber den Nimbus von Bekennern erlangen, und der Bischof stünde als Verfolger da. Eine derartige Situation würde dem Leben der Kirche zutiefst schaden, die Gegner der Kirche aber könnten sich ins Fäustchen lachen. Gottlob ist es nicht soweit. Der verderbenbringende Baum, den wir soeben beschworen haben, verdeckt nur zu sehr den Wald, oder besser gesagt den Garten von Medjugorje, der vielfältige Frucht bringt.
Man sollte für die Kommission, die am 25. März 1983 ihre schwierige Arbeit aufgenommen hat, beten. Der Heilige Stuhl habe sie aufgefordert, „nichts zu überstürzen", heißt es in ihrem ersten Dokument. Einige der Experten, die zum größten Teil aus den Reihen der Medjugorje ablehnend Gegenüberstehenden ausgewählt worden sind, sind im Lauf der Überprüfung des Sachverhalts zu einer positiveren Haltung gelangt.

2. Das Für

Folgende Gründe sprechen allen ehrlich geprüften Einwendungen zum Trotz für die Authentizität von Medjugorje.

Authentizität der Lehre
Es gibt in Medjugorje keine Probleme bezüglich der Lehre der Kirche. Seelsorge und Leben sind streng rechtgläubig.
Das Verhalten der Jungfrau entspricht ganz dem Bild, das die Evangelien von ihr zeichnen, und ihrer Rolle, wie sie von der Tradition verstanden wird, auch wenn ein so familiäres Verhalten erstaunen mag.
Man ist in Medjugorje nicht einseitig auf Maria ausgerichtet. Die tägliche Meßfeier beweist, daß sie zu Christus und zur Eucharistie hinführt.
Diese Gebetsbewegung ist nicht durch eine einseitige Marienverehrung gekennzeichnet, sondern ganz und gar theozentrisch, wie der folgende Dialog zwischen Pater Tomislav Vlašić und Vicka bezeugt: „Erfährst du die Jungfrau als Spenderin von Gnaden oder als Fürbitterin bei Gott?"
„Als Fürbitterin bei Gott."

Nachkonziliarer Stil, Offenheit und Aktualität
Der Stil der Erscheinungen von Medjugorje weist nicht nach rückwärts. Trotz mancher Berührungspunkte und einer gewissen Übereinstimmung kopieren sie keineswegs die Eigenart der Erscheinungen des vergangenen Jahrhunderts, sondern fügen sich in die nachkonziliare Seelsorge ein.
Die Jungfrau befürwortet die Offenheit, den Ökumenismus. Einmal (das Datum ist nicht genau festzustellen) sagte sie:
„Wir müssen jeden Menschen in seinem Glauben respektieren. Niemals darf man einen Menschen wegen seiner Überzeugungen geringachten. Die Gläubigen haben sich voneinander getrennt. Aber Gott lenkt alle Konfessionen wie ein König seine Untertanen vermittels seiner Minister, d. h. Diener. Jesus Christus ist alleiniger Mittler des Heils. Die Kraft des Heiligen Geistes ist nicht in allen Kirchen gleich stark."
Die Erscheinungen stellen eine Verbindung zur muslimischen

Bevölkerung des Landes her, die „zu den Erscheinungen Unserer Frau" kommt.

Die Jungfrau verhält sich gegenüber den Sehenden nicht wie eine Mutter, die ihre Kinder mit Beschlag belegt. Die Sehenden haben sie einmal gefragt, was sie nach ihrem Willen in Zukunft tun sollten. Hier ihre Antwort:

„Ich hätte gern, daß ihr Priester bzw. Ordensfrauen werdet, aber nur, wenn ihr es wollt. *Ihr seid frei. Die Entscheidung liegt bei euch."*

Und sie lassen ihre Entscheidung auch in aller Freiheit und Klarheit reifen, in der Liebe und ohne Übereilung. In ihrer Mehrheit haben sie sich für den geistlichen Beruf entschieden. Ivan trat 1981 ins Seminar von Dubrovnik ein. Aber er war für diese Art von Studium nicht vorbereitet; und die Fragen, die man ihm in einer vorbelasteten Atmosphäre (man wußte noch dazu, daß die Reserven vom Bischof ausgingen) stellte, scheinen ihn traumatisiert zu haben. Er brachte es zwar fertig, diese Situation (über die er auch jetzt nicht spricht) schweigend zu ertragen, doch seine Prüfungen fielen katastrophal aus. Er hält jedoch an seiner Berufung fest und sucht nach Möglichkeiten, sein Studium in einem günstigeren Klima wiederaufzunehmen und nachzuholen.

Eine der Sehenden (Ivanka Ivanković) ist in aller Freiheit zu dem Schluß gekommen, daß sie nicht für das Ordensleben geeignet ist, und hat die Absicht zu heiraten. Diese ohne alle Unruhe getroffene Wahl ist eine Bestätigung für die Freiheit der anderen.

Die Mutter Gottes von Medjugorje führt zu Christus hin. Auf die Frage nach dem besten Gebet antwortet sie den Sehenden: Das ist die Messe, und ihr werdet ihre Größe niemals ermessen können. Deshalb müßt ihr dabei ganz und gar demütig sein und euch darauf vorbereiten.

Die Jungfrau führt in Medjugorje zur Eucharistie hin. Rosenkranz und Erscheinung münden ein in die heilige Messe. Manchmal hat die Jungfrau, wenn sie erschien, das Christkind gezeigt (bei der ersten Erscheinung und Weihnachten 1983) oder aber den leidenden Christus. Immer wieder verweist sie auf Christus und sagt: „Was er euch sagt, das tut" (Joh 2,5).

Normalität der Ekstasen
Die Ekstasen weisen Züge auf, die den traditionellen Kriterien und der Erfahrung der Kirche zufolge überzeugend sind.
Wie bereits angemerkt, beginnen die Erscheinungen mit erstaunlicher Synchronie: Alle fallen gleichzeitig auf die Knie, lebhaft (wie in Beauraing), doch jeder auf seine Art. Bemerkenswert ist, wie alle Blicke in dieselbe Richtung gehen. Der kleine Jakov schaut hinauf, Ivan, der der größte ist, fast geradeaus. Das einzige Signal, das all das auf normale Weise zu erklären vermag, ist das Objekt, das ihnen erscheint.
Wenn sie beten, beginnen sie das *Vaterunser* häufig mit dem dritten Wort: *... im Himmel.* Den Anfang hat die Jungfrau vorgebetet, ohne daß man es hören konnte. Die Sehenden verstummen am Anfang der Ekstase alle gleichzeitig, obwohl sie ganz deutlich eine Unterhaltung weiterführen. Von Vickas Lippen könnte sogar ein Taubstummer die Worte ablesen, da sie besonders deutlich artikuliert. Die Sehenden wundern sich, daß man sie nicht hört, denn sie haben das Gefühl, „ganz normal zu reden". Am Ende der Ekstase kehrt die Stimme bei allen gleichzeitig zurück, und fünf Paar Augen erheben sich gemeinsam: Sie folgen der Erscheinung, die nach oben entschwindet.
Ihre Wahrnehmung der äußeren Welt ist stark herabgesetzt, wodurch die Wahrnehmung der Erscheinung vor allen störenden Einflüssen bewahrt bleibt. Einmal trat Dr. Stopar zwischen Marija und die Erscheinung. Es schien sie in keiner Weise zu stören. Nachher sagte er zu ihr:
„Du konntest nichts sehen, weil ich zwischen dir und ihr stand?"
„Doch, ich habe gesehen, aber es war wie ein leichter Nebel."
Der schwergewichtige Doktor war nur mehr eine Wolke ...
Die Reaktionen sind eingeschränkt, bleiben aber erhalten, weshalb Dr. Stopar der Meinung ist, daß es keine Ekstase im eigentlichen Sinn sei. Der Lidschlag ist vorhanden (entgegen anderslautenden Angaben), wenn auch weniger stark als gewöhnlich. Es ist weder Schlaftrunkenheit noch fiebrige Erregung festzustellen. Der Puls ist Dr. Stopar zufolge bei manchen etwas beschleunigt, nicht jedoch bei Ivan (nach dem

EKG von Dr. Bolta). Die Pupillen sind erweitert. Es ist nichts Kataleptisches zu beobachten: weder Anspannung noch Verdrehung, keine Starre. Auch der Kopf wird nicht zurückgeworfen – die Haltung des Hysterikers, die mich auf manchen Fotos von Garabandal stört (selbst wenn dieser Einwand für sich allein nicht entscheidend ist, kommt darin eine übersteigerte Subjektivität zum Ausdruck). Es tritt keine einem Höhepunkt zustrebende oder forcierte Gefühlsbewegung auf. In den allerersten Erscheinungen waren Gefühlsbewegung und Spannung offensichtlicher: Die Sehenden mußten sich erst auf ein neues und überraschendes Phänomen einstellen. Jetzt sind sie vollkommen einfach und natürlich, auch in der Ekstase. Der Körper ist völlig entspannt, in harmonischer Haltung, im Gleichgewicht und locker. Jeder behält den sehr verschiedenen Temperamenten entsprechend seinen Charakter und seinen Stil bei: Vicka kommunikativ und zungenfertig, Ivan ruhig und in sich gekehrt, der kleine Jakov, der die Erscheinung mit den Augen zu verschlingen scheint, begierig. Die Natur wird von der Gnade nicht gewaltsam verändert, sondern erst durch sie zu ihrer Vielfalt und Authentizität erweckt. Die Sehenden sind nicht von der Nachahmungssucht angesteckt, noch ist ihnen allen ein und dieselbe mystische Schablone übergestülpt. Die Ekstase läßt einen jeden auf seine Weise zu einer Begegnung mit Gott und der Jungfrau Maria gelangen. Ihre Unterschiedlichkeit und ihre Freiheit werden in dieser Begegnung nicht beeinträchtigt, sondern zu ihrem eigenen Besten aufgewertet. Aber wie soll man die Natur dieser Begegnung mit der Mutter Gottes deuten? Ist es ein subjektives oder ein objektives Phänomen? Vision oder Erscheinung? Das ist die klassische und zugleich fatale Frage. Ich habe an anderer Stelle vermerkt, warum dieses Dilemma zum einen naiv ist und zum andern an einer richtigen Analyse von Erscheinungsphänomenen (und allgemeiner von Erkenntnis) vorbeigeht.

Tatsächlich kann man im Bereich der Erkenntnis (von Grenzfällen, die häufig pathologisch sind, abgesehen) Subjektives und Objektives nicht als zwei Gegensätze gegenüberstellen, zwischen denen man sich entscheiden muß. Jede Erkenntnis ist Faktum eines Subjektes, das ein Objekt erreicht. Folglich impliziert die Erkenntnis immer einen subjektiven Aspekt: den Anstoß und die Information, materiales Medium der Erkenntnis, das das Subjekt erreicht, sowie den personalen Akt des Subjekts, der die eigentliche Erkenntnis ist. Die Erkenntnis ist keineswegs identisch mit dem erkannten materialen Objekt. Das Subjektive ist also Gegenstück zum Objektiven. Es bedingt den Akt der Erkenntnis des Subjekts. Dies ist richtig für die elementarste Erkenntnis, die auch als die objektivste gilt: die Erkenntnis durch die Sinne. Sie ist durch Informationen auf materialer Ebene bedingt, die das Subjekt erreichen: Die Wellen, die vom grünen Baum oder vom roten Apfel ausgehen, erreichen meine Netzhaut. Ausgehend von diesem Anstoß wird die elektrische Erregung des Nervs zum zerebralen Zentrum weitergeleitet, das die Information empfängt und entschlüsselt. Nicht die vom Objekt ausgehenden Wellen sind farbig, sondern die Farbwahrnehmung wird durch ihre Frequenz bestimmt.

Auch die Erregung des Nervs ist nicht farbig, sondern die Information über die Farbe wird durch seine physikalischen und chemischen Modalitäten weitergeleitet.

Ich erkenne den Baum als grün und den Apfel als rot. Ich sehe, daß sie grün bzw. rot sind, weil diese Informationen kohärent dekodiert werden. Und durch diese Dekodierung erreicht der Akt der Erkenntnis auch mit Sicherheit den grünen Baum oder den roten Apfel. Die Beobachter mögen noch so zahlreich sein, sie werden doch alle dasselbe darüber aussagen. Die Erkenntnis ist daher sehr wohl objektiv, auch wenn Grün und Rot dem Symbolbereich angehören. Durch sie können wir die Natur eines jeden Objekts eindeutig erkennen. Subjektives und Objektives sind also *Korrelative.* Die Erkenntnis ist Intentionalität, d. h. die objektive Fähigkeit, das andere als solches zu erreichen. Aber sie kann nur vermittels der komplexen Anstöße der Information an das Subjekt realisiert werden.

Bei den Erscheinungen stellt sich das Problem in der gleichen Weise. Welcher Anstoß, welche Information führt zur Erkenntnis der erscheinenden Person? Wir wissen es nicht, da wir nicht in der Lage sind, das außenliegende Objekt, wie etwa Apfel oder Baum, mit physischen Mitteln zu erreichen. Aber der

Anstoß ist nicht notwendig subjektiver als der Anstoß bei der Erkenntnis durch die Sinne, wie wir sie soeben analysiert haben.
Welcherart ist also der Anstoß, der die Erscheinungen hervorruft? Ist er für die Augen des Sehenden ähnlich dem Anstoß des grünen Baumes? Würde ein Augenarzt bei der Untersuchung auf der Netzhaut das Bild der Jungfrau sehen? Ich glaube nicht. Man kann vermuten, daß der Anstoß auf einer innerlicheren Ebene stattfindet: im zerebralen oder sogar geistigen Bereich. In letzterem Fall würde sich der geistige Anstoß ganz normal auf die Mechanismen des Seh- (oder Vorstellungs-)zentrums stützen. Zu diesem Punkt hat man keinerlei Erfahrung gemacht. Gäbe es solche Erfahrungen, würden sie zweifellos eine engere Abgrenzung des Problems gestatten. Doch würde man dabei an eine Grenze stoßen, wenn es sich um eine Erkenntnis handelt, die von einer Person stammt, die sich frei mitteilt.
Für die Sehenden ist es evident, daß es sich um eine *objektive* Erkenntnis handelt. Die Jungfrau erscheint ihnen nach ihrer Aussage ebenso real wie jede andere Person und in den drei Dimensionen. Sie können sie berühren und haben es auch getan.
Ein massiver Einwand steht ihrer Interpretation entgegen: Wäre die Jungfrau physisch und sinnlich wahrnehmbar da wie der grüne Baum oder der rote Apfel, so würden die anderen im Raum anwesenden Personen sie sehen. Sie sehen sie aber nicht. Soll man nun sagen: Ja, die Jungfrau ist physisch da, aber sie macht sich für die anwesenden Personen unsichtbar? Diese Erklärung, derzufolge nicht die *Erscheinung* das Wunder wäre, sondern daß sie den Nichtsehenden *verborgen* bleibt, wäre artifiziell oder gar lächerlich. Nein, die Erkenntnis beruht ganz normal auf einem innerlicheren Anstoß, den kein Protokoll genau zu orten vermag. Muß man also sagen: Dann ist der Anstoß subjektiv? Ja, in dem Sinn, daß jeder informative Anstoß das Subjekt in seiner Subjektivität erreicht, wie wir es für die Erkenntnis durch die Sinne festgestellt haben. Aber in beiden Fällen kann der Anstoß das *Medium* einer wirklichen objektiven Erkenntnis sein.

Daß bei der Begegnung mit der Jungfrau der Anstoß stark symbolisch ist, ändert nichts am Problem. Für die Erkenntnis durch die Sinne sind „grün" und „rot" kohärente Wahrnehmungen, jedoch auf Symbolebene. In einem bestimmten Sinn hatten die Philosophen des 18. Jahrhunderts recht, als sie sagten, es gibt kein Grün und kein Rot, wenn kein Subjekt da ist, das diese Farben wahrnimmt.
Diese Farben haben eine Objektivität, aber es braucht ein erkennendes Subjekt, um sie als solche wahrzunehmen. Man kann *symbolisch* und *real, subjektiv* und *objektiv* nicht als Gegensatzpaare zusammenstellen. Normalerweise sind sie eine Korrelation.
Eine ganze philosophische Schule ist durch den *Idealismus,* demzufolge man nur seine eigene Erkenntnis kennt, einseitig und zu ihrem Schaden beeinflußt worden und hat diese grundlegende Evidenz – daß nämlich die Erkenntnis auf normalem Weg zu ihrem Objekt, dem anderen als solchen, hinführt – verfälscht (eben das unterscheidet sie von der Verdauung, bei der das assimilierte Objekt umgewandelt wird). Das ist die Finalität der Erkenntnis, und dadurch wird sie definiert und spezifiziert.
Die Fähigkeit des erkennenden Subjekts, ein äußeres Objekt wahrzunehmen, heißt *Intentionalität.* Dabei wird weder das Subjekt, das lediglich erkennt, noch das Objekt, das weder bewegt noch verdoppelt, noch verändert wird, modifiziert, auch dort nicht, wo es von Millionen Zuschauern erkannt wird, wie z. B. im Fernsehen. Dieses Beispiel soll die Bedeutung unterstreichen, die den materialen Bedingungen der Erkenntnis zukommen kann. Kurzum, die Erkenntnis durch die Sinne ist trotz der materialen und subjektiven Medien der Information objektiv. Wir erkennen so nicht nur das Erscheinungsbild der Gegenstände unserer Umgebung, sondern auch die Personen, die wir lieben. Und gerade sie erkennen wir am besten. Dieser personale und existentielle Modus ist der Gipfel der Erkenntnis. Auf eben diese Weise können Sehende die Jungfrau erkennen, vorausgesetzt diese Person, die unseren Kosmos verlassen hat, um allein in Gott zu leben, will sich authentisch und objektiv manifestieren. Es gibt keine Gründe, dies zu

bestreiten, selbst wenn diese Erkenntnis durch die Sinne andere Modalitäten annimmt als die gewöhnliche Erkenntnis. Die Sehenden sagen, daß sie sie real sehen, wie jede andere Person, in drei Dimensionen und greifbar (sie haben sie berührt, und man ist dabei, diesbezügliche Untersuchungsmethoden zu testen).

Daß die Erkenntnis bei Sehenden in Ekstase einen anderen Modus hat als die gewöhnliche Erkenntnis, ist evident. Sie treten in einen zweiten Zustand ein, in dem die gewöhnliche Sinneserkenntnis zwar nicht aufgehoben, aber doch eingeschränkt ist. Man kann sie berühren, hochheben, mit Blitzlicht fotografieren, ohne daß sie reagieren. Nikola Bulat, Priester und Experte der Kommission, hat Vicka in der Ekstase zweimal mit einer starken Nadel gestochen. Der Videofilm zeigt, daß sie nicht einmal mit der Wimper zuckt, obwohl man, als sie sich am Ende der Erscheinung umwendet, sieht, daß der zweite Stich einen kleinen Blutfleck auf der Höhe des linken Schulterblattes hinterlassen hat.

Man sollte diese Trennung von der Außenwelt nicht überbetonen. Es wurde behauptet, daß die Sehenden keinen Lidschlag hätten. Das stimmt nicht. Der Lidschlag ist zwar geringer als gewöhnlich, doch sind Lidbewegungen alle Tage zu beobachten. Und schließlich bleiben die Sehenden während der Ekstase völlig entspannt und natürlich. Dort, wo es von Nutzen ist, behalten sie ihr Reaktionsvermögen bei. Eine gewisse Zurückdrängung der gewöhnlichen Erkenntnis durch die Sinne ist immer vorhanden und scheint die Voraussetzung für die außergewöhnliche Wahrnehmung der Erscheinung zu sein.

Warum? Weil die Jungfrau nicht unserem Kosmos angehört. Ihr verklärter Leib, von dem es im Dogma heißt, daß er „in den Himmel aufgenommen" worden ist, ist nicht mehr von unserem Raum-Zeit-Gefüge abhängig. Sie ist nicht mehr *in unserer Zeitlichkeit.* Sie existiert in Gott und *in der Zeit Gottes:* nicht mehr im Nacheinander, sondern im Miteinander, nicht mehr im Vorwärts und in der Zeitlichkeit, sondern in der Ewigkeit. Ihre Distanz transzendiert Raum und Zeit. Es ist die Distanz zwischen der *Zeitlichkeit* und Gottes *Ewigkeit,* und sie ist radikaler als jede räumliche Distanz. Wenn sich ein Wesen, das von Gott aufgenommen wurde, um an Seinem eigenen Leben teilzuhaben, in den Wechselfällen unserer Geschichte manifestieren will, sind für die Kommunikation andere Modalitäten erforderlich als diejenigen unserer Welt. Eben deshalb ist die Ekstase (die Zurückdrängung der Sinne) beim Empfänger notwendig.

So gesehen ist es nicht am Platze, die Erfahrung der Sehenden mit argwöhnischen Augen zu sehen und ihre wunderbare Natürlichkeit und Schlichtheit auf dem Hintergrund philosophischer Richtungen erklären zu wollen, für die alles „Religiöse" von vornherein Traum oder Illusion ist. Die Sehenden sprechen von der Jungfrau in sehr objektiver und sehr realistischer Weise, obwohl ihre Erkenntnis geheimnisvoll und außergewöhnlich ist. Und schließlich hat das *Enzephalogramm* den Beweis geliefert, daß die Ekstase nicht zum Bereich des Traums gehört.

Die Erkenntnis des auferstandenen Christus (der gleichwohl aß und sich berühren ließ, denn es war die objektivste aller seiner Erscheinungen) geschah bereits unter geheimnisvollen Modalitäten, die von den Aposteln, den Zeugen dieser Auferstehung, sehr wohl registriert wurden. Sie zögerten ja auch, ihn wiederzuerkennen, und zweifelten (Mt 28,17; Mk 16,14; Lk 24,36–38; Joh 20,15; 21,7–12). Es lag am besonderen Modus der Kommunikation zwischen göttlicher (ewiger) Welt, der auch Christus fürderhin angehörte, und der kosmischen Welt, in der die Apostel zurückblieben.

Wenn wir darüber Bericht erstatten, was die Sehenden seit drei Jahren beharrlich aussagen, behaupten wir damit nicht, daß jede Vision wirklich die Objektivität aufweist, auf der sie bestehen. Zudem haben sie auch innerlichere und geheimere Wahrnehmungen oder Botschaften.

Die Geschichte der Erscheinungen lehrt, daß es eine ganze Palette verschiedenartiger Kommunikationen gibt.

– Bei Bernadette hatte ich immer das Gefühl einer objektiven Erkenntnis, obwohl ihre Ausdrucksweise weniger klar, weniger eindringlich ist als die der Sehenden von Medjugorje, auch wenn *manche* ihrer Kommunikationen innerlichere Modalitäten aufweisen. In meinem Buch über Lourdes[18] habe ich versucht zu erklären, wie ihre Erkenntnis objektiv sein konnte, obwohl die zahlreichen Zeugen dieser Ekstasen die Mutter Gottes in der Felsenhöhle niemals gesehen haben. Die an den Sehenden von Medjugorje gemachten Beobachtungen haben mir bestätigt, daß diese Hypothese für sie wie auch für Bernadette zutrifft.

Die Ekstase der Catherine Labouré, einer einfachen Bäuerin, ähnlich unseren jungen Kroaten, hat nacheinander verschiedene Modalitäten durchgemacht:

a) Die erste Erscheinung der Jungfrau scheint sehr objektiv gewesen zu sein:

Mit einem Satz war ich bei ihr, ich kniete auf den Stufen des Altars nieder und stützte die Hände auf die Knie der heiligen Jungfrau.[19]

Obwohl Catherine die taktile Empfindung nicht extra erwähnt, kann man annehmen, daß sie in ihrem Bericht implizit enthalten ist.

b) In den drei darauffolgenden Erscheinungen erschien ihr die Jungfrau nach dem Muster der Wunderbaren Medaille: wie „ein Gemälde", sagt sie, das „sich umwandte", um die Rückseite der Medaille sehen zu lassen. Es handelt sich also nicht um eine leibliche Erscheinung, sondern um ein zweidimensionales Bild. Eine Medaille als Muster impliziert ein *artefactum:* etwas Künstliches, ein Kunstwerk, und nicht die Wahrnehmung einer Person in allen drei Dimensionen.

c) Als Catherine im April 1830 auf der Wand der Kapelle in der Rue du Bac das (für sie so bedeutungsvolle) Bild des Herzens des heiligen Vinzenz von Paul sah, kann es sich nicht um sein physisches Herz gehandelt haben. Dieses wurde damals als Reliquie in Lyon aufbewahrt und war weder in dieser Weise stilisiert worden, noch wies es die lebhaften Färbungen auf, die Catherine nacheinander sah. Vermittels dieses zweidimensionalen Bildes wurde ihr die Forderung der Liebe des heiligen Vinzenz von Paul klar, die an sie und an ihre Kongregation erging. Ihr wurde einzig und allein ein Zeichen dieser Liebe mitgeteilt.

d) Aber das ist nicht alles. Nach diesen sehr verschiedenartigen Erscheinungen empfing sie die folgende Botschaft:

„Du wirst mich nicht mehr sehen, aber du wirst mich in deinen Gebeten hören."

Es möchte uns scheinen, als würde es sich dabei nicht so sehr um eine *auditive* Wahrnehmung handeln, sondern um eine Kommunikation auf intellektueller Ebene bzw. im Bereich des Sinns: der Bedeutung.

Die Unterscheidung dieser verschiedenen Kommunikationsweisen – Erscheinungen, Visionen, Botschaften ohne Bild – ist klassisch. In Medjugorje gehören die Charismatiker der zweiten Generation (Jelena und Marijana) ihrem Wesen nach zu den beiden letztgenannten Kategorien: Sie haben innere Visionen „mit dem Herzen" und innere Kommunikationen. Gegenstand ihrer Botschaften sind Richtlinien für ihr persönliches Leben und für das gemeinschaftliche Leben der Pfarre und der Besucher: Bekehrung, Gebet, Fasten, Versöhnung, Unverzagtheit in Prüfungen. Und dieses Charisma wird durchaus weiterbestehen können, wenn die Erscheinungen einmal zu Ende gegangen sein werden. Es ist in der charismatischen Erneuerung geläufig.

Diese für Jelenas Charisma charakteristischen Unterschiede blieben bestehen, obwohl sie den Wunsch hatte, an der Erfahrung der Sehenden teilzuhaben: Sie hat gebeten, wie diese die Geheimnisse zu erfahren. Die Mutter Gottes hat es ihr verweigert. Das alles ist dazu angetan, eine Kohärenz aufzuzeigen, die aus der Tiefe kommt. Weder die Kinder noch die Priester, die ihnen ratend zur Seite stehen, wären bei aller Umsicht und Klugheit imstande, diese zusätzlichen und für sie selbst überraschenden Charismen zu erwecken. Wie gute Gärtner sind sie lediglich bestrebt, dort, wo ein Leben aufbricht, das ihr Begreifen übersteigt, zu sichten, zu helfen und Richtung zu geben. Sie schaffen nur die geeigneten Voraussetzungen für die Blüte und wachen darüber, daß sie nicht entartet.

Das innerlichere Charisma Jelenas geht deutlich in die Richtung einer normalen geistigen Entwicklung: vom Sichtbaren zum Unsichtbaren, von außen nach innen. Es zielt darauf ab, die objektive Modalität der Erscheinung, die die sechs Sehenden haben, durch einen Kontrast zu bestätigen.

Bei der Diskussion über die Modalitäten dieser Kommunikationen befinden wir uns in der mißlichen Situation dessen, der Zeuge eines Telefongesprächs wird. Wir nehmen den *Empfänger* bzw. den *Hörer* wahr, nicht aber den *Sender*. Auch die medizinischen Tests unterliegen dieser Beschränkung, denn sie werden nie an die Erscheinungen selbst herankommen. Wir können zwar den Zustand der Sehenden beobachten: Puls, Kreislauf und Atmung bleiben (zumindest bei Ivan) unverändert, bei anderen soll es leichte Veränderungen geben. Nach Dr. Stopar (der seine Beobachtungen ohne EKG gemacht hat) liegt der Puls zwischen 65 und 80. Das Enzephalogramm von Ivan (Dr. Joyeux am 30. Mai 1984) hat gezeigt, daß er während der ganzen Ekstase in seinem normalen Zustand bleibt: Epilepsie und Traum sind auszuschließen. Diese Feststellung ist von großer Bedeutung, weil dadurch die Hypothese einer Halluzination ausgeschlossen wird. Aber das Objekt, das den Sehenden erscheint – die Jungfrau – wird immer unzugänglich bleiben für wissenschaftliche Versuche, und wir werden auf diesem Gebiet stets auf Hypothesen angewiesen bleiben.
Deshalb ist es wichtig, zwei naive Standpunkte zu überwinden: den Standpunkt grundsätzlicher Arglosigkeit und den Standpunkt radikaler Kritik.
– Dem ersten zufolge käme die Jungfrau herab gleich einem Raumschiff. Doch diese Hypothese ist absurd, weil in diesem Fall alle Anwesenden sie sehen müßten.
– Ebensowenig wird die radikale Hyperkritik den Gegebenheiten des Problems gerecht, indem sie alles auf die Subjektivität (auf die Erzeugung des Objekts durch das Subjekt) reduziert. Sie bleibt die Erklärung für die Kohärenz und Verschiedenartigkeit der festgestellten Phänomene schuldig und deckt ihr Unwissen mit ideologischen Phrasen zu, die nichts beweisen und nichts erklären. „Es gibt mehr Ding' im Himmel und auf Erden, als eure Schulweisheit sich träumen läßt", sagt Hamlet. Es gibt mehr Dinge in der Kommunikation mit Gott, als eine rationalistische Ideologie sich vorstellen kann, auch wenn sie sich den Anstrich der Wissenschaftlichkeit gibt und mit psychologischen, psychoanalytischen und anderen Schlagwörtern arbeitet, um Phänomene *sui generis* auf die Subjektivität zu

reduzieren, und dabei den Sender *a priori* unter den Tisch fallen läßt.

Kurzum, die Ekstase der Sehenden stellt ein positives Argument dar, das Tag für Tag von übereinstimmenden medizinischen Untersuchungen untermauert wird. Zu diesem Schluß kam schon Michael Scanlan, Rektor der Franziskaneruniversität von Steubenville (Ohio), der für sein Judiz bekannt ist:

Ich habe die Sehenden zweimal während ihrer Erscheinungen beobachtet. Die einzige Erklärung, die man für ihr Verhalten geben kann, ist, daß ein übernatürliches Phänomen mit mystischem Charakter sie in seinen Bann schlägt. Nichts deutet auf psychische Halluzinationen. Die einzig haltbare Erklärung ist, daß es sich tatsächlich um eine Erscheinung Marias, der Mutter Gottes, handelt, wie die Kinder bezeugen.

Normalität der Sehenden

Die Analyse der Ekstase wird durch das Alltagsleben der Sehenden bestätigt. Die Ärzte, die sie auf Geheiß der Polizei (wie einst Bernadette von Lourdes) untersuchten – und zwar mit dem Auftrag, sie nach Möglichkeit in eine geschlossene Anstalt einzuweisen –, haben ihnen vollkommene physische, vor allem aber auch psychische Gesundheit attestiert. Wir wollen unparteiisch sein und anerkennen, daß das atheistische Regime bereit war, diese objektive und positive Diagnose, die in der Zwischenzeit von den verschiedensten Fachleuten bestätigt worden ist, zu akzeptieren. Die Sehenden haben auch unter dramatischen Umständen Ruhe und Humor bewahrt. Als der Polizeibeamte in Čitluk seinen Revolver auf Vickas Brust richtete, zuckte sie nicht mit der Wimper, sondern schaute ihm gerade ins Gesicht. Man war gerade in einer Periode von Sparmaßnahmen, und Vicka sagte zu ihm:

„Steck deinen Revolver wieder ein, du weißt genau, daß ihr sparen müßt ..."

Was ich bei den Sehenden beobachtet habe: Sie sind auf echte und unkomplizierte Weise einfach, aber sie sind nicht einfältig. Ihre je nach Temperament unterschiedliche Kommunikation mit den Mitmenschen – Angreifern wie Bewunderern – ist ausgezeichnet. Sie sind nach wie vor gerecht und fest ohne alles Neurotische. Sie sind einfach da, erfüllt von einer beglückenden Erfahrung. „Wir sind die glücklichsten Menschen auf dieser Welt", sagte Marija Pavlović, die wir weiter oben zitiert haben.

Eine solche Freude ist ein Zeichen von Gesundheit. Sie „fühlen sich wohl in ihrer Haut", wie das heutzutage heißt. Ihre physische und psychische Gesundheit wird durch die zwei (bzw. für Marija drei) Fasttage nicht beeinträchtigt, sondern sie scheinen dadurch aufzublühen wie die Knaben im Buch Daniel, die nur Gemüse aßen. Zwar ist ihre Botschaft ernst und manchmal bedrückend, aber das Leiden wird nicht um seiner selbst willen gesucht. Im Seminar, wo Ivan in mehr als einer Hinsicht gelitten hat (Schwierigkeiten und Versagen im schulischen Bereich, Zweifel und Skepsis, die ihm in seiner Eigenschaft als Sehendem entgegenschlugen), erkennen seine Lehrer doch an, daß er „immer höflich, freundlich und fromm geblieben ist".[20]

Eine prüde Großmutter war über diese Natürlichkeit ohne alle Komplexe verwundert und sagte zu den Mädchen: „Wie kann euch denn die Jungfrau erscheinen, wo ihr doch mit Buben spielt?"

Sie verstehen es, den Leuten gegenüber, die begierig auf einen Kontakt mit ihnen sind, die angemessene Distanz zu wahren: Da gibt es keine Umarmungen und keinen Fetischismus, wie er sich um Bernadette herum breit machte, die Grund genug hatte, sich zu ärgern. Allein durch ihre Art, sich zu geben, brechen sie solchen Mißbräuchen die Spitze ab. Die verantwortlichen Priester legen dieselbe Einfachheit an den Tag. Es ist die Einfachheit der Franziskaner und der jungen Generation, die allergisch ist gegen allen falschen Schein.

Kurzum, diese jungen Menschen sind bis in die Ekstase hinein frei. Die Experten haben sich gefragt warum:

– Dieses Phänomen bringt die üblichen Gesetze der Psychologie und der Soziologie ins Wanken, stellte P. Slavko Barbarić, den wir weiter oben schon genannt haben, fest.

– Können parapsychologische Fähigkeiten oder unbekannte Ursachen im Spiel sein? Daß es hier manches Neuland gibt, ist nicht auszuschließen. Doch selbst in diesem Fall bliebe

abzuwarten, wie diese verborgenen natürlichen Quellen sich zusammen mit der Gabe Gottes, die sich in solcher Überfülle und Ausgeglichenheit manifestiert, artikulieren.
– Daß der Satan im Spiel sein könnte, scheint ausgeschlossen, denn die Erscheinungen führen hin zu Christus, zu Gebet und Bekehrung, zu Beichte und Eucharistie. Würde der Teufel auf diese Weise gegen sich selbst arbeiten, so müßte man sagen, er ist bekehrt!
– Die beste Erklärung ist folglich, daß hier eine Kommunikation mit Maria, der Mutter Christi und Mutter der Menschen, stattfindet. Diese Frau, umhüllt von der Sonne der Gerechtigkeit, von der die Apokalypse (12,1–12) spricht, bleibt in der Kirche gegenwärtig. Sie war ihr reiner Anfang und sie hat das Leben der Kirche in jeder seiner Phasen vorausgelebt: von der ersten Annahme Christi bei der Verkündigung bis hin zu ihrer Aufnahme in den Himmel. Die beste Erklärung ist folglich, daß die Mutter Gottes in einer Stunde weltweiter Bedrohung die vielgeprüfte Kirche in der Gemeinschaft der Heiligen heimsucht.

Eine beispielhafte Seelsorge

Die Seelsorge in dieser Pfarre ist ebenfalls ein gutes Zeichen. Man hat den verantwortlichen Priestern vorgeworfen, sie würden übermäßige Propaganda treiben. Ich bin bei ihnen auf nichts gestoßen, was nach Werbung aussehen könnte oder nach psychologischen Methoden, mit deren Hilfe Überzeugungen eingetrichtert würden. Im übrigen verbietet ihnen die besondere Situation der Ostblockländer ohnedies alles, was nach expliziter Propaganda aussehen könnte. Sie legen ganz einfach Zeugnis ab für ihre eigene Überzeugung, für das, was für sie evident ist. Das kann man ihnen nicht vorwerfen. Jeder Christ, der die geistliche Erfahrung einer Begegnung mit Gott macht, erfährt sie als gut und hat den spontanen Wunsch, sie mitzuteilen. Das ist ganz in Ordnung und ich habe in dieser Hinsicht keinerlei falsche Töne gehört.
Wir haben weiter oben den Werdegang dieser Seelsorge skizziert. Die beiden Geistlichen vom Juni 1981, die dem außergewöhnlichen Übernatürlichen sehr reserviert gegen-

überstanden, haben die Bewegung mit aller Kraft zum Glauben und zu den Sakramenten hingelenkt. Tomislav Vlašić, der nach Jozos Verhaftung am 16. August an dessen Stelle trat, war in der *charismatischen Erneuerung* engagiert. Er hat es verstanden, seine Erfahrung mit Charismen im Dienst einer traditionellen und volkstümlichen Seelsorge einzusetzen, ohne sie in ihrem Charakter zu verändern. Das Gleichgewicht zwischen Charismen und Tradition, Glauben und Sakramenten scheint mir exemplarisch zu sein.

Da Tomislav Vlašić als „charismatisch" eingestuft wurde, hatte ich mich auf eine Liturgie enthusiastischen Stils gefaßt gemacht: auf erhobene Hände, begeisterte Ausrufe und Zungenreden. Doch fand sich nichts dergleichen in den Messen und liturgischen Feiern der Pfarrgemeinde von Medjugorje. Die Liturgie bleibt die einer bäuerlichen Pfarre dieser Gegend. Qualität und Intensität manifestieren sich hier in außerordentlicher Nüchternheit.

Die Früchte

Das beste Zeichen sind die Früchte dieser Bewegung. Sie sind nach dem Evangelium der beste Beweis, denn „jeden Baum erkennt man an seinen Früchten", sagt Christus (Mt 7,16; Lk 6,44).

Diese Früchte sind auf allen Ebenen außerordentlich überzeugend: menschliche Ausgeglichenheit, Charismen, Liebe, selbst wenn man sich fragen kann, ob dieser oder jener spezielle Aspekt gerade günstig ist, oder wenn man sieht, daß auch in Medjugorje die menschlichen Grenzen nicht aufgehoben sind. Die beherrschenden Züge sind die Natürlichkeit und Klarheit, die Ausgeglichenheit und die Freiheit, die Liebe und Hingabe, das tägliche Gebet.

Der singulärste Zug an dieser Erfahrung ist das Fasten. Es führt eine franziskanische Tradition wieder ein, die lange lebendig war und dann vernachlässigt wurde. Schon in den ersten Tagen, noch bevor er an die Erscheinungen glaubte, griff Jozo Zovko darauf zurück, als er sich über diese ungewöhnlichen Phänomene nicht im klaren war. Er forderte die Pfarre zu einem dreitägigen Fasten auf.

Diese Übung fördert die Ernsthaftigkeit des Glaubens und die Bereitschaft zum Gebet. Sie breitet sich von Medjugorje ausgehend in der Kirche aus und Tausende Christen erfahren ihre heilsame Wirkung.
Die Erscheinung kommt den Bemühungen Johannes Pauls II. entgegen, der Wert darauf legte, das Fasten im Kanonischen Recht beizubehalten, obwohl es manche zusammen mit der Abstinenz daraus entfernen wollten.
Es wird nicht total, sondern in gemäßigter Form gefastet: „Am besten fastet man bei Brot und Wasser", sagte die Erscheinung zu den Sehenden.
Den Gepflogenheiten in der Pfarrei und den Antworten der Sehenden konnte ich entnehmen, daß auch Obst gestattet sein kann. Aber natürlich weder Eier noch Fisch noch sonst etwas. Dieses Fasten schwächt nicht, sondern es wird freudig und heiter gehalten; hier ist nicht Angst vorherrschend, wie in manchen übereifrigen, aber unerfahrenen Klostergemeinschaften, wo man schließlich bei der einzigen uneingeschränkten Mahlzeit mehr aß, als sonst während eines ganzen Tages. Wer richtig fastet, hat keinen Hunger und nimmt zu den Gewohnten drei Mahlzeiten wenig zu sich. Und indem er seinen Geist reinigt und sein Herz für die Gabe Gottes öffnet, entgiftet er auch seinen Körper.
Wir stehen hier in der franziskanischen Tradition, aus der das Fasten hervorgegangen ist, und in der Tradition des Evangeliums. Solange der „Bräutigam" (Christus) bei ihnen war, dachten die Jünger nicht daran zu fasten (Mt 9,15); aber es entsprach durchaus einem Fasten (bei Getreide und Wasser), wenn sie auf endlosen Straßen unterwegs ihre Mahlzeiten mit ein paar zerriebenen Ähren bestritten. Und die Apostelgeschichte (13,2; 14,23) bezeugt, daß die ersten Christen sehr bald schon zu fasten begonnen haben, „als ihnen der Bräutigam genommen war" (Mk 2,19–20). „Was hast du davon?" fragte ich Marija.
„Vollkommenere Freude, Bereitschaft und Hingabe, lebendigeres Gebet", gab sie mir am 24. Dezember 1983 zur Antwort. Außer Mittwoch und Freitag fastet sie auch noch am Samstag zu Ehren der Jungfrau. Doch ißt sie zur Milderung an diesem

Tag auch noch Kartoffeln. Dazu kommt noch das Fasten zur Vorbereitung auf die großen Feste: Mariä Himmelfahrt, Unbefleckte Empfängnis werden durch ein neuntägiges Fasten vorbereitet.
Die Sehenden haben dabei die Führerrolle inne. Ihr Beispiel findet schnelle und ausgedehnte Nachahmung. Im Dorf wird bei den meisten Familien an ein oder zwei Tagen pro Woche nicht gekocht, und das Fasten schafft einen Freiraum und Bereitschaft für das Gebet.
All das hält sich, vertieft und vervollkommnet sich fortschreitend, ohne daß eine Bemühtheit zu spüren wäre, besondere Leistungen zu erzwingen. Man will nur die lebenswichtige Zeit für das Gebet sicherstellen, ohne dauernd auf die Uhr schauen zu müssen. Was gepflegt wird, ist eine Beziehung der Vereinigung mit Gott, aus der man Kraft, Freude und Liebe schöpft. Es ist ein Sauerteig, der in der Kirche wirkt.
Die Bewegung entwickelt sich wie jede echte Bewegung von innen heraus. Es gibt keinen Planungsstab, sondern sie wird hervorgebracht durch den Anstoß des Glaubens und durch die empfangenen Erleuchtungen. Die Priester haben beobachtende und kontrollierende Funktion. Es sind diese Kraft und diese Spontaneität, die die zahllosen Besucher aus aller Welt so beeindrucken. Ich habe dort eine ganze Reihe von Amerikanern und sogar einen Australier getroffen, einen jungen Mann, der diese Reise eigens und ganz privat, also ohne Auftrag irgendeines Presseorgans, unternommen hatte.
Die Implantation in einem östlichen Land könnte allmählich eine echte Osmose zwischen den so tiefen geistigen Strömungen der Kirche des Schweigens und dem, was endlich auch in den Kirchen des Westens gesucht wird, herbeiführen.
Die Entwicklung geht in eine gute Richtung und schreitet vom Äußeren zum Inneren weiter, von den Lichterscheinungen, die die Massen zunächst angezogen hatten und heute seltener sind, hin zur täglichen Askese in Gebet und Fasten.
Dazu kommen die Heilungen. Das Gebet um Heilung hat zurückhaltenden Charakter, der durch die Wachsamkeit der Regierung noch gefördert wird. Der Weg führt vom Sichtbaren zum Unsichtbaren, von den Erscheinungen zur Vertiefung

des Glaubens. Gnade und Prüfungen aller Art vereinigen sich zum Vorteil der Bewegung. Die Seelsorge meidet alles Außergewöhnliche, Spektakuläre und Überschwengliche.
Eine der Sehenden hat aufgehört zu sehen. Sie zeichnet den Weg zurück zum Glauben im Dunkeln vor, den auch alle anderen Sehenden bald werden gehen müssen: „Unsere Bitten gehen oft in die falsche Richtung. Um den Heiligen Geist muß man bitten", hat einer von ihnen gesagt.
Das trifft sich mit dem Wort Jesu nach Lukas (11,13): „Wenn nun schon ihr, die ihr böse seid, euren Kindern gebt, was gut ist, wieviel mehr wird der Vater im Himmel denen, die ihn bitten, den Heiligen Geist geben." Es ist die Erfahrung jeder wahrhaft christlichen Gemeinde.

Normalität der Funktion

In Medjugorje erfüllen die Erscheinungen ihre ureigene Funktion. Bevor ich Medjugorje kennenlernte, hatte ich die Funktion von Erscheinungen *in abstracto* folgendermaßen formuliert:
– die verborgene Gegenwart Gottes und derer, die an seinem Leben in der Herrlichkeit teilhaben, aufzuzeigen;
– prophetische Botschaften zu übermitteln;
– den Glauben und vor allem die Hoffnung zu aktualisieren, wiederzuerwecken und zu beleben;
– zu bekehren und Begeisterung zu wecken;
– die christlichen Gemeinschaften aufzubauen und in der geistigen Trägheit des Menschen Dynamik und Absichten zu erwecken;
– die Bande der Gemeinschaft der Heiligen zu festigen.
Diese Aspekte bestätigen sich in Medjugorje.
Meine Diagnose ist somit weitgehend positiv. Die Fragen und Einwände, sozusagen die Unfälle auf der Strecke (wie z. B. die Bananenschalen, die angeblich vom Teufel auf die Straße gestreut worden sind), scheinen durch die wahrhaft außergewöhnlichen Positiva reichlich aufgewogen. Wir befinden uns auf der Höhe bester christlicher Erfahrungen. Wenn eine erlesene Gnade und Charismen, die nach dem Wunsch des Konzils in der Kirche erweckt werden sollen, sich mit den

Früchten einer guten christlichen (und franziskanischen) Tradition paaren, so ist das eine seltene und vielversprechende Konstellation.
Am überzeugendsten sind die Früchte, die mir Tag für Tag in zahlreichen Briefen bestätigt werden. Wer das alles mit schönem dialektischen Talent dem Teufel zuschreiben möchte, sollte sich einmal an Ort und Stelle umsehen.
Denn er scheint nichts zu wissen von der zunehmenden Zahl von Bekehrungen, nichts zu wissen von den vielen und oft ernstzunehmenden Heilungen, die noch eine eingehende Untersuchung erfordern (wir geben auf den Seiten 180–191 nur eine Aufzählung davon). Mediziner, Psychologen und Soziologen stoßen hier an eine Grenze, die von einem Jenseits zeugt oder von einer unbekannten Ursache.
Wenn man sich nicht in verdächtiger Weise auf ein paar Simplifikationen versteift, die bei jungen Leuten, die sich spontan äußern, ganz normal sind, so wird man auch von der Kohärenz in der Lehre überrascht sein. Zwar konnte man in den Anfängen manche Kindereien beobachten. Umsomehr muß man bewundern, wie die Sehenden gereift sind, ohne daß sie dabei ihre Einfachheit eingebüßt hätten, die für den mit allen Wassern gewaschenen Theologen manchmal überraschend ist.

Protokolle und positive Gutachten

Es scheint mir sinnvoll, zum Abschluß einige positive Gutachten zusammenzustellen, die ich in Medjugorje gesammelt habe.
a) Wissenschaftliche Gutachten:
Einige Ärzte haben zu bestimmten Heilungen positive Gutachten abgegeben. Doch könnte man sie hier nicht nennen, ohne sie in ihrer Heimat in Schwierigkeiten zu bringen.
– Dr. Ivan Tole, geboren in Rodoč bei Mostar, Mitglied des Internationalen Komitees von Lourdes, ist der Meinung, daß drei oder vier Heilungen mit Sicherheit als wunderbar zu bezeichnen sind.
– Dr. Ludvik Stopar, Neurologe und Parapsychologe aus Marburg, war zweimal in Medjugorje. Er hat die Sehenden nach eigenen hypnotischen Methoden untersucht. Dabei wurde das klare Bewußtsein der Sehenden von den darunterlie-

genden 90 Prozent Unbewußtem abgelöst. Ihre Schilderung und ihre Antworten waren auf dieser unbewußten (automatischen) Ebene ihrer Substanz nach dieselben wie auf der Ebene des Bewußtseins, wo nur die Redeweise stockender war. Dr. Stopar hält es für ausgeschlossen, daß sie „Media" sind.
Sein Gutachten stimmt mit dem der Ärzte überein, mit denen die Polizei zwecks Untersuchung der Sehenden auf ihren Geisteszustand Verbindung aufgenommen hatte und die sie für normal befunden hatten.

– Dr. Philippe Madre bestätigt ihr physisches, psychisches und geistiges Gleichgewicht.

– Ivan Dugandžić ist Autor eines sehr positiven Memorandums über die Sehenden und die Ereignisse, die er eine Woche lang beobachtet hat.

– Dr. Milan Topalović, Psychoneurologe und Spezialist für Akupunktur, hat die Kinder während der Erscheinungen beobachtet. Sein Urteil war positiv.

– Slavko Barbarić, Franziskaner, Psychotherapeut, Experte für spirituelle Theologie, hat die Kinder durch mehrere Monate hindurch psychologisch getestet. Von ihm stammt die von P. Rupčić wieder aufgegriffene Studie, in der der Zusammenhalt der Gruppe durch die Erscheinung erklärt wird.

b) Bezüglich der *Unterscheidung der Geister* haben sich zahlreiche Experten auf diesem Gebiet, namentlich Charismatiker, in ihrer Diagnose sehr positiv geäußert:

– Pater Robert Faricy S. J., Professor am Päpstlichen Institut in Rom, hat seine Schlußfolgerungen in einem grundlegenden Artikel zusammengefaßt.[21] Er verweist zunächst vorsichtig darauf, daß „die Kirche sich noch nicht geäußert hat", und schließt dann in seiner sehr umsichtigen Analyse Simulation sowie das Wirken des Teufels aus. Er lobt „die unverfälschte Lehre, die menschlichen und geistlichen Qualitäten der sechs jungen Sehenden" und die so positiven Früchte, „die das beste Argument für die Echtheit liefern". Er schließt: „Medjugorje sollte nicht nur ein nationaler, sondern auch ein internationaler Wallfahrtsort sein."

Ich habe auch noch weitere ähnlich lautende Urteile von Experten des geistlichen Lebens gesammelt:

– Michael Scanlan von der Universität Steubenville, Autor charismatischer Bücher;
– John Bertolucci von derselben Universität (Ohio, USA);
– Pater Beck aus Mailand, ein aus Zagreb gebürtiger Ungar, heute Rektor des Exerzitienhauses in Mailand. Er war dreimal in Medjugorje;
– Pater Tom Forrest, der zwei Tage in Medjugorje verbracht hat.
– Pater Tomislav Ivančić, Professor für Fundamentaltheologie in Zagreb, der ebenfalls zwei Tage in Medjugorje verbracht hat;
– Pater A. Dongo, Theologe aus Belgien;
– Pater Radogast Grafenauer S. J., den der Bischof von Mostar wegen seiner vorsichtigen und kritischen Haltung beigezogen hatte und der zu einem entschiedenen Anhänger der Erscheinungen geworden ist;
– Hans Urs von Balthasar, Theologe und geistlicher Schriftsteller ersten Ranges, hat sich sehr für Medjugorje interessiert. Er hat in Rom darüber gesprochen und den Verantwortlichen der Pfarre geholfen, Gegenwart und Zukunft positiv einzuschätzen.

Alle schließen mehr oder minder entschieden eine rein natürliche Erklärung und mehr noch eine Erklärung durch den Teufel aus.

Ich bitte um Entschuldigung, wenn ich andere Würdigungen, die Pater Rupčić gesammelt hat, nur bruchstückhaft wiedergebe. Ich kann hier die Namen nicht angeben, sei es, daß ich sie aus Gründen der Diskretion verschweigen muß, sei es, daß ich in der Schreibung unsicher bin.
– Ein Professor aus Düsseldorf: „Ich habe die ganze Welt bereist, aber nie habe ich solche Menschen wie hier gesehen. Sie leben."
– Ein Theologieprofessor aus Zagreb (Ivan Golub): „Als ich nach Medjugorje kam, machte ich mich auf eine Predigt über Maria gefaßt; was ich aber hörte, war keine Predigt *über* Maria, sondern *von* Maria, die sagt: ‚Was er euch sagt, das tut' (Joh 2,5)."
– Zwei andere: „Die Jungfrau habe ich in Medjugorje nicht

gesehen, aber ich habe so etwas wie den Widerschein ihres Antlitzes auf den Gläubigen wahrgenommen. Ich weiß nicht, ob die Mutter Gottes den Kindern erschienen ist. Aber ich sehe, daß sie dieser Welt erschienen ist ... Wenn die Mutter Gottes nicht erschienen wäre, diese erwartungsvolle Menge würde sie dazu bringen."

c) Über die ökumenischen Grenzen hinweg:

– David Duplessis, ein herausragender Vertreter der Pfingstbewegung und ein Mann von hoher geistlicher Qualität, der diese Bewegung dem Ökumenismus geöffnet hat und sein Leben in den Dienst einer bemerkenswerten geistlichen Unterscheidung gestellt hat, war von seinem Besuch in Medjugorje ganz und gar positiv beeindruckt. Er sagt:

Trotz meiner zahlreichen Kontakte mit der katholischen Kirche habe ich nie einen solchen Gebetsgeist gefunden. Eure katholische marianische Tradition hat mich lange Zeit erschreckt, denn bei uns nimmt sie nicht soviel Raum ein. Hier aber habe ich erfaßt, daß Maria zu Christus hinführt. Ich werde dem Papst bei meinem Besuch darüber berichten.

Es ist ein gutes Zeichen, daß die Erscheinungen von Medjugorje sich nicht bei den historischen Besonderheiten des Katholizismus aufhalten und somit eine ökumenische Dimension im besten Sinn haben.

– Ein muslimischer Derwisch aus Blato (in der Nähe von Mostar), der sich intensiv mit den mystischen Erfahrungen des Sufik[22] beschäftigt, hat sehr positiv reagiert, als er den Erscheinungen in dem kleinen für sie reservierten Raum beiwohnte:

Ich habe hier in meinem Herzen eine solche Energie verspürt, daß ich hätte schreien können. Ich meinte, selbst in Ekstase zu geraten. Ich habe beschlossen, die ganze Nacht zu beten. Laßt in diese kleine Kapelle nur qualifizierte Leute eintreten.

Diese Welt sucht Gott. Wer sucht, der findet. Und wenn sie ihn findet, hält sie ihn in Liebe fest. Und wer in der Liebe zu Gott entbrannt ist, den kann nichts von ihm trennen.

Dieses Wort eines Nichtchristen ist wie ein erstaunliches Echo des heiligen Paulus im Römerbrief 8,35–39: „Was kann uns scheiden von der Liebe Christi?"

d) Zum Abschluß sei angeführt, *wie die Bischöfe die Erscheinungen* aufgenommen haben, denn es ist aufgrund ihres Lehramtes von Bedeutung. Ihre Haltung war ziemlich weitgehend positiv. Gleichwohl haben die Einwände des Bischofs von Mostar die Vorbehalte akzentuiert.
Kardinal Kuharić von Zagreb hatte mit einer der Sehenden eine Zusammenkunft in Zagreb. Sie hatte in seiner Gegenwart eine ihrer Ekstasen, wurde mir versichert, ohne daß mir ein Datum angegeben worden wäre.
Erzbischof Franić von Split, ein enger Freund des Kardinals Ottaviani und Mitglied der Konzilskommissionen über die Glaubenslehre, eher den Traditionalisten verbunden, aber doch aufgeschlossen, war in allergrößter Diskretion persönlich in Medjugorje. Er wohnte *incognito* dem täglichen Rosenkranz und der anschließenden Messe bei und war von der Qualität des Gebets und der Liturgie beeindruckt. Als die Priester den Gläubigen die Kommunion austeilten, empfing er sie wie einer von ihnen. Sein Kollar hatte er unter einem Schal verborgen, um nicht erkannt zu werden. Er hat mir im Dezember 1983 bestätigt: „Medjugorje hat in zwei Jahren mehr erreicht als unsere Seelsorge in vierzig."
Daß in einer Welt, in der sich der Glaube so häufig relativiert und in ideologische Abstraktion verflüchtigt und wo seit fünfzig Jahren keine Erscheinung mehr anerkannt worden ist, ein Zeichen des Himmels gegeben wird – ist das nicht ein gutes Zeichen? Und muß es einen wundern, daß es in seiner Schlichtheit kindisch, ja sogar verächtlich zu sein scheint in den Augen der Weisen dieser Welt?
Und daß dieses Zeichen in einem östlichen Land gegeben wird, als Ermutigung für die, die ihren Glauben gegen ihre eigenen Interessen und manchmal auch auf Kosten ihrer Freiheit verteidigen (die Inhaftierungen, die im Zusammenhang mit Medjugorje erfolgt sind, bezeugen es) – auch das ist ein glückliches Zeichen der Zeit und eine gute Nachricht. Die unvollendete Symphonie von Medjugorje verdient es, daß man gespannt ist auf ihre letzten Töne: Zweifellos werden sie wie alle anderen lichtvoll sein, aber auch bescheiden und demütig.

Unbeschadet des Urteils, das zu fällen der bischöflichen Obrigkeit zusteht, und nur auf Grund meiner fachlichen Kompetenz (wobei ich mir ihrer Grenzen klar bewußt bin) gelange ich im Zuge dieser Untersuchung ganz normal zu einer positiven Einschätzung der Erscheinungen. Alles, was den Anschein erweckt, dagegen zu sprechen, ist meiner Meinung nach auf ärgerliche Interferenzen und auf die unzureichende Wahrnehmung dieses Ereignisses zurückzuführen. Das Ereignis selbst aber hat außerordentliche Zeichen der Wahrheit an sich.

Nur eine wichtige Grundvoraussetzung auf diesem Gebiet möchte ich noch in Erinnerung bringen: Die außergewöhnliche Gabe der Erscheinungen ist keineswegs die selige Schau noch eine absolute Kommunikation. Sie ist ein *Zeichen* des Himmels. Aus diesem Grund räumt die Kirche den Erscheinungen nur einen bescheidenen Rang ein. Sie sind Materie der persönlichen Meinung und ohne Verpflichtung zum Glauben. Wenn diese geringe Wertschätzung in den vergangenen Jahrhunderten manchmal auch zu weit ging, so ist sie doch grundsätzlich gerechtfertigt. Eine gesunde Einschätzung darf daher die Erscheinungen und die Worte, die sie übermitteln, nicht allzusehr verabsolutieren. Ein Gutteil an den Erscheinungen ist relativ. So sind z. B. die Kleider, die sie trägt und die keinem Geschäft entstammen, relativ. Ebenso die Haarfarbe (in Medjugorje schwarz) oder die Farbe der Augen, das Alter, das sie zu haben scheint (in Medjugorje 18–20 Jahre, anderswo jünger oder auch reifer), die Größe (in Medjugorje ca. 1,60 m; in Lourdes 20–30 cm weniger). Die verklärten Leiber haben kein Alter mehr, da sie nicht mehr der kosmischen Zeit unterworfen sind.

Was macht es schon aus, daß das Kleid der Jungfrau in Lourdes weiß ist und in Medjugorje dem Tag entsprechend „grau" oder golden? Was macht es schon aus, daß sie in Lourdes jung erscheint („jünger als die Sünde", schreibt Bernanos) und anderswo erwachsen? Eine authentische Erscheinung bedeutet echte Erkenntnis der Jungfrau und echte Kommunikation mit ihr, auch wenn die begleitenden Zeichen, die Kleidung etc. in bezug auf Zeit, Ort, Sehende und Botschaft relativ sind. Wenn die inspirierte Heilige Schrift, die Wort Gottes ist je nach den Besonderheiten jedes Evangelisten, schon ihr Teil Relativität an sich hat, um wieviel mehr haben dann die Erscheinungen eine Relativität, die in jedem einzelnen Fall und für jedes einzelne Faktum mit Klugheit und Feingefühl zu behandeln ist. Diese Relativität hängt von der Art und Weise ab, mit der Gott und die Jungfrau oder jeder andere Heilige oder Diener Gottes sich dem Sehenden und der örtlichen Situation anpaßt, aber auch von dem normalen und lebendigen Echo, das die Kommunikation in jedem Sehenden auslöst. Es sind auch noch andere Feststellungen zu berücksichtigen:

– Die Jungfrau erscheint *gleichzeitig* an verschiedenen Orten. Während des Schuljahres erscheint sie seit 1981 jedem Sehenden an seinem Studienort: für Marija in Mostar (am häufigsten in der Kirche), ebenso für Ivanka, die das Gymnasium besucht; für Mirjana in Sarajevo, wo sie studiert; für Ivan in Dubrovnik. Zugleich aber gehen die Erscheinungen für Vicka und Jakov in dem an den Chor der Kirche angrenzenden Raum weiter.

– Während der Ekstasen, bei denen sie zu mehreren sind, konnte ich wie auch schon andere vor mir die Feststellung machen, daß mehrere Sehende manchmal zur gleichen Zeit verschiedene Gespräche mit der Mutter Gottes führen: Dies wäre mit einem Gesprächspartner von dieser Welt nicht möglich.

Diese Merkmale offenbaren ganz einfach die Freiheit der verklärten Leiber. Weder sind sie wie wir an die Abfolge von streng eingegrenzten Akten gebunden noch an einen Ort. Letzteres wird durch die erstaunlichen Fälle von Bilokation, die im Leben mancher Heiliger ernsthaft bezeugt sind, vorweggenommen.

Wenn es heißt, daß die Erscheinungen ein Zeichen sind, dann bedeutet das nicht, daß sie Sinnestäuschungen sind. Es bedeutet, daß sie nicht der Endpunkt des Weges sind, sondern eine Wegzehrung. Aufgabe eines Zeichens ist es, das erkennen zu lassen, was es bezeichnet. Dies trifft für jedes Medium der Erkenntnis zu: für das Bild, das bei den Nachrichten auf unserem Fernsehschirm erscheint, für die Ikonen, die Stationen einer echten Begegnung sind. Ebenso verhält es sich *mutatis mutandis* mit den Erscheinungen. Auch hier geht die Erkenntnis über ein Zeichen, und dieses Zeichen teilt *die* Wirklichkeit selbst mit, aus der es hervorgeht: Hier ist es die Jungfrau Maria. Wirkliche Sehende behaupten mit Recht, daß sie sie sehen. Ebenso sage ich, daß ich den grünen Baum sehe und nicht das auf meine Netzhaut projizierte verkehrte Bild.

Thomas von Aquin wußte um den bescheidenen Status des Glaubens und der Sprache. Er sagte: „Der Glaube hat seine Begrenzung nicht in den Begriffen, sondern in der damit gemeinten Wirklichkeit", d. h. in Gott und seinem Mysterium. Ebenso hat die Erkenntnis der Sehenden ihre Begrenzung nicht in den relativen und vorläufigen Zeichen, die ihnen gegeben werden. Sie gelangen durch sie zu einer lebendigeren und direkteren Erkenntnis, zu einer *Gegenwart.* Ihre Erkenntnis kann ebenso wahr, ja wahrer, realer sein als die gewöhnliche Erkenntnis. Stets aber entspricht sie dem bescheidenen Rang, der diesen außergewöhnlichen Kommunikationen eigen ist. Sie tragen den Stempel des Irdischen.

Die Einfachheit der Sehenden, die Bescheidenheit, mit der sie sich ausdrücken, veranschaulicht nur noch diesen bescheidenen Status. Er wird von manchen Theologen oder sonstigen Fachleuten gern verkannt, sei es, indem sie die Erscheinungen auf die Subjektivität reduzieren, sei es, indem sie ihnen einen Absolutheitscharakter verleihen, der dem Status dieser zeitlichen Gabe nicht zusteht. Die Demut aber scheint mir wesentlich für den Fortgang dieser Gnadenbewegung zu sein, die notwendig mit der Rückkehr zum bescheidenen Status des Glaubens im Dunkeln enden wird. Dann wird man ausschließlich auf die institutionellen und sakramentalen Zeichen angewiesen sein.

Was zählt, ist die neuerliche Erinnerung an das in Vergessenheit geratene Evangelium: *Gebet, Bekehrung, Buße und Fasten* wie zu Zeiten des Täufers: das Wiedererwachen eines lebendigen Glaubens. Das allein kann unsere Welt, die von der Sünde zur Selbstzerstörung getrieben wird, vor dem Verderben retten. Man müßte die Augen verschließen, um nicht zu erkennen, wie dringend eine solche Botschaft ist.

5.
Originaltexte

1. Bericht der Pfarre Medjugorje nach Rom

Die Dringlichkeit der Botschaft

Marija Pavlović hatte dem Papst bereits eine Botschaft übermitteln lassen, in der die Jungfrau ihn in seinem Einsatz für den Frieden bestärkte. Am 30. November 1983 bat sie, einen Bericht zu übersenden, in dem auf die Dringlichkeit dieser Botschaft hingewiesen wird. Im folgenden der Wortlaut:

Nach der Erscheinung der Jungfrau am 30. November 1983 kam die Sehende Marija Pavlović zu mir und sagte mir: „Die Madonna sagt, daß man den Papst und den Bischof über die Dringlichkeit und die große Bedeutung der Botschaft von Medjugorje unverzüglich in Kenntnis setzen soll."

Dieser Brief soll diese Aufgabe erfüllen.

a) Fünf Sehende (Vicka Ivanković, Marija Pavlović, Ivanka Ivanković, Ivan Dragićević, Jakov Čolo) haben täglich eine Erscheinung der Jungfrau. Die Erfahrung, vermittels derer sie sie sehen, ist ein durch die Beobachtungen überprüfbares Faktum; sie ist gefilmt worden. Während der Erscheinungen reagieren die Sehenden überhaupt nicht auf Licht, sie hören keine Geräusche, sie reagieren nicht auf Berührung, sie fühlen sich außerhalb von Raum und Zeit. Sämtliche Sehende erklären im wesentlichen:

– Wir sehen die Jungfrau wie alle anderen Personen. Wir beten und reden mit ihr und können sie berühren.

– Die Jungfrau sagt, daß der Frieden in der Welt in Gefahr ist. Sie fordert immer wieder zu Versöhnung und Bekehrung auf.

– Sie hat uns versprochen, am Ort der Erscheinungen in

Medjugorje ein sichtbares Zeichen für die gesamte Menschheit zurückzulassen.
– Die diesem sichtbaren Zeichen vorausgehende Periode ist eine Zeit der Gnade für die Bekehrung und für die Vertiefung des Glaubens.
– Die Jungfrau hat versprochen, uns zehn Geheimnisse anzuvertrauen. Bis heute sind Vicka und Marija Pavlović (die das neunte am 8. Dezember 1983 empfangen hat) acht anvertraut worden, Jakov Čolo, Ivan Dragićević und Ivanka Ivanković neun, und nur Mirjana Dragićević zehn Geheimnisse.
– Diese Erscheinungen sind die letzten der Jungfrau auf Erden. Aus diesem Grund sind sie so lang und so häufig.
b) Mirjana Dragićević erscheint die Jungfrau nicht mehr, ihre letzte tägliche Erscheinung war die Erscheinung am Weihnachtstag 1982. Danach haben die Erscheinungen für Mirjana aufgehört, mit Ausnahme ihres Geburtstages (18. März 1983), so wie sie es entsprechend den Verheißungen der Jungfrau vorausgeahnt hatte.
In der Erscheinung vom 25. Dezember 1982 hat die Madonna Mirjana nach ihrer Aussage das zehnte und letzte Geheimnis anvertraut und ihr die Daten enthüllt, zu denen die verschiedenen Geheimnisse Wirklichkeit werden sollen. Die Jungfrau hat Mirjana zahlreiche Aspekte der Zukunft enthüllt, viel mehr als den anderen Sehenden bis zum jetzigen Zeitpunkt. Aus diesem Grund berichte ich hier, was mir Mirjana in einer Unterredung am 5. November 1983 gesagt hat. Ich fasse das Wesentliche ihres Berichtes zusammen, ohne wörtlich zu zitieren. Mirjana sagt:
– Bevor der Menschheit das sichtbare Zeichen gegeben werden wird, wird es auf der Welt drei Warnungen geben. Diese Warnungen werden Ereignisse auf der Erde sein. Mirjana wird Zeuge davon sein. Drei Tage vor einer dieser Mahnungen wird sie einen Priester ihrer Wahl benachrichtigen. Das Zeugnis Mirjanas wird eine Bestätigung der Erscheinungen und ein Aufruf zur Bekehrung der Welt sein.
Nach den Mahnungen wird das sichtbare Zeichen am Ort der Erscheinungen in Medjugorje für die ganze Menschheit

eintreffen. Das Zeichen wird als Zeugnis für die Erscheinungen und als Aufruf zum Glauben gegeben werden.

– Das neunte und das zehnte Geheimnis sind sehr schwerwiegend. Sie sind eine Strafe für die Sünden der Welt. Die Bestrafung ist unausweichlich, weil man nicht auf die Bekehrung der ganzen Welt warten kann. Die Strafe kann aber durch Gebete und Buße gemildert, wenn auch nicht aufgehoben werden. Ein Übel, das die Welt bedrohte, wie es im 7. Geheimnis enthalten war, ist auf Grund von Fasten und Gebet getilgt worden, sagt Mirjana. Aus diesem Grund fordert die Jungfrau weiterhin zu Gebet und Fasten auf: „Ihr habt vergessen, daß ihr durch Gebet und Fasten den Krieg abwenden und Naturgesetze aufheben könnt."

– Nach der ersten Mahnung werden die anderen binnen kurzem folgen. So werden die Menschen Zeit für die Bekehrung haben.

– Die gegenwärtige Periode ist eine Zeit der Gnade und der Bekehrung. Nach dem sichtbaren Zeichen werden die, die noch am Leben sind, wenig Zeit für die Bekehrung haben. Deswegen fordert die Jungfrau dringend zu Bekehrung und Versöhnung auf.

– Die Aufforderung zu Gebet und Buße soll die Übel und den Krieg fernhalten und vor allem Seelen retten.

– Nach Aussage Mirjanas stehen wir knapp vor den von der Jungfrau vorausgesagten Ereignissen. Im Namen dieser Erfahrung ruft Mirjana der Menschheit zu: „Bekehrt euch schnellstens, öffnet Gott eure Herzen!"

Zusätzlich zu dieser wesentlichen Botschaft hat Mirjana nach ihrer Aussage im Jahr 1982 eine Erscheinung gehabt, die nach unserer Auffassung Licht auf die Geschichte der Kirche wirft. Sie berichtet von einer Erscheinung, in der Satan in Gestalt der Jungfrau zu ihr kam; Satan forderte Mirjana auf, der Madonna zu widersagen und ihm zu folgen: Er würde sie im Leben und in der Liebe glücklich machen; mit der Jungfrau dagegen, sagte er, würde großes Leid auf sie zukommen. Mirjana stieß ihn von sich. Gleich darauf erschien die Jungfrau und Satan war verschwunden. Dann gab ihr die Jungfrau dem Inhalt nach die folgende Botschaft:

– Ich bitte dich dafür um Entschuldigung, aber du mußt wissen, daß der Satan existiert; einst erschien er vor Gottes Thron und bat um die Erlaubnis, die Kirche während einer bestimmten Zeit versuchen zu dürfen. Gott gestattete ihm, sie ein Jahrhundert lang zu versuchen. Dieses Jahrhundert steht unter der Gewalt des Dämons, doch wenn die Geheimnisse, die euch anvertraut worden sind, Wirklichkeit geworden sind, wird seine Macht zerstört werden. Schon jetzt verliert er allmählich seine Macht, und er ist zum Angriff übergegangen: Er zerstört Ehen, stiftet Spaltungen unter den Priestern an, Besessenheit und Mord. Ihr müßt euch durch Fasten und Gebet davor schützen: vor allem durch das Gebet in der Gemeinschaft. Tragt gesegnete Zeichen bei euch. Verseht auch eure Häuser damit, kehrt zum Gebrauch des Weihwassers zurück.

Bestimmten katholischen Experten zufolge, die diese Erscheinungen genau studiert haben, soll diese Botschaft Mirjanas die Vision verdeutlichen, die Papst Leo XIII. gehabt hat. Leo XIII. habe nach einer apokalyptischen Vision von der Zukunft der Kirche das Gebet zum Erzengel Michael eingeführt, das die Priester nach der Messe bis zum Konzil gebetet haben. Das von Papst Leo XIII. erahnte Jahrhundert der Prüfungen werde bald zu Ende gehen.

Heiliger Vater, ich möchte für niemandes Verderben verantwortlich sein ... Ich tue mein Bestes, die Welt ist zu Bekehrung und Versöhnung aufgerufen. Wenn ich Euch schreibe, Heiliger Vater, tue ich nur meine Pflicht; nachdem ich diesen Brief aufgesetzt hatte, gab ich ihn den Sehenden, damit sie die Jungfrau fragen, ob sein Inhalt richtig sei. Ivan Dragićević überbrachte mir die folgende Antwort: Ja, der Inhalt des Briefes ist wahr; zuerst muß der Papst in Kenntnis gesetzt werden, und dann der Bischof.

Dieser Brief wird von Gebet und Fasten begleitet, damit der Heilige Geist Euren Geist und Euer Herz in dieser wichtigen Epoche der Geschichte lenke. Beim Heiligsten Herzen Jesu und Mariä nehmt meinen ehrerbietigen Gruß entgegen.

Medjugorje, 2. Dezember 1983
P. Tomislav Vlašić

2. Frane Franić, Erzbischof von Split

Nach einer Begegnung mit P. Robert Faricy, Professor an der Gregoriana, dem er für die Fahrt nach Medjugorje am 11. Dezember 1981 seinen Wagen zur Verfügung gestellt hatte, begab sich der Erzbischof auf den positiven Bericht von P. Faricy hin selbst nach Medjugorje.

Ich kam am 19. Dezember um 18 Uhr nach Medjugorje. Es war schon dunkel. Die Kirche war übervoll, und es standen Autos mit allen möglichen Kennzeichen da: aus Dubrovnik, Mostar, Sarajevo und sogar aus Split. Die Masse drängt sich in der Kirche: viele junge Leute. Ein Franziskanerpater feiert die Messe und hält eine Predigt über den Glauben.

Er spricht von Wundern und ihrer Bedeutung als ein Mensch, der wirklich glaubt. Er ist also nicht von der avantgardistischen Theologie infiziert. Ganz offensichtlich ist er dafür, an die Phänomene von Medjugorje (natürlich privat) zu glauben. Die Leute hören ihm aufmerksam zu. Die Kirche ist voll von jungen Menschen, sie stehen oder knien. Die Liturgie läuft nach dem neuen Römischen Meßbuch ab (...).

Die Kommunion wird überall in der Kirche durch Franziskaner in Habit und Stola, jedoch ohne Chorrock, ausgeteilt. Ich kommuniziere mitten unter den Gläubigen. Niemand erkennt in mir den Priester, weil ich mein Kollar unter dem Schal versteckt habe. Ich gehe sehr befriedigt weg.

Nach der Messe wurde über die Kranken gebetet. Es fand kein Wunder statt. Das Gebet über die Kranken wurde nicht von den Kindern gesprochen, sondern von einem Franziskaner und mehreren kleinen Mädchen, die wahrscheinlich zur Gebetsgruppe der Kirche gehören.

Nach der Messe beteten die Sehenden sieben *Vaterunser.* Ich konnte sie nur von weitem sehen, da ich unter den anderen Gläubigen in der Mitte der Kirche in einer Bank saß.

Ich wünsche, daß der Kommission, die mit der Untersuchung der Echtheit der Ereignisse von Medjugorje beauftragt ist, internationale Experten wie die Patres Beck und Faricy angehören. (Dieser Bericht ist in *Vjesnik,* der Kirchenzeitung der Diözese Split, 1982, Nr. 1, S. 24, erschienen.)

Die wichtigen Dokumente des Jahres 1981, in denen Bischof Žanić die Erscheinungen gegen die in der Presse verbreiteten Verleumdungen verteidigt, sind innerhalb des Textes des vorliegenden Buches veröffentlicht (vgl. S. 28).

3. Lichtphänomene: Augenzeugenberichte

Zahlreiche Zeugen berichten von Lichtphänomenen, die ins Jahr 1981 fallen:

1. Zeichen in der Sonne (2.–4. August 1981). Ich übergehe hier die Aussage von Umberto Lončar, die auch im Buch von S. Kraljević veröffentlicht ist (S. 98f.; vgl. S. 53f., woraus man auch die verwirrende Unterschiedlichkeit der Aussagen ersehen kann).
2. Am 28. Oktober 1981 scheint ein großes Feuer auf dem Hügel, der noch bewacht wird, zu brennen. Aber weder die Polizei noch die Feuerwehr findet Spuren eines Brandes.
3. Am 21.–22. Oktober, dann am 26. Oktober, am 19. Dezember usw. wurde das Kreuz von Križevac wie „eine Lichtsäule", die „die Form eines T" annahm, um dann einer leuchtenden Mädchengestalt Platz zu machen: der Jungfrau Maria. Ihr Aussehen stimmt mit der Beschreibung, die die Sehenden geben, überein, ist jedoch weniger deutlich. Die beiden ersten Male (während des Prozesses von Pfarrer Jozo Zovko) war das Phänomen länger (eine halbe Stunde) und intensiver zu sehen; danach 15–20 Minuten. Viele sahen es von verschiedenen Standorten aus und unter verschiedenen Gesichtswinkeln.

Der Bischof hat sagen hören, daß es so etwas auch schon im vergangenen Jahrhundert gegeben hätte. Von der Bevölkerung kann sich jedoch niemand daran erinnern. Eine kritische Studie über diese ungewöhnlichen Phänomene wäre vonnöten. Nachstehend einige Augenzeugenberichte.

Anka Pehar aus Gradnići:
Am Donnerstag, dem 15. September 1981, hatte ich am Abend das Haus verlassen, um die frisch gewaschene Wäsche, die zum

Trocknen draußen hing, zu holen. Der Himmel war wolkenlos, aber es war schon dunkel. Da bemerkte ich über dem Hügel Crnica ein Licht in Form eines Trichters, d. h. das Licht stieg von der Erde zum Himmel auf und breitete sich nach oben zu aus. In diesem Licht habe ich dann die Mutter Gottes mit ausgebreiteten Armen gesehen. Sie schwebte in der Luft und bewegte sich in Richtung auf die Kirche von Medjugorje. Ich rief meine Tochter Nada, damit auch sie dieses Phänomen sieht. Sie kam aus dem Haus und sah dasselbe wie ich. Dann riefen wir unsere Großmutter Anka. Sie hat es auch gesehen. Etwas später kamen Kata Pehar und ihre kleine Tochter Dalia, ein Kind von 9 Jahren, zu uns. Wir lagen alle auf den Knien und beteten, und wir haben alle dasselbe beobachtet. Überall rund um die Mutter Gottes war Licht, aber die glänzendsten Strahlen kamen hinter ihrem Kopf und ihren Schultern hervor. Das dauerte fast eine Stunde. Wir sahen, wie sich die Mutter Gottes vom Hügel Crnica in Richtung auf die Kirche von Medjugorje bewegte. Sie trug einen feinen Umhang in Form einer Pelerine. Dann verschwand die Mutter Gottes und das Licht erlosch. Sie war verschwunden, bevor sie die Kirche erreicht hatte.
Eine Täuschung? Nein, ich war nicht die einzige, die es gesehen hat. Wir haben alle dasselbe gesehen, und mit mir zusammen waren wir zu fünft: 1. Nada (meine Tochter); 2. Kata; 3. Dalia Pehar (9 Jahre); 4. Anka (die Großmutter).

Gradnići, 17. Oktober 1981
Anka Pehar

Pater Janko Bubalo:
Ich war am 22. Oktober 1981 nach Medjugorje gekommen. Ich war im Pfarrhaus und wartete, daß es Zeit würde für die Messe. Kurz nach 17 Uhr höre ich eine ungewöhnliche Unruhe im Haus. Zwei Schwestern, die die Kirche und das Pfarrhaus besorgen, laufen quer durchs Haus (...) Ich bin in der Pfarrkanzlei nahe dem Fenster. Ich schaue hinaus und sehe die zwei Schwestern mit weit ausgebreiteten Armen auf dem feuchten Boden knien. Neben ihnen knien ungefähr siebzig Männer und Frauen und bilden eine Reihe, die bis zur Kirche

reicht. Offensichtlich kümmert sich niemand um den Regen, keiner hat einen Schirm. Alles betet inbrünstig. Manche weinen vor Aufregung, andere singen fromme Lieder. Alle richten ihre Blicke auf das Kreuz auf dem Hügel Križevac. Auch ich schaute zum Kreuz hin, aber es war verschwunden. An seiner Stelle war ein seltsam blasses, rosiges Licht, wie es im wirklichen Leben nicht vorkommt.

Ich war erregt. Da ich nicht gut sehe, bat ich um ein Fernglas. Man reichte mir das Glas von Pater Tomislav. Ich stellte es auf meine Augen ein, und dann sah ich an der Stelle des Kreuzes die Umrisse einer weiblichen Gestalt. Sie breitete die Arme aus. Ihr Kopf überragte um ein weniges den senkrechten Balken des Kreuzes. Ihre Füße waren nahe dem Sockel des Kreuzes in einer leuchtenden Wolke verborgen.

Um es klar zu sagen: Die Einzelheiten, wie z. B. das Gesicht, die Augen, die Haare, habe ich nicht gesehen. Beim Anblick dieses Schauspiels überkam mich eine große Freude. Außer mir waren noch vier oder fünf Priester da. Wir haben alle dasselbe gesehen. Auch andere: alle im Dorf, die zu diesem Zeitpunkt in Richtung des Kreuzes auf dem Hügel Križevac schauten. Das Phänomen dauerte ungefähr 40 Minuten.

Um das alles zu begreifen, beauftragten die Zeugen die Sehenden, die Jungfrau nach der Bedeutung dieses Phänomens zu fragen. Sie hat bestätigt, daß sie auf dem Hügel gewesen war.

Pater Stanko Vasilj:

Am 22. Oktober 1981 kam ich gegen 16.30 Uhr zur Aushilfe nach Medjugorje. Mit mir kamen die Patres Luka Sušac, Vinko Dragićević und Janko Bubalo; alle vier kamen wir aus dem Kloster von Humac. Nach kurzem Aufenthalt im Pfarrhaus ging ich zur Kirche hinüber, um zu sehen, ob es nötig war, die Gläubigen auf die Beichte vorzubereiten. Ich fand dort ungefähr 60 bis 70 Personen vor. Ich ging in die Sakristei und wollte dort alles zusammensuchen, was nach dem neuen Ritus notwendig war. In der Sakristei war Schwester Ignacija Bebek, die den Religionsunterricht hielt. In Erwartung der Gläubigen trat ich nun wieder hinaus. Der Regen hatte aufgehört, aber der

Himmel blieb dunkel. Ich schaute zum Hügel Križevac hinüber, und da bemerkte ich, daß das Kreuz verschwunden war. Ich schaue noch einmal hin: Ja, das Kreuz von Križevac ist tatsächlich weg. Ganz erstaunt will ich wieder in die Sakristei, aber bevor ich hineingehe, richte ich den Blick noch einmal zum Hügel. An Stelle des Kreuzes sehe ich nun eine weiße Säule. Ich gehe in die Sakristei und sage zur Schwester: „Kommen Sie heraus und schauen Sie, Schwester!"
Sie antwortet mir: „Das ist die Mutter Gottes! Gestern haben sie die Bewohner von Miletina mehrere Male an der gleichen Stelle gesehen." Ich werfe noch einen Blick in Richtung des Križevac. Ich sehe wieder die weiße Säule. Dann gehe ich ins Pfarrhaus, um Tomislav Vlašić und die anderen Franziskaner, die mit mir gekommen waren, zu benachrichtigen.
Unterwegs begegne ich zwischen Brunnen und Pfarrhaus Pater Vinko mit zwei Schwestern. Sie haben ihre Augen auf den Križevac gerichtet. Ich frage sie, ob sie denn etwas sehen. Pater Vinko antwortet mir: „Ja, bist du denn blind? Siehst du nichts?" In diesem Augenblick bemerke ich die drei anderen Franziskaner am Fenster der Pfarrkanzlei. Auch sie schauen zum Križevac. Ich gehe hinein und plötzlich sehe ich, daß Pater Luka ein Fernglas in der Hand hat. Ich reiße es ihm aus der Hand und richte es auf den Hügel. Und nach einer kurzen Scharfeinstellung rufe ich aus: „Da ist sie!"
Was ich gesehen habe? Anstelle der weißen Säule waren da die Umrisse einer Frau in einem grauen Umhang, aber von einem sehr zarten und leuchtenden Grau, ein bißchen wie das Licht einer Neonröhre. Plötzlich kam aus ihrer rechten Wange ein funkelnder Lichtstrahl hervor. Pater Luka riß mir das Fernglas wieder aus der Hand, und ich lief zur Kirche, um die Gläubigen darauf aufmerksam zu machen. Aber als ich das Haus verließ, sah ich alle Leute hinter der Kirche gegen Osten gewandt auf den Knien. Sie sangen, beteten und schrien laut vor Freude und Aufregung. Als ich näherkam, hörte ich folgenden Ausruf von Milka Korać aus dem Dorf Hamzići, der mir im Gedächtnis geblieben ist: „Oh, ich danke dir, Maria! Heute abend komme ich zum fünfzehnten Mal hierher. Ich danke dir, daß ich dich sehen durfte. Jetzt soll alles mit mir geschehen, was du willst!"

Ähnliche Ausrufe mischten sich mit den Gebeten und dem Gesang. Der Boden war aufgeweicht und voller Lehm, aber alle lagen auf den Knien.
Während die Gläubigen beteten und sangen, hielt vor der Kirche ein kleiner Bus aus Split mit drei Karmelitern und vier geistlichen Schwestern. Sie beteten mit uns mit. Als wir wieder aufstanden, erzählten uns die Ankömmlinge aus Split, daß sie das Phänomen schon seit Tromedja, das ca. 2 km entfernt ist, beobachtet hätten. Sie waren glücklich, daß sie das alles gesehen hatten. Nur eine Schwester sagte: „Ich habe nichts gesehen, weder unterwegs noch hier."
Das Phänomen endete folgendermaßen: Zuerst erhob sich dort, wo sonst das Kreuz steht, eine Wolke. Sie war hell und durchscheinend und zweigeteilt wie ein Fächer. Dann senkte sich eine zweite Wolke, die dicht und dunkel war, wie ein schwerer Vorhang zu beiden Seiten des Kreuzes herab. Schließlich wurde wieder das Kreuz sichtbar, so wie es gewöhnlich aussah: grau, weil es aus Beton ist und vom Regen durchnäßt war.
Voller Freude gingen wir alle wieder in die Kirche, um zu beten und zu beichten bzw. die Beichte zu hören. Ich bestätige das im vollen Bewußtsein meiner schweren Verantwortung vor Gott und der Kirche.

Humac, 27. November 1982
Pater Stanko Vasilj

4. Heilungen in Medjugorje

Gibt es in Medjugorje Heilungen? Zahlreich sind die, die sagen, sie seien geheilt worden, und sie geben es in der Pfarre bekannt, manche legen auch Beweisstücke vor. Pater Rupčić hat 56 Fälle veröffentlicht. Es sind spontane Berichte, häufig ohne Attest.
In Frankreich, wo wir uns daran gewöhnt haben, daß Heilungen nur auf der Grundlage des vollständigen Materials und nach reiflicher Prüfung durch ärztliche und kirchliche Stellen veröffentlicht werden, mag die Wiedergabe dieser ersten einfachen Berichte überraschen. Diese Berichte erinnern an die

Akten, die im 19. Jh. von dem ersten Arzt, der sich überhaupt mit der Protokollierung von Heilungen an Ort und Stelle befaßt hat, zusammengestellt wurden. Es war Dr. de Saint-Maclou, der dem „Wunder der Zahl" große Bedeutung beimaß. Wir haben die 56 von P. Rupčić veröffentlichten Fälle dem Präsidenten des Ärztebüros von Lourdes, Dr. Mangiapan, vorgelegt. Hier sein Befund:

a) Statistisch:

8 Augen- bzw. Ohrenleiden (3 bzw. 5);
2 rheumatische Erkrankungen (ohne besondere Bedeutung);
6 Gehirnschläge bzw. Herzschläge (5 bzw. 1);
1 einzige neurologische Erkrankung;
4 Erkrankungen der Gliedmaßen (besonders der unteren: 2 Verletzungen und 2 Krampfaderleiden);
4 allgemeine Erkrankungen;
4 Tumorerkrankungen;
1 Nierenleiden.

b) Qualitativ:

In 16 Fällen liegt keinerlei Diagnose vor.
In 49 Fällen ist die Diagnose unzureichend oder befremdlich.
Diese 25 Fälle haben wir ausgeschieden.
33 Fälle, für die eine genauere Pathologie vorliegt, sind von Interesse, würden jedoch eine genauere Untersuchung der Umstände erfordern: die Schwere der Erkrankung (die nicht immer ersichtlich ist), ihre Dauer (und gegebenenfalls die plötzliche Heilung) und inwieweit diese Heilung auch der laufenden Behandlung zugeschrieben werden könnte.
Unter Berücksichtigung eines ähnlich lautenden Gutachtens von Dr. Patrick Matéo aus Rennes haben wir 30 der zuletzt genannten Fälle aufgeführt. Manche werden diese Zusammenstellung von Berichten über Heilungen vielleicht mit Geringschätzung betrachten. Würde sie jedoch fehlen, könnte man sich kein vollständiges Bild vom Phänomen Medjugorje machen. Diese Zeugnisse, die eine Stufe tiefer als die offiziellen Protokolle und Wunder einzuordnen sind, zeigen uns nicht nur die spontanen Reaktionen der volkstümlichen Frömmigkeit

(die aus dem Bedürfnis nach konkreten Bindungen heraus an Orten und Zeichen hängt, was man nicht vorschnell als Aberglauben abtun sollte), sondern auch eine allzusehr in Vergessenheit geratene Dimension des Evangeliums. Diese Leute glauben und hoffen auf eine konkrete Weise, die Christus mit Freude und Bewunderung erfüllt hat. Sie geben einfach Zeugnis wie der Blindgeborene angesichts des Zweifels der Pharisäer: „Nur eins weiß ich: Ich war blind und kann jetzt sehen ..."

Pfarrbewohner und Pilger von Medjugorje empfinden die Erneuerung ihrer Beziehung zu Gott als wohltuend, in den kleinen wie in den großen Dingen des Lebens, und sie finden in dieser tiefgehenden und konkreten Verbundenheit ein echtes Glück. Unsere Sichtung, die nach den anerkannten Kriterien für die Protokollierung von Wundern vorgenommen wurde, darf uns nicht die Bedeutung der geistigen Heilungen vergessen lassen. Sie werden durch diese Kriterien ausgeschlossen, scheinen aber in den Akten des Paters Rupčić zu Recht auf:

– Ich war chronischer Alkoholiker. Trotz eigener Anstrengungen und trotz Behandlung konnte ich nicht aufhören zu trinken. Als ich nach Medjugorje kam, habe ich von heute auf morgen aufgehört (mehrere Fälle).

– Ich war nikotinsüchtig und konnte aufs Rauchen nicht verzichten. Ich habe mühelos aufgehört, nachdem ich in Medjugorje gebetet habe (Nada Sulić).

– Ich hatte krankhafte Angst vor Reisen. Kein Arzt konnte mir helfen. Als ich nach Medjugorje kam, war die Angst vorbei (Ruža Stojić).

– Ich war von Grimassen und Tics geplagt. Man nannte mich den Blinzler. Ich konnte nichts dagegen tun (Ivan Frančić).

Die nachstehende Aufzählung beschränkt sich auf Heilungen physischen und organischen Charakters, die somit die erforderlichen Prüfungen bestanden haben:

Jozo Vasilj, geboren 1896 in Medjugorje, berichtet:
Vor acht Jahren hatte ich einen Schlaganfall, in dessen Folge ich auf dem linken Auge vollständig erblindete. In den letzten vier Jahren ließ mich auch das andere Auge im Stich und ich sah gar

nichts mehr. Da bat ich Vida Vasilj, mir Strohblumen und Salbei vom Hügel Crnica zu bringen. Noch am selben Abend habe ich die Pflanzen unter meinen Kopf gelegt. Am Morgen bat ich meine Frau, mir Wasser zu bringen. Ich legte die Pflanzen ins Wasser und wusch mich damit. Als ich mich mit dem Handtuch abtrocknete, sagte ich zu meiner Frau:
„Ich kann sehen!"
Und sie antwortete:
„Was heißt, du kannst sehen?"
„Ich sehe, daß du deine Strümpfe nicht angezogen hast."
Also konnte meine Frau feststellen, daß ich wirklich sah. Beim Waschen habe ich das Glaubensbekenntnis gebetet.
Ein anderes Mal, als Jure Ivanković aus den USA gekommen war, war ich in unserer Kirche. Da hat Gott mir noch eine große Gnade erwiesen. Seit einiger Zeit waren meine Hände mit sehr schmerzhaften Geschwüren bedeckt. An diesem Tag sind die Geschwüre verschwunden. Das hat sich in den ersten Tagen der Erscheinungen ereignet.
Die Aussage wurde am 14. September 1981 von P. Stanko Vasilj aufgenommen.

Matija Skuban (Lassallestraße 25, Karlsruhe 21, Deutschland): „Infolge eines Schlaganfalls war ich halbseitig gelähmt. Am 20. Juli 1981 hatte ich während des Gebetes in der Kirche von Medjugorje das Gefühl, wie wenn ein starker Strom durch den ganzen Körper ginge, besonders im kranken linken Bein. Ich stand auf, um zu kommunizieren."
Bis dahin hatte man ihr beim Aufstehen immer helfen müssen. Sie war schon dreimal operiert worden. Ihr linkes Bein und ihr linker Arm waren gelähmt. Am 1. März 1982 schrieb sie einen Bericht über ihre Heilung. Sie hat auch ärztliche Zeugnisse beigebracht, die vom 4. Januar und 18. Februar datieren.

Antonija Puljić aus Podvinje, ein kleines Mädchen von zwei Jahren, hatte schwere Brandwunden. Der Arzt hatte gesagt, daß sie sechs Wochen lang nicht würde gehen können. Ihre Eltern kamen zum Erscheinungsort und beteten für sie. Am selben Abend begann das Kind zu laufen. Zwei Tage später waren die Wunden vollständig vernarbt und das Kind war geheilt. Am 11. August nahm es seine Mutter mit zur Messe, die von P. Rupert Rozmarić in Slavonski Brod zelebriert wurde. Die ärztlichen Zeugnisse sind vorgelegt worden.

Marija Šarić, geboren am 7. Februar 1960 in Andrijevci, hatte einen Tumor im Knie. Sie wurde in einem Belgrader Krankenhaus behandelt. Nach einem chirurgischen Eingriff hatte sich ihr Zustand verschlimmert. Die Ärzte faßten eine Amputation des Beines ins Auge. Ihre Mutter hatte inzwischen der heiligen Jungfrau ein Gelübde gemacht, um ihre Heilung zu erlangen. Sie begibt sich nach Medjugorje; dort betet sie zu Gott und zur Mutter Gottes um die Gesundheit ihrer Tochter. Die Sehenden beten für sie. Noch vor der Rückkehr der Mutter ist die Tochter vollständig geheilt. Die Heilung erfolgte Ende Oktober 1981. Sie wurde am 27. September 1982 bekanntgegeben, als die beiden Frauen wieder nach Medjugorje kamen, um der Mutter Gottes zu danken.

Cvija Kuzman aus Stolac litt seit 11 Jahren an Polyarthritis. Sie wurde in den Krankenhäusern von Stolac, Mostar und Čapljina behandelt. Dank dieser Behandlungen konnte sie gehen, aber ihre Arme und Beine blieben geschwollen und schmerzten immer noch. Am Vorabend von Mariä Himmelfahrt am 15. August 1981 geht sie auf den Erscheinungshügel. Sie bringt von dort etwas Erde mit heim. Mit dieser in Wasser aufgelösten Erde hat ihre Tochter sie drei- oder viermal massiert. Dabei betete sie sieben *Vaterunser,* sieben *Gegrüßet seist du, Maria,* sieben *Ehre sei dem Vater* und das Glaubensbekenntnis. Sie ist vollständig geheilt. Vor der Heilung hatte sie zu Ehren der Mutter Gottes gebetet. Nach ihrer Heilung hat sie gelobt, regelmäßig zu fasten. Aussage vom 29. August 1981.

Schwester Božidara Čupić aus Metković hatte seit langem ein Nierenleiden und zugleich eine Ohrenentzündung. Drei Monate lang hörte sie auf einem Ohr überhaupt nichts. Sie war mehrere Jahre lang in Dubrovnik ärztlich behandelt worden, jedoch ohne Erfolg. Sie hat die von der Mutter Gottes empfohlenen Gebete gesprochen. Ihre Heilung war unmittelbar und vollständig. Die Aussage wurde im August 1981 aufgenommen. Schwester Božidara hat versprochen, die Atteste über ihren früheren und jetzigen Gesundheitszustand beizubringen.

Ivan Jukić, ein Kind aus Posušje, hatte seit zehn Monaten am ganzen Körper Wunden, die sehr störende Krusten bildeten. Nach dem Baden wurden die Krusten noch schmerzhafter, so daß das Kind vor Schmerzen schrie. Die Eltern haben es zu Dermatologen in Posušje und Lištica gebracht, aber ohne Erfolg. Am 25. Juli legten die Eltern Blumen, die vom Erscheinungshügel stammten, ins Wasser. Sie beteten sieben *Vaterunser*, sieben *Gegrüßet seist du, Maria*, sieben *Ehre sei dem Vater* und das Glaubensbekenntnis. Nach dem Gebet wurde das Kind in dem Wasser gewaschen. Am nächsten Morgen waren die Krusten, die Rötung und der Juckreiz verschwunden. Das Kind war ruhig und weinte nicht mehr, was zuvor sehr selten der Fall gewesen war. Die Heilung hat bis zum heutigen Tag angehalten. Um der Mutter Gottes zu danken, haben die Eltern gelobt, zu Fuß nach Medjugorje zu pilgern. Aussage vom 25. Oktober 1981.

Dubravko Tomašić, Ludwigsburg (Westdeutschland), der nach Medjugorje gekommen war, ist von der Leukämie geheilt worden. Seine Eltern haben versprochen, die notwendigen ärztlichen Atteste beizubringen.

Anica Brekalo, geboren am 23. März 1920 in Split, litt an einer Thrombose in den Beinen und an Polyarthritis. Sie ist in einem Krankenhaus in Split behandelt worden, ohne daß eine Besserung eingetreten wäre. Sie hat gelobt, nach Medjugorje zu pilgern. Sie hat regelmäßig gebetet und gefastet, um sich darauf vorzubereiten. In Medjugorje hat sie während des gemeinsamen Gebets für die Kranken Besserung verspürt. In der Folge ist die Krankheit einfach verschwunden. Nach ihrer eigenen Aussage ist sie heute vollständig geheilt.

Božica Sušac aus Ljubuški litt seit langem an einer offenen Wunde auf der Brust. Die Ärzte konnten ihr nicht helfen. Sie hat auf dem Erscheinungshügel einige Kräuter gepflückt und in Wasser eingeweicht. Mit diesem Wasser hat sie die Wunde gewaschen. Zwei oder drei Tage später war die Wunde verheilt und ist nicht mehr erschienen.

Ilka Bazina aus Mostar entdeckte beim Abtasten einen haselnußgroßen Tumor in der linken Brust. Ihr Bruder, ein Arzt, schickte sie ins Krankenhaus nach Sarajevo. Nach der Untersuchung einer Gewebsprobe wurde ihr eine Operation vorgeschlagen. Sie fragte einen Arzt nach seiner Meinung über das Ergebnis einer solchen Operation. Er antwortete ihr: „Ich bin nicht der liebe Gott. Der allein weiß es."
Ilka lehnte die Operation ab und ging zu Fuß nach Medjugorje. Dort hat sie gebetet, gebeichtet und kommuniziert. Während der Heimkehr spürte sie, daß der haselnußgroße Knoten in der Brust verschwunden war. Sicherheitshalber wurde sie von ihrem Bruder noch einmal zur Kontrolle ins Krankenhaus nach Sarajevo geschickt. Dort wurde sie von den Ärzten für geheilt erklärt. Ilka hat keine Schmerzen und der Tumor ist verschwunden. Sie hat am 8. Mai 1982 die ärztlichen Analysen vorgelegt.

Ante Stolčić, Hotel Leidisstatt, 7990 Friedrichshafen (Bundesrepublik Deutschland), geboren 1951 auf der Insel Rab. Seine Nieren versagten und er mußte sich regelmäßig einer Dialyse unterziehen. Er ist in Medjugorje geheilt worden. Er hat versprochen, alle erforderlichen Dokumente beizubringen.

Danijel Šetka aus Mostar hatte ein dreijähriges Kind, das am vierten Tag nach seiner Geburt eine Blutvergiftung bekommen hatte. Bis zum zwanzigsten Tag blieb es unbeweglich starr. Dann hatte sich die Starre zwar gelockert, aber die eine Hälfte des Körpers entwickelte sich nicht normal. Das Kind konnte nicht ohne Hilfe gehen und stürzte häufig. Auch konnte es bis auf ein oder zwei undeutlich hervorgebrachte Wörter nicht sprechen. Die Sehenden sagten den Eltern, daß es geheilt werden würde, wenn sie den Glauben hätten. Seine Mutter

kam ziemlich oft nach Medjugorje, um zu beten. Sie nahm Erde vom Erscheinungshügel mit. In der Kirche wurde neben dem Kind gebetet. Anfang November 1981 hat die Mutter erklärt, daß das Kind geheilt sei.
Nach ihren Angaben hat sich die Heilung nach und nach eingestellt. Sie sei schon zufrieden, wenn das Kind in seinem jetzigen Zustand verbliebe, vorausgesetzt, daß sein Arm noch etwas beweglicher würde. Das Kind war in Mostar in Spitalsbehandlung gewesen. Auch hatten die Eltern Medikamente aus der Bundesrepublik besorgt, aber das alles war ohne Erfolg geblieben. Diese Heilung erregte großes Aufsehen.

Luca Prusina aus Čitluk litt seit fünf oder sechs Jahren an einer Ohrenentzündung. Sie war in Čitluk und in Ljubuški ohne Erfolg behandelt worden. Sie hat gebetet und gefastet und auf dem Erscheinungshügel Blumen gepflückt. Sie wusch ihre Ohren mit dem Wasser, in dem diese Blumen eingeweicht waren. Seither ist sie schmerzfrei, und zwar bis heute, d. h. bis zum 14. November 1981.

Lucija Raspudić aus Djakovo hatte den grauen Star. Sie konnte nichts mehr sehen. Sie war in Djakovo und Osijek behandelt worden, jedoch ohne Erfolg. Sie ging auf den Erscheinungshügel und nahm von dort Erde und Blumen mit. Sie legte alles ins Wasser und wusch sich dann damit die Augen. Sie machte der Mutter Gottes ein Gelübde. Als sie es erfüllt hatte, verschwand der Star. Das war im September 1981. Ihre Erklärung wurde im Dezember aufgenommen. Sie hat versprochen, die ärztlichen Analysen beizubringen.

Jure Bošnjak aus Mostar hatte einen Schlaganfall erlitten. Er wurde in Mostar und in Banjaluka ärztlich behandelt, aber es wurde keine Besserung erreicht. Da er in Mostar im Krankenhaus lag, konnte er die frommen Übungen in Medjugorje nicht mitmachen. Aber seine Familie brachte ihm seine Kleider, die vom Priester geweiht worden waren. Dann betete Jure, und er wurde im Krankenhaus von Mostar gesund. Seine Heilung ist vollständig.

Iva Tole, geboren 1941 in Mostar, hatte multiple Sklerose. Sie wurde in den Krankenhäusern von Belgrad und Zagreb behandelt, ohne daß eine Besserung eingetreten wäre. Sie wurde in den vorzeitigen Ruhestand versetzt und blieb von da an zu Hause, wobei es ihr immer schlechter ging. Sie wünschte sehnsüchtig, nach Medjugorje „zur Mutter Gottes" zu kommen, aber sie war zu schwach dazu. So begab sich ihre Tochter an ihrer Stelle hin. Sie betete und fastete. Sie fragte den kleinen Jakov, einen der Sehenden, ob ihre Mutter gesund werden würde. Er antwortete ihr: „Sie soll glauben, fasten und beten, und ihr Gesundheitszustand wird sich bessern."
Am 13. September 1981 wurde die Kranke schließlich in die Kirche von Medjugorje gebracht. Sie betete dort und ging dann zu Fuß auf den Hügel Križevac, um der Messe beizuwohnen. Sie kehrte voll Freude heim. Die Kopfschmerzen waren verschwunden, und sie verrichtet jetzt die Hausarbeit, wozu sie nicht mehr imstande gewesen war. Sie hat am 20. Mai 1982 erklärt, geheilt zu sein, und hat alle ärztlichen Atteste vorgelegt.

Božica Mandić aus Ljubuški litt an Polyarthritis. Sie wurde von einem Arzt in Ljubuški behandelt. Nach neun Wallfahrten, die sie zu Fuß nach Medjugorje machte, und dem täglichen Gebet von sieben *Vaterunser* ist sie vollständig geheilt.

Ljubica Merdžo aus Mostar litt seit langem an *Angina pectoris.* Sie betete und fastete mit großer Zuversicht. Nach einer Pilgerfahrt nach Medjugorje ist die Krankheit vollständig verschwunden. Sie hat am 19. Januar 1982 ihre Heilung erklärt.

Andja Marić aus Sinj hatte einen Unfall gehabt. Beim Schneiden der Maiskolben hatte sie sich am linken Auge verletzt und war seither auf diesem Auge blind. Außerdem hatte sie große Schmerzen. Sie wollte nicht zum Arzt gehen. Aber ihr Mann begab sich nach Medjugorje und brachte Pflanzen vom Erscheinungshügel mit. Andja spülte ihr Auge mit dem Wasser, in das die Pflanzen eingelegt worden waren, und betete. Sie hat sofort wieder sehen können, sagt sie, und die

Schmerzen waren verschwunden. Die Aussage wurde von P. Tomislav Pervan am 5. Februar 1982 aufgenommen.

Katica Mikola aus Osijek hatte einen Schlaganfall erlitten. Zweieinhalb Jahre lang war sie dadurch geistig verwirrt. Sie war im psychiatrischen Krankenhaus von Osijek behandelt worden, aber ohne Besserung. Da macht ihre Familie ein Gelübde und kommt nach Medjugorje. Sie nehmen vom Erscheinungshügel etwas Erde mit und pflücken Blumen. Vorher hatten sie gebetet und gefastet. Bei der Erfüllung des Gelübdes wird Katica am Vorabend des Weihnachtsfestes 1981 plötzlich wieder gesund. Am 19. Januar 1982 geht sie zu ihrem Arzt, der ihren einwandfreien Gesundheitszustand bestätigt. Diese Erklärung wurde am 31. Januar 1982 von ihrer Familie gemacht, die versprochen hat, die ärztlichen Atteste zu schicken.

Vinka Marinčić aus Čitluk hatte eine Gehirnblutung erlitten. Sie war in Mostar und in Zagreb behandelt worden. Sie hatte der Mutter Gottes ein Gelübde gemacht, gebetet und gefastet. Bei ihrer Wallfahrt nach Medjugorje holt sie Erde vom Erscheinungshügel. Sie wird sofort gesund, nachdem sie die selige Jungfrau Maria darum gebeten hat. Aussage von Anfang Februar 1982.

Jure Bjelić aus Opuzen war von einer schweren Ohrenentzündung befallen worden. Eine Operation im Jahr 1954 hatte keinen Erfolg gebracht. Er verlor das Gehör, die Wunde blieb offen und eiterte. Die Ärzte, die er aufsuchte, erklärten ihm, daß eine neuerliche Operation die einzige Möglichkeit zur Heilung wäre, ohne daß man den Erfolg garantieren könnte. Jure lehnte die Operation ab. Er wurde am 13. September 1981, während er der Messe auf dem Hügel Križevac beiwohnte, geheilt. Vorher hatte er gebetet, gefastet und etwas Erde vom Erscheinungshügel mitgenommen. Sein Ohr eitert nicht mehr. Die Schmerzen sind verschwunden und er hört besser. Er hat diese Erklärung am 20. Februar 1982 abgegeben und versprochen, die notwendigen ärztlichen Atteste beizubringen.

Vlado Grizelj aus Ljubuški litt an einer chronischen Ohrenentzündung. Er war in den Krankenhäusern von Ljubuški und Mostar behandelt worden, jedoch ohne Erfolg. Im Sommer 1981 macht er mit seinen Eltern eine Wallfahrt nach Medjugorje. Sie pflücken auf dem Erscheinungshügel Blumen, waschen das erkrankte Ohr mit dem Wasser, in das sie die Blumen gelegt hatten, machen ein Gelübde und beten neben ihm in der Kirche. Er wird augenblicklich geheilt. Das Leiden hat sich seither nicht mehr gezeigt. Diese Erklärung erfolgte durch die Eltern des Kranken Anfang März 1982.

Ante Kozina aus Čitluk litt seit 1942 an einer chronischen Ohrenentzündung. Man hatte ihn in Mostar und in der Bundesrepublik Deutschland behandelt. In Deutschland schlugen ihm die Ärzte einen chirurgischen Eingriff vor, wiesen ihn jedoch auf die Gefahren hin. Er ließ sich nicht operieren. Das Ohr schmerzte sehr und eiterte. Im August 1981 machte Ante ein Gelübde in der Kirche von Medjugorje. Er wurde augenblicklich geheilt und hat seither keine Schmerzen mehr. Meldung vom 12. März 1982.

Mirko Brkić aus Banjaluka hatte sich ein Bein gebrochen und es war genagelt worden. Er wurde im Krankenhaus von Banjaluka und später in Belgrad behandelt. Unter dem Knie hatte sich eine offene Wunde gebildet. Die Ärzte hatten sie wiederholt behandelt, aber sie war immer tiefer geworden und man sah bereits den Knochen. Die Ärzte hatten beschlossen, das Bein zu amputieren. Inzwischen hatte Mirkos Familie der Mutter Gottes ein Gelübde gemacht. Sie hatten gebetet und gefastet. Am Vorabend des Tages, an dem das Bein abgenommen werden sollte, schloß sich die Wunde plötzlich wieder. Die Ärzte waren erstaunt und verzichteten auf die Amputation. Innerhalb weniger Tage war die Wunde vollständig verheilt. Die Heilung wurde am 26. März 1982 mitgeteilt.

Venka Bilić-Brajčić aus Split: Die Diagnose lautete folgendermaßen: Im Januar 1980 mußte der Kranken die linke Brust entfernt werden; anschließend unterzog sie sich einer postoperativen

Bestrahlungsbehandlung. Neun Monate nach der Operation traten Metastasen auf. Sie hatten die rechte Brust befallen, die seit April 1981 durch Bestrahlung behandelt wurde.
Venka hat erklärt: „Im September 1981 haben sich die Krusten auf meiner Brust in offene Wunden verwandelt; zuerst waren es mehrere kleine Wunden, später wurde daraus eine große, dann zwei große Wunden ... Da schlug mir meine Schwester vor, die Mutter Gottes von Medjugorje zu bitten. Sie sagte, daß diese mir helfen könnte. Zuerst haben wir bei uns zu Hause gebetet. Dann ist meine Schwester mit mehreren anderen Frauen übereingekommen, in der Kirche zu beten ... Nach dem Gebet in der Kirche (d. h. nach zwei oder drei Tagen) hat sich das Aussehen der Wunden zu ändern begonnen. Die Krusten fielen ab und eine neue Haut war im Entstehen. Im Lauf des Januar verschwand die unterste Wunde, auch die obere ist abgetrocknet ... Meine Gesundheit hat sich gebessert."
Die Patientin ist auf dem Weg der Genesung. Sie fühlt sich wohl. Es gibt keine Anzeichen mehr für die Ausbreitung von Metastasen in den Knochen oder in anderen Organen, bestätigt das ärztliche Attest. Venka kam erneut nach Medjugorje, um der Mutter Gottes zu danken. Sie hat am 8. September 1982 die ärztlichen Atteste vorgelegt.

Ein hypnotischer Test über die Aufrichtigkeit der Sehenden

Dr. Ludvik Stopar, Psychiater, Parapsychologe, ausgebildet in Graz, Berlin (Psychiatrie und Hypnotherapie) und Freiburg i. B. (Parapsychologie), anschließend 15 Jahre lang Leiter der Polyklinik in Marburg (Jugoslawien), hat die Sehende Marija Pavlović hypnotisiert, um ihre Aufrichtigkeit zu testen. Er hatte sie zunächst im wachen Zustand über die Erscheinungen berichten lassen. Im hypnotischen Schlaf enthielt ihr Bericht in automatischer Rede keine Diskrepanzen und nur zwei Abweichungen: Marija sprach nicht mehr stockend, und sie gab das Geheimnis preis, das sie im bewußten Zustand streng bewahrt hatte. Dr. Stopar hat es, wie es seine Berufspflicht erfordert, ebenso streng für sich behalten. Die Aufrichtigkeit scheint ihm eindeutig gegeben.

Er war zwischen Mai 1982 und November 1983 viermal je ungefähr eine Woche lang in Medjugorje und hat die Sehenden im Normalzustand und während der Ekstase untersucht.

5. Das Echo in der marxistischen Presse

Die Berichterstattung in der marxistischen Presse spiegelt das große Interesse der Bevölkerung für die Erscheinungen von Medjugorje und den Widerstand des offiziellen Atheismus wider. Daher die Angriffe und Karikaturen, gegen die der Bischof von Mostar sich verwahrt hat. Die Angriffe bedienen sich derselben Schlagworte, die schon seinerzeit gegen Kardinal Stepinac benutzt worden waren: Alles, was nur irgendwie entweder mit dem Glauben oder mit dem kroatischen Nationalismus zu tun hat, wird mit der gewalttätigen rechtsextremen Ustascha gleichgesetzt.

Milenko Vesnić: „Die Mutter Gottes am Ort des Verbrechens", in *Večernje Novosti (Abendnachrichten* vom 22. Oktober 1981). Nahe dem Massengrab, in dem die 2500 unschuldigen von der Ustascha[23] ermordeten Opfer bestattet sind, hat man nun die Erscheinungen der Jungfrau inszeniert. Kardinal Šeper erschien persönlich zur Konsekration der Dorfkirche von Stražeman (Nordkroatien),[24] um Kardinal Stepinac zu rehabilitieren, der wegen seiner Zusammenarbeit mit dem Feind[25] vom Obersten Gerichtshof in Kroatien abgeurteilt worden ist.
Man muß unbedingt zwischen religiöser und subversiver Aktivität zu unterscheiden wissen. Das Wiedererwachen des Klerikalismus in den religiösen Gemeinschaften muß an Ort und Stelle bekämpft werden. So lautet der Beschluß, der vom Komitee der Sozialistischen Union der Völker Jugoslawiens auf seiner letzten Sitzung gefaßt wurde. Auf dieser Sitzung wurde die Rolle der sozialistischen Partei in der Religion und in der Aktivität der religiösen Gemeinschaften diskutiert. Bei dieser Gelegenheit hat man darauf hingewiesen, daß es absolut notwendig sei festzustellen, welche gesellschaftlichen Phänomene das Aufflackern des Klerikalismus begünstigen und wie die Gesellschaft seinem unheilvollen Wirken begegnen kann.

Es ist kein Zufall, daß gerade dieses Thema zur Diskussion auf höchster Ebene gewählt wurde. Während der letzten Monate hat sich der Klerikalismus in einer ganzen Reihe von Vorkommnissen gezeigt und damit bewiesen, wie dringend es ist, die unheilvolle Aktivität gewisser kirchlicher Kreise aufzuzeigen.

Eine verspätete Reaktion

Es liegt auf der Hand, daß die subversiven Kräfte gegen die Union unserer Völker kämpfen, und es ist unsere Pflicht, diesen Versuchen in einer gemeinschaftlichen Aktion entgegenzutreten, erklärte Kolj Siroka, Vorsitzender des Komitees der Sozialistischen Union Jugoslawiens.

Die Mutter Gottes in Crnica

Ein denkbar heimtückisches Phänomen hat bei allen aufrechten Bürgern der Herzegowina starken Protest hervorgerufen. Es wurde unter dem Deckmantel der katholischen Kirche und mit dem Segen der kirchlichen Obrigkeit organisiert. Im Frühsommer des vergangenen Jahres hat sich unter den Gläubigen der Herzegowina und der angrenzenden Ortschaften Dalmatiens wie ein Lauffeuer die folgende Nachricht verbreitet: Auf dem Hügel Crnica in Medjugorje im Bezirk Čitluk sei die Mutter Gottes „erschienen". Den Behauptungen zufolge sei die Mutter Gottes mehreren Kindern erschienen, um durch deren Vermittlung mit anderen Gläubigen in Verbindung zu treten. Es ist wohl kein reiner Zufall, daß dieses Auftreten der Mutter Gottes am Vorabend des Jahrestages der Revolution unserer Völker in Szene gesetzt wurde! Die Errungenschaften Jugoslawiens, eines freien, sozialistischen und selbstverwalteten Landes, sollten um jeden Preis bagatellisiert werden. Auch die Gegend ist nicht rein zufällig dazu ausersehen worden. Genau an dem Ort, wo die Mutter Gottes von Čitluk den Kindern erschienen ist, befindet sich der Graben, in dem die Leute von der Ustascha 2500 unschuldige Opfer umgebracht haben. Sie machten sie nieder und stießen sie sterbend, verwundet oder von Kugeln durchsiebt in den Abgrund. Anschließend wurden ihre Leichen von Bomben zerfetzt. Die Bewohner dieser

Gegend erinnern sich noch, daß an einem einzigen Tag 500 Frauen und Kinder umgebracht worden sind. Die „Erscheinung" der Mutter Gottes an diesem Ort ist tatsächlich kein Zufall.

Zum selben Zeitpunkt trat der Franziskaner Jozo Zovko in Aktion. Er hielt eine Ansprache zu Ehren der Erscheinung der Mutter Gottes: „Dieses Jahr", hieß es da, „steht unter dem Zeichen des 40. Jahrestages von Finsternis und Knechtschaft." Christus sei in die Welt gekommen, um uns Sklaven zu befreien, nachdem wir 40 Jahre in der Finsternis geschmachtet hätten; und er sage uns: „Sprengt die Ketten, die Fesseln und alle Zwänge, die unser Leben einengen, denn wir standen unter der Herrschaft der Sünde."

Unter der Menge derer, die zum Ort der Erscheinung kamen, befand sich auch der Bischof von Mostar, Pavao Žanić. Zweifellos wollte er die Bedeutung dieses Ereignisses unterstreichen, in dem sich ein Klerikalismus und Nationalismus manifestieren, die die Feinde der von unseren Völkern während des letzten Krieges so teuer erkauften Einheit und Brüderlichkeit sind. Der Bischof und sein Franziskaner Zovko haben keineswegs ihre Stimme erhoben gegen die Verbrechen, an denen auch Priester und katholische Ordensleute beteiligt waren. Ja, während des letzten blutigen Krieges haben tatsächlich Priester an diesem brudermordenden Kampf teilgenommen. Sie haben das Verhalten von Jozo Zovko (dem Pfarrer) und Ferdo Vlašić O. F. M., Chefredakteur der Zeitschrift *Naša ognjišta,* nicht mißbilligt, die die Zeiten wieder herbeiwünschen, als der Feind Medjugorje mit aller Macht zermalmte. Zur Stunde, wo die Franziskaner ein „Wunder" inszenieren, um den Nationalismus wieder zu entfachen, macht sich Bischof Žanić zum Schirmherrn einer Politik, die kein anderes Ziel hat, als die Politik der faschistischen Terroristen im Jahr 1941 fortzusetzen.

Klerikalismus und Nationalismus lodern wieder auf

Mitte August haben die Vertreter der Behörde von Čitluk die kirchliche Hierarchie darauf aufmerksam gemacht, daß ihr Verhalten unzulässig sei und daß man, sollte diese Aktivität nicht eingestellt werden, die Bevölkerung über den Ursprung der Ereignisse in Kenntnis setzen würde. Daraufhin richtete Bischof Žanić ein Protestschreiben an die oberste Autorität des Landes, in dem er das Urteil der Vertreter der politischen und gesellschaftlichen Autorität als „unverantwortliche Verleumdungen" bezeichnet, „die geeignet sind, die grundlegenden Menschenrechte zu verhöhnen".

Es hat den Anschein, als wären der kirchliche Würdenträger und seine Priester so mit Blindheit geschlagen, daß sie die Worte des Faschismus nicht erkennen, die über der Stätte der „Erscheinung" der Mutter Gottes stehen. Sie spielen die Naiven, wenn man sie auf das Wiedererwachen der Ideologie der Ustascha anspricht, die in dieser Gegend so viel Unheil angerichtet hat. Dieser Klerikalismus und Nationalismus stellen eine der größten Gefahren für die Jugend dar. Es war ja von Anfang an ihr Ziel, gerade die Jugend zu beeinflussen. Die jungen Leute verlassen den Wallfahrtsort mit Liedern der Ustascha auf den Lippen und erregen so den Zorn aller aufrechten Bürger. Und das alles sieht der Klerus nicht – oder will es nicht sehen. Sie sind zwar bestrebt, den Anschein zu erwecken, als hätten sie mit der ganzen Sache gar nichts zu tun, aber das hat niemanden überzeugt.

Dieses abgekartete Spiel des Klerus, der sich als Opfer eines Regimes hinstellt, das den Bürger angeblich an der freien Religionsausübung hindert, ist äußerst ungeschickt. Diesen Kardinal Stepinac, der doch der Schirmherr des Brudermords war, will man sogar heiligsprechen. Jahrhunderte lang haben die Priester die Redlichkeit der Bevölkerung zu ihrem eigenen Vorteil mißbraucht. Aber sie waren nie bereit zu sagen, in welchem Maß die katholische Kirche kroatisch oder – in Wirklichkeit – gegen das kroatische Volk gerichtet war.

Die redlichen Gläubigen, denen die Freiheit und die Brüderlichkeit zwischen Bürgern verschiedener Religionen oder Nationalität am Herzen liegt, hätten es vorgezogen, daß bestimmte Geistliche sich der Messe und dem Gebet widmen, anstatt dem Feind zu dienen. Denn niemand in diesem Land macht ihnen das Recht streitig oder wird es ihnen streitig machen, die Messe zu feiern und zu beten.

Die redlichen Bürger fragen sich mit Recht, warum anläßlich des Jahrestages des Todes unseres Präsidenten kein kirchlicher Würdenträger zur Gedenkfeier nach Zagreb gekommen sei. Aber die katholische Kirche hat diese Frage nicht beantwortet. Und diese Frage stellen nicht nur die Gläubigen, die der sozialistischen Partei angehören und Tito unendlich lieben. Es ist bekannt, daß die Länder der ganzen Welt unabhängig von ihrem politischen oder religiösen System am Grabe Titos den Respekt zum Ausdruck bringen, den er verdient.
Die nicht konfessionelle Presse des Landes war häufig gemäßigter. Der Reporter der großen Illustrierten *Arena* brachte am 22. Juli 1981 eine regelrechte Reportage, die trotz der harten Anfangsklausel über den Aberglauben echte Information bietet.

Pavle Pavlović: „Das Wunder in den Felsen" (in der Wochenschrift *Arena*, 22. 7. 1981)
An die 100.000 Menschen haben sich in den Felsen der Herzegowina auf dem Hügel Crnica in der Gemeinde von Čitluk an den heiligen Ort begeben, an dem die Mutter Gottes erschienen ist. Ihr Gehirn ist krank vor Neugier oder Aberglauben. Ganz offensichtlich hat irgend jemand diese ansteckende Bewegung erfolgreich lanciert (. . .). Die Tagespresse hat viel davon gesprochen, und das Komitee der Sozialistischen Partei von Čitluk hat diese Regung des Aberglaubens verurteilt und darauf hingewiesen, daß da jemand das religiöse Empfinden der Gläubigen mißbraucht.
Wir wollen gleich an den Kernpunkt des Problems herangehen, wobei wir die religiöse Freiheit, die in unserer Verfassung empfohlen wird, vollauf respektieren wollen.
Ich ging als erstes zum Pfarramt. Ich dachte, daß man mir den Zutritt verwehren würde; doch ich wurde sehr liebenswürdig empfangen, und zwar vom Pfarrer, Pater Jozo Zovko. Es war offensichtlich nicht nötig, ihm den Anlaß meines Besuches zu erklären. „Ich bin bereit, mit Ihnen darüber zu diskutieren, wenn Sie mir versprechen, daß Sie das, was ich Ihnen sage, wahrheitsgetreu und genau berichten werden. Es hat in der Presse Verleumdungen gegeben, und es ist nie ein Journalist

bei mir gewesen", begann Pater Zovko. Wir vereinbarten einen Termin nach der Abendmesse. Vom Pfarrhaus nahm ich den Weg ins Dorf Bijakovići. Ich wollte die Kinder treffen, die die „Gottesmutter" gesehen hatten, aber ich stieß auf Mißtrauen.
„Wie soll ich wissen, wo sie sind? Wer hat dir gesagt, daß sie hier wohnen? Sie sind an die Küste gefahren ..." Und noch einige andere Antworten dieser Art.
Erst als ich mich auf den Pfarrer berief, fand ich endlich den Weg zu einem Haus, auf dessen Terrasse mehrere halbwüchsige Mädchen und Burschen waren.
„Was wollen Sie?", fragte ein magerer, leicht ergrauter Mann.
„Ich möchte mit den Kindern reden."
„Lassen Sie sie in Ruhe, dauernd ist jemand da, der sie verlangt", sagte er.
Ich berief mich noch einmal auf den Pfarrer. Da öffnete sich auch hier die Türe, zuerst voller Mißtrauen; aber der Empfang wurde bald offener.
„Ihr habt die ‚Mutter Gottes' gesehen?"
„Ja."
Vicka Ivanković ist 16 Jahre alt. Sie besucht die Oberschule. Sie ist eine gute Schülerin. Neben ihr steht Ivanka Ivanković, ihre Kusine. Sie ist 15 Jahre alt und hat eben die Grundschule abgeschlossen. Auch sie ist eine gute Schülerin. Der 10jährige Bub heißt Jakov Čolo. Auch er ist ein guter Schüler. Ich schaue sie an und frage mich, wie weit sie sich ihrer Behauptungen sicher sind und wer wohl die 100.000 Leute dazu gebracht haben mag, den Hügel Crnica zu besuchen. Und trotzdem sehen die Kinder nicht so aus, als hätten sie Angst. Sie tuscheln nicht untereinander, und man möchte fast sagen, daß sie ungeduldig auf Fragen warten.
„Wann habt ihr die ‚Mutter Gottes' gesehen?"
„Am 24. Juni, gegen Abend", beginnt Vicka. „Ivanka und die Schwester von Jakov gingen die Schafe holen. Ich selbst bin fünf oder sechs Minuten später in derselben Richtung aufgebrochen. Als ich ihnen unterwegs begegnete, erzählten sie mir ganz verstört, daß sie die ‚Mutter Gottes' gesehen hätten. Da habe ich Angst bekommen, habe die Schuhe ausgezogen und

bin ins Dorf zurückgelaufen. Als wir zurückkamen, erzählten wir unserer Familie und den Nachbarn, daß uns die ‚Mutter Gottes' erschienen sei. Man wollte uns einreden, daß das fliegende Untertassen oder etwas ähnliches gewesen seien."
„Um wieviel Uhr habt ihr die ‚Mutter Gottes' gesehen?"
„Es war ungefähr 18.15 Uhr."
„Und am nächsten Tag (26. Juni) seid ihr wieder an denselben Ort zurückgekehrt?"
„Ja, wir sind zur selben Stunde wieder hingegangen. Ich habe gesagt: ‚Wenn wir die Mutter Gottes sehen, werden wir irgend jemand rufen, damit er sieht, daß wir keine Lügen erzählen.'"
„Und wen habt ihr gerufen?"
„Eine Großmutter aus dem Dorf."
„Hat sie die Mutter Gottes auch gesehen?"
„Ich weiß nicht. Sie sieht nicht mehr so gut."
„Und ihr, habt ihr sie gesehen?"
„Sicher."
„Wie hat sie ausgesehen?"
„Sie hatte ein graues Kleid, einen weißen Schleier über dem Gesicht und sie war so hoch über dem Boden" (Vicka zeigt mit den Händen ungefähr 30 cm über dem Boden).
„Was habt ihr gemacht? Habt ihr Angst gehabt?"
„Dieses Mal nicht. Die Mutter Gottes hat freundlich mit uns gesprochen."
„Worüber habt ihr mit ihr gesprochen?"
„Über alles mögliche."
„Wer hat Fragen gestellt, ihr oder sie?"
„Wir."
„Und was habt ihr sie gefragt?"
„Sie hat uns gesagt, wir sollten die Leute miteinander versöhnen, daß die ganze Welt sich verstehen soll."
„Du hast mir nicht gesagt, was ihr sie gefragt habt."
„Ja, richtig, wir haben sie gefragt, warum sie gerade hierher, zu uns, gekommen ist. Sie hat uns geantwortet, daß sie hierhergekommen ist, weil es hier viele Gläubige gibt. Dann hat sie uns gesagt, daß die Menschen sich versöhnen müssen, daß nicht mehr gestritten werden soll und daß sie gekommen ist, damit die Leute sich bekehren."

„Wie lange dauern eure ‚Begegnungen'?"
„Ungefähr eine Viertelstunde. Aber gestern abend (9. Juli) war die Begegnung so lange wie noch nie. Sie hat fast eine halbe Stunde gedauert."
„Ihr habt sie (immer) am selben Ort getroffen?"
„Nein, wir gehen nicht mehr auf den Hügel."
„Warum?"
„Weil die Mutter Gottes uns jetzt zu Hause erscheint."
„Worüber habt ihr gestern gesprochen?"
„Wir haben sie gebeten, den Kranken zu helfen."
„Werdet ihr sie diesen Abend wiedersehen?"
„Ja."
„Um wieviel Uhr?"
„Um halb sieben."
Ich kam um 18.30 Uhr wieder, um die Kinder zu treffen, aber sie waren nicht zu Hause. Das ist die Ursache dafür, daß mein mögliches Treffen mit der ‚Gottesmutter' gescheitert ist. Der Pfad, der zu dem Ort führt, an dem die Mutter Gottes zum erstenmal erschienen ist, ist sehr steil und mit scharfkantigem Schotter bedeckt. Trotzdem stiegen die Gläubigen, denen ich begegnete, barfuß den Weg hinauf, der sonst mit Schuhen schon kaum zu begehen ist. Ein alter Mann erzählt irgend etwas nahe einem Loch im Boden. Die anderen stehen um ihn herum und hören begierig zu:
„Ich heiße Dugandžić, ich wohne da unten im Dorf. Seit zwanzig Jahren bin ich nicht mehr diesen Hügel heraufgestiegen. Ich habe die Füße voller Hühneraugen und kann nur mit größter Mühe ein paar Schritte außer Haus machen. Aber als ich den Weg auf den Hügel einschlug, da liefen meine Beine, als ob sie Flügel hätten."
„Ach, Großvater, ist das wirklich wahr?"
„Ich kann es bei meinem Augenlicht beschwören", antwortete der Alte einer Frau, die ihm mit offenem Mund zuhört.
„Und wenn mein Glaube nicht stark genug ist, Großväterchen, wenn ich erst noch überzeugt werden muß?"
„Warum bist du dann überhaupt heraufgestiegen", wirft ein Mann in reiferem Alter im dunklen Hemd ein.
In der Nähe des Loches stehen zahlreiche junge Leute, die nach

der letzten Mode bekleidet sind. An den Abhängen des Hügels suchen Wagen aus Kotor, Split, Osijek, Subotica und Makarska den Weg, der auf den Hügel führt.
In einem kleinen Haus treffe ich in einem schlechterleuchteten Zimmer Jozo Vasilj, einen Greis von 86 Jahren, an. Er empfängt mich mit der Frage:
„Warum bist du in Schwarz, mein Sohn? Bist du in Trauer?"
„Nein, nein, Großväterchen, es ist Mode. Sagen Sie mir, im ganzen Dorf wird erzählt, daß Sie auf wunderbare Weise geheilt worden sind?"
„Das stimmt. Seit vier Jahren konnte ich auf dem rechten Auge nicht sehen; und das linke ist schon seit zehn Jahren erloschen."
„Aber was ist passiert, daß Sie jetzt wieder sehen?"
„Ich wußte, daß mein Auge wieder gesund werden würde, wenn mir jemand Pflanzen bringen würde vom Ort, wo die ‚Mutter Gottes' erschienen ist. Ich habe etwas von diesen Pflanzen bekommen. Meine Frau hat sie gekocht, und ich habe sie mir auf die Augen gelegt. Dann habe ich um ein Handtuch gebeten, um mich abzutrocknen. Ich habe mir die Augen gerieben, und da habe ich gespürt, daß es in meinem Kopf immer heller wurde. Und plötzlich konnte ich wieder sehen. Da habe ich gerufen: ‚Frau, ich seh dich!' Sie hat geantwortet: ‚Geh, erzähl doch keinen Unsinn!' Und wieder sagte ich: ‚Ich sehe genau, daß du deine Strümpfe nicht angezogen hast.' Da hat sie begriffen, daß ich wirklich sah."
„Und seither können Sie sehen?"
„Ja. Und ich schwöre es bei meinen Augen, die geheilt worden sind."
Ich kehre ins Pfarrhaus zurück. Pater Zovko will mir einreden, daß ich der erste Journalist sei, der sich sehen ließ und mit der Kirche sprechen wollte.
Mehrere Journalisten aus dem Ausland haben sich angesagt, fügt er hinzu. Die Nachricht von der „Mutter Gottes" hat sich schnell ausgebreitet. Wieder einmal hat die Mundpropaganda ihre Macht bewiesen.
„Sagen Sie, wann haben Sie erfahren, daß die ‚Mutter Gottes' erschienen ist?"
„Ich war fort und bin erst am 27. Juni in die Pfarre

zurückgekommen. Erst dann habe ich das erfahren, was Sie mich fragen. Ich weiß von der Erfahrung der Kirche und habe mich deshalb nicht beeilt, meine Meinung zu äußern. Denn die Kirche hat sich von solchen Phänomenen distanziert, auch wenn sie ziemlich häufig sind ... Ich kannte die Kinder vorher überhaupt nicht, die kamen, um mir von diesen Erscheinungen zu berichten. Mit Ausnahme des kleinen Jakov haben sie alle Schulen außerhalb unserer Pfarre besucht."

„Sie haben gerade gesagt, daß man sehen muß, was dem Problem zugrunde liegt."

„Ja. Visionen der seligen Jungfrau Maria und Christi sind möglich."

„Entschuldigen Sie, aber in Ihrer ersten Antwort haben Sie gesagt, daß Sie bezüglich dessen, was die Kinder Ihnen erzählt haben, so Ihre Vorbehalte hätten. Hier scheint mir ein Widerspruch zu liegen."

„Nein, die Kirche hat niemals die Möglichkeit geleugnet, daß ein wirklich gläubiger Mensch eine derartige Erfahrung machen könnte. Aber es ist seine persönliche Begegnung mit Gott, und die Kirche ist nicht verpflichtet, daran zu glauben, weil ja nicht die ganze Kirche diese Begegnung gehabt hat. Trotzdem dienen solche Begegnungen dem Wohl der Kirche und dem Wohl dessen, der sie erlebt hat."

„Zehntausende von Gläubigen sind hierhergekommen. Warum? Haben nicht auch sie die ‚Mutter Gottes' sehen können?"

„Jesus Christus hat gesagt, daß man mit den Augen des Glaubens sehen muß. Wer keinen Glauben hat, kann natürlich auch nicht sehen, und das ist ja eigentlich ganz natürlich. Mit anderen Worten, die anderen hatten nicht das Privileg, die ‚Mutter Gottes' zu sehen."

„Können Sie bestätigen, daß das, was in Ihrer Pfarre geschehen ist und noch geschieht, rein religiösen Charakter hat?"

„Man kann unmöglich sagen, daß alle, die gekommen sind, Gläubige waren. Es waren sicher auch Leute dabei, die ihre Neugierde befriedigen wollten ... Die Ordner mußten nicht eingreifen, und es hat sich niemand anders als religiös verhalten. Und aus diesem Grund finde ich gewisse böswillige Erklärungen bedauerlich", sagte mir Pater Jozo Zovko.

Natürlich wird die Zeit erweisen, ob die politischen und gesellschaftlichen Körperschaften diese Ereignisse richtig beurteilt haben. Aber es ist sicher, daß diese Urteile nicht ohne vorhergehende Prüfung aller Aspekte des Phänomens vorgebracht worden sind. Das endgültige Urteil darüber, ob es denn der Mühe wert war, so viel Aufhebens von Čitluk zu machen, überlasse ich meinen Lesern. Ebenso mögen sie auch selbst beurteilen, ob die Religion hier nicht mißbraucht worden ist, d. h. ob sie nicht in Aberglauben verkehrt wurde.

Anmerkungen

[1] *Glas Koncila (Die Stimme des Konzils)*, Zagreb, 16. August 1981, S. 1.

[2] Ljudevit Rupčić, Gospena Ukazanja u Medjugorju (Die Erscheinungen der Jungfrau in Medjugorje), Samobor, A. G. Matoš, 1983, 176 Seiten, veröffentlicht auf kroatisch, in seiner französischen Übersetzung (von Vera Knežević) Grundlage der vorliegenden Arbeit; dt.: Erscheinungen unserer Lieben Frau zu Medjugorje. 1984.

[3] Chicago, Franciscan Herald Press, 1983, englische Ausgabe besorgt von Michael Scanlan, Steubenville University (Ohio, USA). Französische Übersetzung und Bearbeitung von Ephraïm und Philippe Madre (Les apparitions de Medjugorje, Fayard, Januar 1984, 128 Seiten) von der Gemeinschaft des Löwen von Juda.

[4] Ich selbst habe diesem Thema nach verschiedenen Monographien ein zusammenfassendes Werk gewidmet: Les routes de Dieu (Die Straßen Gottes), erschienen bei Editions de l'OEIL in der Reihe: „Sanctuaires, pèlerinages, apparitions" (Heiligtümer, Wallfahrten, Erscheinungen), in der auch die französische Ausgabe des vorliegenden Buches erschienen ist.

[5] Vgl. weiter unten S. 208.

[6] Akten der Pfarrei, 1982, S. 14, 17–19.

[7] Vgl. weiter unten S. 192f.

[8] Über die Seligsprechung der Diener Gottes, Buch 2, Kap. 32, Nr. 11.

[9] Ebd.

[10] Akten des heiligen Pius X., Paris, Bonne Presse, Bd. 3, S. 175.

[11] Wenn die Erscheinungen andauern, wäre die 1000. Erscheinung am 25. März (sofern man die fünf Tage ohne Erscheinung berücksichtigt). Tag der Niederschrift dieser Anmerkung ist der 6. Januar 1984.

[12] Vgl. S. 176f.

[13] R. Laurentin, Lourdes, documents authentiques, Lethielleux, Bd. 2, S. 12–29 und 57–86.

[14] Vgl. weiter oben, S. 95f.

[15] Sie sind auf S. 138f. aufgezählt.

[16] Benedikt XIV., De Canonisatione, L. 3, c. 53, no. 16, und A. Poulain, Grâces d'oraison, Paris 1931, S. 355f.

[17] Tonbandaufzeichnung eines Gesprächs, veröffentlicht von A. Farina in *Sabato*, 10.–23. September 1983, S. 16f.

[18] Lourdes, histoire authentique, Bd. 3, S. 273–293.

[19] R. Laurentin, Vie de Catherine Labouré, Paris 1980, S. 84.

[20] Umfrage im Seminar von Dubrovnik am 27. Dezember 1983.

[21] In *Feu et Lumière* Nr. 1, Oktober 1983, S. 22–27.

[22] A. d. Ü.: Sūfīk ist eine mystisch-theosophische Richtung im Islam.

[23] „Die Zeitung *Večernje Novosti* sagt nur die halbe Wahrheit", bemerkt der *Spiegel* vom 5. Oktober 1981, S. 196. „Es waren 2500 Kroaten, die in Bijakovići umgebracht

worden sind, und zwar von den Partisanen Titos, ihren marxistischen Gegnern im April 1941. So erklärt sich auch die beträchtliche Dezimierung der Bevölkerung in dieser kroatischen Region (Medjugorje, Čitluk) während des Krieges 1941–1945. Es ist hier nicht der Ort, sich mit der Vorgeschichte dieses Blutbades zu befassen, das mit den Erscheinungen überhaupt nichts zu tun hat. Es wird hier lediglich als Kriegsmaschine eingesetzt (und verzerrt) und gehört nicht zum Thema."

[24] Am 16. September 1981 kam Kardinal Šeper zur Weihe der antiken St.-Michaels-Basilika, die nach ihrer Zerstörung wieder aufgebaut worden war. Dieses Ereignis hat ebensowenig wie der Kardinal selbst mit den Erscheinungen von Medjugorje das geringste zu tun.

[25] In der St.-Michaels-Basilika befand sich ein Mosaik, das Kardinal Stepinac gewidmet war. Es war in der Presse kritisiert worden. Sein Leben und sein Andenken, die Ziel so schwerer Verleumdungen gewesen waren, sind ja rehabilitiert worden. In Rom erwägt man seine Heiligsprechung.

Zeittafel

1981

Mittwoch, 24. Juni: Erste, noch verschwommene Erscheinung vor zwei, dann vor sechs Kindern.

Donnerstag, 25. Juni, 18.15 Uhr (es sollte die gewohnte Stunde werden): Zweite Erscheinung vor der endgültigen Gruppe der sechs Sehenden.

Freitag, 26. Juni: Die Erscheinung nennt ihren Namen: *„Ich bin die selige Jungfrau Maria"*, und das Schlüsselwort der Botschaft: *„Frieden, Frieden, Frieden! Versöhnt euch!"*

Samstag, 27. Juni: Erstes Polizeiverhör in Čitluk, dann die vierte Erscheinung.

Sonntag, 28. Juni: Fünfte Erscheinung. 15.000 Menschen sind gekommen. Die Erscheinung betrachtet die Menge und lächelt.

Montag, 29. Juni: Sechste Erscheinung. Aufforderung zu glauben: *„Es gibt nur einen Gott und nur einen Glauben."*

Die Sehenden bitten um Heilung des kleinen Danijel Šetka; er wird allmählich geheilt (vgl. weiter oben S. 185ff.).

Dienstag, 30. Juni: Siebente Erscheinung in Cerno auf der Rückfahrt von einem Ausflug, zu dem die Sehenden eingeladen waren, um vom Erscheinungsort ferngehalten zu werden.

2. Juli: Einführung der täglichen Messe nach der Erscheinung in der Pfarrkirche.

13. Juli: Die Polizei sperrt den Zugang zum Hügel. Die Erscheinungen ziehen sich in den privaten Bereich zurück.

6. August: Das Wort MIR („Frieden") erscheint am Horizont.

7. August: Die Erscheinung veranlaßt die Sehenden, gegen 2 Uhr früh auf den Berg zu kommen, und bittet darum, *„Buße zu tun für die Sünder"*.

15. August: Großer Zustrom nach Medjugorje. Die Polizei und die Behörden sind dadurch beunruhigt.

17. August: Festnahme und Inhaftierung des Pfarrers Jozo Zovko.

18. August: Sein Kaplan P. Zrinko Čuvalo, ebenfalls Franziskaner, wird Pfarrer. Als Kaplan der Pfarre wird Tomislav Vlašić berufen.
Ende August: Während einer Erscheinung im Dorf Bijakovići sagt sie: „*Ich bin die Königin des Friedens.*"
21.–22. Oktober: Prozeß und Verurteilung Jozo Zovkos zu dreieinhalb Jahren Gefängnis.

1982

14. Januar: Die Erscheinungen finden von diesem Tag an in der Kirche statt, zwischen Rosenkranz und heiliger Messe, und zwar in dem der Sakristei gegenüberliegenden Raum.
20. August: Der zweite Pfarrer, Zrinko Čuvalo, läßt sich versetzen. Pfarrer wird Tomislav Pervan.
15. Dezember: Beginn von Jelenas und Marijanas Charisma, die „mit dem Herzen sehen" und Botschaften empfangen.
25. Dezember: Mirjana empfängt das zehnte Geheimnis, das sie allein kennt. Sie ist damit allen anderen voraus und kehrt in den normalen Status des Glaubens zurück. Es gibt nur noch fünf Sehende.

1983

17. Februar: Entlassung des Pfarrers Jozo Zovko, der seine Strafe, die schließlich auf eineinhalb Jahre Gefängnis reduziert worden war, verbüßt hat.
25. Dezember: Die Jungfrau erscheint mit dem Jesuskind im goldenen Kleid, wie am vorangegangenen 15. August.

Wie kommt man nach Medjugorje?

Flughäfen: Die nächstgelegenen sind Mostar (30 km), Dubrovnik, Split und Sarajevo (etwa 100 km von Medjugorje, über kurvenreiche Strecke, was die Entfernung auf mehr als 150 km verlängert).
Bahn: Von Zagreb (auf der transeuropäischen Hauptstrecke) nach Sarajevo und Mostar. Dann mit Bus nach Čitluk (4 km von Medjugorje).
Straßen: Von Zagreb gibt es zwei Möglichkeiten:
– Über Okućani, Banjaluka, Jajce, Bugojno, Gornji Vakuf, Jablanica, Mostar 454 km.
– Über Karlovac, Bihać, Bosanski Potrovac, Titov Drvar, Bosansko Grahovo, Livno, Imotski, Ljubuški 484 km. Empfehlenswerter ist diese längere Strecke (7 gegenüber 8 Stunden).
Von Split: Man fährt nach Ljubuški, dann weiter Richtung Čitluk und zweigt 4 km vor Čitluk rechts ab.
Von Dubrovnik: Man fährt über Metković und Čapljina nach Ljubuški, dann weiter wie oben.
Hotels: In Mostar (ca. 30 km), Čapljina (25 km), Ljubuški (20 km), Čitluk (4 km). Preis: In Čitluk 20 DM.
Die marxistische Regierung kann offiziell keine Wallfahrten genehmigen, doch verhält sie sich gegenüber Touristen, die die öffentliche Ordnung respektieren und privat zum Gebet nach Medjugorje reisen, wohlwollend und tolerant.

Bibliographie

Aktenmaterial

Pfarramt Medjugorje, Bischöfliches Ordinariat Mostar, jugoslawische Polizei und Verwaltung. – Die Akten sind geheim und liegen nicht zur öffentlichen Einsichtnahme auf.

Handschriftliche Abhandlungen

Barbarić, Slavko: Psycho-pädagogische Untersuchung der Sehenden von Medjugorje. Handschriftlicher Bericht, der im Archiv der Pfarre von Medjugorje aufbewahrt wird. Diese psycho-soziologische Studie der Gruppe der Sehenden zeigt, daß der Zusammenhalt und die Dynamik der Gruppe sich nicht aus ihren Mitgliedern erklären, sondern aus dem, worauf sie sich berufen: der Erscheinung. Seine Argumente und Schlußfolgerungen werden durch Lj. Rupčić und S. Kraljević einer breiteren Öffentlichkeit bekannt gemacht.

Cali, Roland: Les apparitions de Sainte Marie en Europe de l'Est, ou Notre Dame de Medjugorje, Yougoslavie (Die Erscheinungen der heiligen Maria in Osteuropa oder Die Mutter Gottes von Medjugorje). Bericht über eine Reise des Verfassers zusammen mit M. Korjek im Dezember 1982. 5 Seiten.

Stopar, Dr. Ludvik, Neuropsychiater und Parapsychologe, Theist: Bericht vom Dezember 1982 nach der Untersuchung der Sehenden in Hypnose. Er schließt auf ihre völlige Aufrichtigkeit (vgl. S. 191).

Kršni Zavičaj, Broj 16, Hercegovina, 1983 (kroatisch), S. 160 – 213: Berichte über Gnadenerweise und Heilungen.

Rainha da Paz. Una nova Fatima na Jugoslavia, Braga, Boa nova, 1983, 2. Auflage, 190 Seiten, sowie drei weitere Broschüren von 190 Seiten für portugiesische Pilger, im selben Verlag.

Medjugorje et la Sainte Vierge Reine de la Paix, Paris, Téqui 1984, 32 Seiten (Übers. M. Chaufoin).

Bücher

Buballo, Janko: Medjugorje, Interview mit den Sehenden. Unveröffentlichtes Manuskript, das ich in Jugoslawien eingesehen habe.

Kraljević, Svetozar: Das Dorf in der Stunde der Jungfrau; englische Ausgabe Steubenville (Ohio, USA). Es ist das Buch, das von Ephraïm und Philippe Madre ins Französische übersetzt und überarbeitet wurde (Les apparitions de Medjugorje, Paris, Fayard, Januar 1984, 128 Seiten).

Ljubić, Marijan: Erscheinungen der Gottesmutter in Medjugorje, Jestetten, Miriam-Verlag 1983, 176 Seiten, mit farbigen Tafeln.

Rupčić, Ljudevit: Erscheinungen unserer Lieben Frau zu Medjugorje. Eine theologische Bewertung und Augenzeugenberichte. Miriam-Verlag, Jestetten 1984.

L. Rooney und R. Faricy, Maria regina della pace, Milano, Andora 1983, 96 Seiten. Französische Ausgabe bei Téqui in Vorbereitung.

Rupčić, Ljudevit: Gospina Ukazanja u Medjugorju (Die Erscheinungen unserer Lieben Frau zu Medjugorje), Samobor, A. G. Matoš 1983, 172 Seiten.

Triclot, P.: Notre-Dame de la Paix en Yougoslavie, 59790 Ronchin, Verlag J. Hovine, Februar 1984, 106 Seiten. Farbig illustrierter Bericht über eine Wallfahrt vom 5. bis 6. Februar 1984.

Artikel: chronologisch geordnet

Glas Koncila (Die Stimme des Konzils), kroatische katholische Wochenzeitung. Eine lange Reihe gut informierter Artikel ab 12. Juli 1981.

Pavlović, Pavle: Das Wunder im Felsen (kroatisch), in der Zeitschrift *Arena,* 22. Juli 1981, S. 46f. Eine Reportage, die interessante dokumentarische Elemente enthält (vgl. weiter oben S. 196).

Vlasić, Ferdo: Bedeutende Artikelserie in *Naša Ognjišta,* Oktober 1981 – April 1982. Auf Grund dieser Artikel wurde der Verfasser, der 63jährige Chefredakteur der Zeitschrift, zu acht Jahren Gefängnis (später auf fünf Jahre reduziert) verurteilt. Sein Sekretär Jozo Krizić, 32 Jahre, erhielt zweieinhalb Jahre Gefängnis. Die Zeitschrift mußte ihren Namen in *Sveta Bastina* umändern.

Sterne auf der Stirn: Eine Marienerscheinung bei einem Dorf in der Herzegowina lockt Pilgermassen und bedroht die Partei. *Spiegel* Nr. 41, 5. Oktober 1981, S. 193–196.

Fagivoli, Gianfranco: Come a Fatima, in *Domenica del Corriere,* September 1981 (2 Nummern, S. 4–10 mit 12 Fotos bzw. S. 16–20) und Oktober 1981, 1. Nummer, S. 16–31.

Sabato, Mailand. Eine wichtige Artikelserie im Herbst 1981.
Vesnić, M.: Bojorodica na mjestu Zločina (Die Mutter Gottes am Ort des Verbrechens) in *Vu Novosti,* 22. November 1981 (in Übersetzung wiedergegeben weiter oben S. 192).
Madre de Dio, Rom, November 1981, Februar und März 1982 etc.: Serie von aus guter Quelle informierten Artikeln.
Notre Dame des Temps nouveaux, 29, 1981, Nr. 6, November–Dezember; ein gut dokumentierter Artikel.
Laurentin, René: La Vierge de Medjugorje, in *Le Figaro,* 23. Februar 1982: Eine erste Information auf der Basis der damals verfügbaren Elemente.
Goodnews, London, 264 Folham road, SW 109 EL, Nr. 44–47, Februar bis April 1983.
Rooney, L. und *Faricy,* R.: Notre Dame de la Paix, in *Feu et Lumière,* Nr. 1, Oktober 1983, S. 22–27. Ein Bericht über die Erscheinungen der Jungfrau in Jugoslawien.
Madre, Philippe: Unter demselben Titel, in *Feu et Lumière,* Nr. 2, November 1983, S. 16–24.

Kassetten
Laurentin, René: La Vierge apparaît-Elle à Medjugorje?, Ed. du Berger.
Madre, Philippe: À Medjugorje, Ed. Diaconia, 41600 Nouans-le-Fuzelier.
Videokassetten über Medjugorje und die Erscheinungen in englischer, französischer, italienischer, portugiesischer Sprache.

Bildnachweis

Das Umschlagfoto und die Abbildungen 1, 4, 5, 6, 7, 8, 9, 10 stammen von Franz Feller, Graz.
Die restlichen Abbildungen wurden aus dem Buch R. Laurentin und L. Rupčić: La Vierge apparaît-Elle à Medjugorje? Editions O.E.I.L., Paris 1984, entnommen.